嘉兴学院经济管理实验中心系列实验教材

财务管理专业实验（实训）指导书

李郁明　张惠忠　主编

经济科学出版社

图书在版编目（CIP）数据

财务管理专业实验（实训）指导书/李郁明，
张惠忠主编.—北京：经济科学出版社，2011.7（2017.7 重印）
嘉兴学院经济管理实验中心系列实验教材
ISBN 978 – 7 – 5141 – 0811 – 8

Ⅰ.①财…　Ⅱ.①李…　②张…　Ⅲ.①财务管理 –
高等学校 – 教学参考资料　Ⅳ.①F275

中国版本图书馆 CIP 数据核字（2011）第 122805 号

责任编辑：周胜婷
责任校对：徐领柱
责任印制：邱　天

财务管理专业实验（实训）指导书
李郁明　张惠忠　主编
经济科学出版社出版、发行　新华书店经销
社址：北京市海淀区阜成路甲 28 号　邮编：100142
总编部电话：010 – 88191217　发行部电话：010 – 88191522
网址：www. esp. com. cn
电子邮件：esp@ esp. com. cn
天猫网店：经济科学出版社旗舰店
网址：http：//jjkxcbs. tmall. com
北京汉德鼎印刷有限公司印刷
三河市华玉装订厂装订
787 × 1092　16 开　15.5 印张　350000 字
2011 年 7 月第 1 版　2017 年 7 月第 3 次印刷
ISBN 978 – 7 – 5141 – 0811 – 8　定价：31.00 元
（图书出现印装问题，本社负责调换。电话：**010 – 88191510**）
（版权所有　侵权必究　举报电话：**010 – 88191586**
电子邮箱：**dbts@ esp. com. cn**）

序　言

　　近年来，地方本科院校招生规模迅速扩张，在我国高等教育体系中发挥着越来越重要的作用。地方本科院校在日趋激烈的高校竞争中需要正确定位，培养适应区域社会经济发展需要的毕业生，这既关系到学校自身的生存和发展，也影响到我国高等教育的整体水平。为此，地方本科院校需要加快人才培养模式的创新，努力探索应用型人才培养的新路径。嘉兴学院作为一所地处东部沿海发达地区的地方本科院校，近年来认真研究区域经济社会发展对应用型人才的需求特点，积极推动应用型人才培养模式创新，取得了令人瞩目的成果。

　　嘉兴学院是一所具有 97 年办学历史的省属本科院校，在近一个世纪的办学历程中培养了一大批经济管理人才，形成了自身的办学特色。学校一直致力于应用型人才的培养，注重学生的实践动手能力和创新能力。在高等教育大发展的背景下，学校确立了"学校办学以人才培养为根本、人才培养以教育质量为中心、教育质量以育德育才为重点、育德育才以务实致用为目标"的教育观念，着力推进人才培养模式改革与研究，按照"夯实基础，拓宽口径，强化能力，注重创新"的人才培养要求，充分考虑地方经济社会发展需要和学校定位，科学确定各专业人才培养目标。

　　嘉兴学院经济管理实验中心自 2007 年被确定为国家级经济管理类实验教学示范中心建设单位以来，在实验室建设、实验教学改革和高校共享等方面取得了一系列的成效。目前已构建了满足学校经管类专业实验教学的软硬件平台，共有实验室 15 个，为学校 11 个经管专业和其他专业提供服务，开出实验课程 100 余门。经济管理实验中心积极推动经管类专业探索学生综合应用能力和创新能力培养的新模式。经管类专业在确定应用型人才培养目标的基础上，进一步分解、细化应用型人才能力规格，完善实验教学体系，补充完善各专业的实验项目。经济管理实验中心组织经济学、国际经济与贸易、金融学、市场营销、人力资源管理财务管理、工商管理、会计学、统计学、信息管理与信息系统、公共事业管理等专业教师编写系列实验教学指导书。本系列教材具有以下几个特色：

　　1. 综合性。本系列实验教学指导书将每个经管专业的所有专业误实验项目汇编在一本书中，让学生进校后就能了解在大学四年学习中应该完成的实验项目。学生能够借助实验指导书，自言选择实验、实训项目开展实验实训活动，培养自主学习能力。本系列实验教材围绕人才能力规格的总体要求整体设计相关实验项目，有利于避免实验项目间重复现象。

　　2. 应用性。本系列实验教学指导书紧紧围绕应用型人才的培养目标，突出了学生实践能力的培养。根据应用型人才培养方案，在分解、细化应用型人才能力规格的基础上，设计符合地方本科院校特色的实验项目。在项目设计时将学生创新能力培养作为重要内容，增加了综合性和创新型实验项目，让学生在思考中去解决问题，注重学生创新意识和创新精神的培养。

3. 探索性。编写本系列实验教学指导书是一项探索性很强的工作，缺乏可以借鉴的经验。由于不同专业的差异性较大，本系列实验教学指导书在保持基本格式一致的基础上，允许各个专业体现自身的特色和个性。有些指导书以模块化结构形式出现，而有些指导书则按照课程实验和实验课程的关系来编排。

本系列实验教学指导书凝结了嘉兴学院经管类专业广大专业教师的心血，各专业的项目负责人带领教学团队历时近两年时间，经过了多次讨论和修改。尽管如此，本系列实验教学指导书还存在不少需要改进的空间，我们将在今后的教学中不断加以改进。让我们共同努力，不断推进经管类人才培养模式的改革，提高学生的实践能力，为我国经济社会建设培养更多的应用型人才。

徐建民

2011 年 4 月

前　言

自 1999～2000 学年第二学期以来，我们在财务管理专业各专业课程和会计专业的"财务管理"课程中实施了案例教学法。至今已取得了较为明显的效果，但也存在一定的问题。下面试结合我们在这方面的实践对财务管理案例教学法实施过程中的若干问题作些探讨。

一、财务管理教学中实施案例教学法的必要性

在我国，企业中真正意义上的财务管理实际上是在改革开放、尤其是在实行市场经济体制之后才发展起来的。在市场经济条件下，企业财务管理的环境与计划经济时代相比发生了天翻地覆的变化，筹资渠道多样化、资金投向多元化、利益分配关系复杂化、财务风险公开化、企业经营集团化、跨国化等趋势越来越明显，企业财务管理的作用日益重要，地位日益提高，财务管理的内容和方法大为丰富。所以市场经济条件下现代企业里的财务管理工作是一项非常灵活、非常复杂、非常富有挑战性的工作，不但不同财务项目的组织和处理存在不同的方案，而且不同企业、不同时期的同一企业中的同一财务管理问题也会有不同的解决方案。

单纯的课堂讲授教学法一般是通过演绎推理的方法来传授知识的，其逻辑起点是较正式地阐明概念结构和理论，然后用例子和问题来论证它，辅之以阅读、音像、习题等方法来传授具体事实、原则和基本方法，因此只能满足财务管理一般理论、基本常识和固定技术的传授。在财务管理教学中，这一教学方法受到很大的局限，因为实际财务管理工作更要求学生具备在将来复杂多变的环境中，对不断出现的财务问题和机会作出科学判断并采取正确行动的能力，因此大量的财务管理具体方法的掌握、财务管理各种实际能力的培养，需要依靠实践锻炼或实务模仿才能真正得以解决，教师在授课中更应注重输送给学生面临各种财务问题时如何思考、如何判断、如何行动等信息。案例教学法的引进则可以满足这方面的要求，可以在一定程度上解决这一难题。所以在提升学生思维能力、行动能力和工作适应能力方面，案例教学法比以教师为中心、学生相对被动接受的传统讲授型教学法显然更加积极有效。正因为如此，早在 1930 年案例教学法就在国外财务管理教学中使用，目前西方各国大学的财务管理教学普遍采用了案例教学法。

通过我们的实践还发现，案例教学法在锻炼学生表达能力和沟通能力、开阔知识视野、培养独立思考精神、形成个性化学习风格、提高学习兴趣和学习参与积极性等方面也大有益处。因此，从事后的调研结果看，95% 的学生认为财务管理课程中搞案例教学"很有必要"，5% 的学生认为"有必要"，没有学生认为"没有必要"。

二、搞好财务管理案例教学必须具备的条件

从我们的实践经验和教训看，要搞好财务管理课程的案例教学，必须具备以下条件。

（一） 一个良好的环境

1. 要有较好的硬件条件。硬环境包括：宽畅的场所、人数适当的学生等。刚开始时，我们为了保证每个学生能够参与讨论，规定每个学生都必须发言。由于每班几乎均有四五十人，因此每一个案例的讨论加讲评至少需要四节课的时间，且讨论气氛不够热烈，成了轮流讲话，效果受到局限。后来我们采用分组讨论形式，三四个人一组，利用课余时间讨论，形成全组的解决方案，正式讨论时每组选派一名代表发言，其他组的同学提出质询，本组同学进行答辩，老师给予引导，事后每个学生再上交一份案例分析报告。效果得到明显改善。我们设想，在讨论和撰写案例分析报告时，还可以按财务处理中的不同角色对学生进行分组。让不同组代表处于不同的商业界人士的位置或者代表不同的利益集团，要求其站在各自所代表的利益集团立场上制订最优的财务方案。这样做应该更有仿真的效果。

2. 要有良好的软环境。（1）院系领导、财务管理专业教师、学生均重视案例教学法的实施。目前案例教学法已列入了本科财务管理专业各课程的教学大纲，并且制定了《财务管理本科专业各专业课程案例教学法实施办法》，硬性规定财务管理专业的每门专业课均必须采用案例教学法。（2）平时利用教研活动时间，经常讨论案例教学法实施中的问题。做到事前有计划，事后有总结，不断研究，不断提高。（3）开展案例教学法的理论研究。近几年来，专业教师申报立项这方面的校内自选课题和浙江省教学科学规划课题各一项，并公开发表了多篇研究论文。

（二） 一个周密的计划

案例教学法的实施不能打无准备之仗。不但在制订专业教学计划时对这个问题必须有一个通盘考虑，而且教师在开课之前必须将安排的案例个数、案例教学内容、实施时间、所用课时等列入授课计划。另外还要制订一个具体的组织计划写入教案，如案例类型、案例来源、向学生发放案例材料的时间、案例讨论的具体组织步骤、案例讨论中可能出现的问题和对策、案例讨论的地点安排等。

（三） 一个高质量的案例

教学案例的质量直接影响教学效果。一个高质量的教学案例应该具备以下特点：（1）目的性。良好的案例至少应使学生通过讨论加深对课程中的某些难点和重点内容的理解，并能利用课程中所学的理论知识分析和解决案例中所涉及的问题，从而使学生分析问题、解决问题的能力得到较大的锻炼。（2）启发性。一个好的案例必须包括一定的问题，这些问题有的比较外露，有的比较隐含，最好是显而不露、引而不发，但必须能启发思考，问题越能诱人深入，越能给学生留下较多的思考空间，教学效果就越好。（3）实践性。案例教学要求学生实现从理论学习到分析实践的飞跃，因此教学案例的编写切忌闭门造车，最好是在实地调查的基础上编写并反复修改出来的实际事例，尽管也可以有一定的情节虚构，但其内容必须有客观依据，以保证其模拟性、仿真性和可操作性。（4）生动

性。案例必须生动活泼，引人入胜，才能引起学生兴趣，以便展开深入讨论。此外，案例不能设置标准答案，也往往没有标准答案，一个问题有多种解决方案，只有通过讨论、分析，互相启发，才能得出相对科学的解决方案。

目前我们在教学实践中一般在最新出版的国内权威财务管理案例教材中精心遴选适当的案例经集体讨论加以修改后使用，基本符合上述"高质量案例"的要求。在今后的案例教学过程中将向自编本地实际案例方向努力，使案例具有更强的仿真性、可操作性和生动性。

（四）　一个优秀的组织者

在案例教学中的师生关系不同于传统的讲授教学，因此一定要处理好学生和教师的角色关系。学生的独立活动在案例教学中占有很大比重，案例教学中的主角应该是学生，但正如一档优秀的节目需要一个优秀的主持人一样，成功的案例教学课也离不开一个优秀的组织者。教师的角色主要是创造有利的学习氛围。根据我们的经验，教师首先应带领学生做好讨论前的准备，也可以提出一些问题用来引导讨论，讨论时认真听取学生的发言，有效地组织和控制课堂讨论，并做好讨论后的总结评价。在讨论中教师应千方百计调动学生的主动性、积极性，鼓励学生广开思路，畅所欲言，不断提出新的设想和思路。如重新把讨论集中到某些未深入讨论就被忽略的关键问题上来，或指出更加敏感的事件，或在大家都不以为然时赞同某个学生的观点引起讨论等。因此整个案例教学的过程都应体现教师的指导作用。

（五）　一个有效的激励机制

案例教学必须要有一个有效的激励机制。我们的做法是将每个学生在讨论前的准备情况、在讨论过程中的表现、讨论问题的深度和新意、案例分析报告的质量等纳入平时成绩，一般占本门课程成绩的10%，从而与课程考核成绩挂起钩来。我们设想，在财务管理课程中实施案例教学后，还应逐步改变这些课程一味依赖传统的标准化考试形式，尽可能地增加案例分析、项目设计等能考核分析问题、解决问题能力的考试题目和方式，以衡量学生的真才实学。

三、案例教学法的改进

（一）　协调案例教学与一般教学的关系

案例教学法并非十全十美，更不能适用一切条件下的所有知识的传授。如当教师在传递一些较具个性化、不能明确表达的知识时，采用案例教学法就具有较大的难度。因此，案例教学不但不可能取代传统的讲授教学，而且必须注重两者的有机结合。当然课堂讲授也应该是启发式的，而不是填鸭式的。案例教学也不能代替其他教学手段的应用。如组织学生到企事业单位进行业务学习、进行财会业务的模拟实验、做一定量的习题以及进行必要的测试考试等也是培养学生素质、提高学生能力的有效教学手段，案例教学法也必须与它们有机结合起来。

（二） 提高教师综合素质

案例教学法要求教师在课前经常深入社会和企业，进行财务管理实践，收集大量的现实案例，确定可行的教学方式和规律的教学程序及为学生提供大量的参考书目。财务案例一般没有固定的唯一答案，只要求解决办法的科学性和实施步骤的可行性，因此评判标准不易把握，需要教师具有较宽的专业知识面和良好的专业判断能力。所有这些都要求教学双方尤其是教师必须投入比一般教学大得多的精力、具有更高的综合素质和良好的教学技巧才能达到预期的教学效果。

（三） 加强组织和引导

我国学生长期以来习惯于旧日被动的学习，形成了过度依赖教师的资讯传递的习惯，案例教学法有时会使一些学生望而生畏，在学习中表现出难以思考和难以加入全班讨论的现象，因此对部分学生而言，案例教学法可能难以实现其应有效果。案例讨论时如果组织不力，容易出现"胡言乱语"和"搭便车"现象，从而使案例教学流于形式。因此案例教学中教师得力的组织和适当的引导就显得十分关键。

（四） 选准教学内容和时间

财务管理课程中的很多内容都适合进行案例教学，但每门课程的教学时间有限，因此案例教学必须选准关键点，最好是选择那些需要综合应用本门课程专业知识才能予以解决的内容实施案例教学，使投入同样的教学时间能取得更好的教学效果。另外，实施案例教学的时间也必须选准。如我们刚开始搞案例教学时总是选择临近期末课程快结束时才实施，但此时学生往往要面临各种考试，精力顾不过来，结果削弱了案例教学的效果。

任何教学方法的采用，目的只有一个，即改善教学效果。检验一种教学方法优劣的唯一标准也是教学效果能否得以提高。从我们的实践看，在财务管理课程中实施案例教学法是具有较明显效果的。当然，实施案例教学不能搞"一刀切"，也要遵循先易后难，先试点后铺开的规律。

本书是为高等学校财务管理专业配套的实验实训教材，内容全面、实用、新颖。全书是在广泛搜集资料和调查研究的基础上编写完成的，总体分为财务管理专业的专业课程实践教学指导、财务管理专业的综合性实践环节教学指导和附录三部分。具体根据案例的内容又细分为企业筹资财务、企业投资财务、项目评估财务、公司收益分配、公司财务分析评价、税务筹划、管理会计、高级财务管理、计算机财务管理、财务管理学、财务管理专业实习技能训练等。本书选择的案例题材广泛、内容丰富、结构合理、引人深思。每个案例均在明确实验实训目的和要求、知识准备、实验实训组织和安排、注意事项、实验实训结果提交方式、实验实训考核方式和标准的基础上，在实验实训材料的最后给出了具体的思考题，以加深读者对案例和相关财务理论的理解程度，但本书并没给出这些问题的答案，我们认为，案例的大部分思考题并不存在唯一答案，因此让读者集体讨论、集思广益更为可取。

本书是嘉兴学院商学院会计系为配合财务管理专业各专业课程和经管类专业"财务管理"课程的教学和实验所编。本书适合高校本科财务管理专业学生作为学习各门专业课程的实验教材使用，也可作为高校各经济管理类本科专业学生作为学习"财务管理"课程的实验教材，也可以作为大中专院校、成人高校和函授学校学生学习财务管理专业课程的教学用书，也适合企业经济管理干部财务管理知识的培训所用。

　　本书由李郁明副教授、张惠忠教授担任主编，李郁明对全书进行了总纂统稿。参编人员及其体分工如下：第一章由辛琳副教授编写，第二章由陈莹莹老师编写，第三章由李卫娜老师编写，第四、第五章由李正明副教授编写，第七章由岳焱老师编写，第八章由张惠忠教授、李郁明副教授编写，第九章由夏江华老师编写，第十章由张惠忠教授编写，其余各章及附录均由李郁明副教授编写。此外，钱方明教授、张玉才博士、穆敏丽和杨行翀老师也多次参与了本书大纲的讨论与修改工作。

　　本书的编撰引用、借鉴了许多文献，特别是王化成、荆新、张新民、汤谷良、张延波、杨志清等教授主编的教材，这些文献对本书的形成功不可没。我们已在参考文献目录中尽可能详细地列出了这些文献，但仍难免有遗漏之嫌，在此对未能列入参考文献的作者表示歉意，并对所有引用的文献作者表示衷心的感谢。本书的出版得到了经济科学出版社、嘉兴学院教务处、商学院、经济管理实验中心的大力支持，在此一并表示感谢。

　　尽管我们在编撰过程中尽了心力，但是由于经验欠缺、水平局限、成书仓促，书中难免出现缺点和失误，敬请读者批评指正，以备我们修订时参考。

编　者

2011 年 3 月

目　　录

第一篇　财务管理专业的专业课程实践教学指导 ……………………… (1)

第一章　《企业筹资财务》课程实训 …………………………………… (2)

A000：《企业筹资财务》实训大纲 …………………………………… (2)

实训 A001：加西压缩机制造公司筹资案例、天元企业资金筹集量的
预测 …………………………………………………………… (3)

实训 A002：江苏双良空调设备股份有限公司可转换公司债券筹资 ……… (8)

实训 A003：杜邦公司目标负债政策 …………………………………… (25)

第二章　《企业投资财务》课程实训 …………………………………… (37)

B000：《企业投资财务》实训大纲 …………………………………… (37)

实训 B001：洁白公司应收账款投资管理 ……………………………… (38)

实训 B002：希望公司存货投资管理 …………………………………… (40)

实训 B003：证券投资分析软件的基本使用 …………………………… (44)

实训 B004：股票模拟交易 ……………………………………………… (46)

第三章　《项目评估财务》课程实训 …………………………………… (48)

C000：《项目评估财务》实训大纲 …………………………………… (48)

实训 C001：肯德基怎样在中国选点投资 ……………………………… (49)

实训 C002：东方大厦建设项目财务效益评估 ………………………… (53)

第四章　《公司收益分配》课程实训 …………………………………… (58)

D000：《公司收益分配》实训大纲 …………………………………… (58)

实训 D001：西特股份有限公司股利分配政策 ………………………… (58)

第五章　《公司财务分析评价》课程实训 ……………………………… (65)

E000：《公司财务分析评价》实训大纲 ……………………………… (65)

实训 E001：保地股份有限公司报表分析案例 ………………………… (66)

第六章　《税务筹划》课程实训 ………………………………………… (74)

F000：《税务筹划》实训大纲 ………………………………………… (74)

实训 F001：销售激励方式的税收分析 ………………………………… (75)

实训 F002：加工方式的税收筹划 ……………………………………… (77)

实训 F003：固定资产折旧计算的税收筹划 ……………………………… （79）

实训 F004：撰稿人怎样纳税更合算 ………………………………………… （82）

第七章 《管理会计》课程实训 ……………………………………… （85）

G000：《管理会计》实训大纲 ……………………………………………… （85）

实训 G001：Tool 公司成本计算方法的选择案例 ………………………… （86）

实训 G002：皮箱公司的本量利分析案例 ………………………………… （89）

实训 G003：话剧团出演新话剧的决策案例 ……………………………… （92）

实训 G004：Play 玩具公司标准成本法案例 ……………………………… （95）

第八章 《高级财务管理》课程实训 ………………………………… （98）

H000：《高级财务管理》实训大纲 ………………………………………… （98）

实训 H001：金蝶公司的上市之路 ………………………………………… （100）

实训 H002：摩托罗拉公司在中国的投资策略 …………………………… （102）

实训 H003：FPL 公司：在支付股利与企业成长中作取舍 …………… （104）

实训 H004：德国奔驰汽车公司在美国经营失败的教训 ………………… （106）

实训 H005：国美借壳 香港上市 ………………………………………… （108）

实训 H006：SPORTS 公司跨国投资案例 ………………………………… （113）

实训 H007：避税天堂——英属维尔京群岛 ……………………………… （115）

第九章 《计算机财务管理》课程实验 ……………………………… （119）

I000：《计算机财务管理》实验教学大纲 ………………………………… （119）

实验 I001：创建工作簿和工作表 ………………………………………… （121）

实验 I002：Excel 函数 ……………………………………………………… （123）

实验 I003：ABC 厂投资决策 ……………………………………………… （125）

实验 I004：风险投资决策 ………………………………………………… （127）

实验 I005：企业长期投资决策 …………………………………………… （129）

实验 I006：资金需要量的预测 …………………………………………… （136）

实验 I007：筹资决策综合分析 …………………………………………… （140）

实验 I008：全面预算 ……………………………………………………… （143）

实验 I009：存货经济订货量决策 ………………………………………… （146）

实验 I010：企业并购决策分析 …………………………………………… （148）

第十章 《财务管理学》课程实训 …………………………………… （154）

J000：《财务管理学》实训大纲 …………………………………………… （154）

实训 J001：可口公司各筹资方案的决策选择 …………………………… （156）

实训 J002：嘉华快餐公司项目决策分析 ………………………………… （158）

实训 J003：金杯汽车公司巨额应收账款案例 …………………………（160）

实训 J004：公司债券、股票投资决策分析 ……………………………（162）

实训 J005：海虹公司年度财务分析报告 ………………………………（163）

第二篇　财务管理专业的综合性实践环节教学指导 …………………（167）

第十一章　《财务管理专业实习技能训练》课程实训 ……………（168）

K000：《财务管理专业实习技能训练》教学大纲 ……………（168）

实训 K001：四川长虹与深圳康佳年度财务报告分析案例 …………（170）

实训 K002：嘉兴交通投资公司筹资案例 ……………………………（189）

实训 K003：欧洲隧道项目评价案例 …………………………………（193）

实训 K004：你愿意将资金投向海宁皮城吗 …………………………（196）

实训 K005：五粮液的股利分配政策案例 ……………………………（201）

第三篇　附　　录 ………………………………………………………（207）

附录一　财务管理专业人才培养方案 …………………………………（208）

附录二　财务管理专业人才能力和素质分解表 ………………………（213）

附录三　财务管理专业实践能力培养框架 ……………………………（215）

附录四　财务管理专业课程与实验（实训）项目对照表 ……………（216）

附录五　系数表 …………………………………………………………（219）

参考文献 …………………………………………………………………（231）

第一篇　财务管理专业的专业课程实践教学指导

第一章　《企业筹资财务》课程实训

A000：《企业筹资财务》实训大纲

课程代码：1102532020

开课学期：第 5 学期

开课专业：财务管理

总学时/实训学时：48/8

总学分/实训学分：2.5/0.25

参考指导书：《财务管理专业实验（实训）指导书》

实训形式：《企业筹资财务》实验采用上机或随堂的方式由学生独立完成。要求学生在规定的时间内完成实验任务，具体采用团队组合以及个人分析结合的形式，并写出实验报告。

实训目的和要求：《企业筹资财务》实验有助于财务管理学本科专业学生理解和掌握筹资学的基本原理、各种筹资方式的决策方法。提高学生理论联系实际的能力，使学生在理论学习过程中熟悉实务、加强实践，根据财务管理学专业培养规格和教学计划的要求，学生必须在学习《企业筹资财务》课程学习期间进行共计 8 课时的筹资学实验。需要一套至少可供一个自然班使用的筹资案例；需要至少可供一个自然班使用的教室或机房。

实训形式安排：每次实验结束，学生独立完成实验报告，并在规定的时间内提交实验报告。

实训考核：考核标准：了解实验目的和内容，熟悉实验流程；对实验有自己的心得体会；实验过程清楚，完整；实验成绩主要依据课堂上对实验结果的检查情况和提问的回答情况以及实验报告成绩。

实训项目与主要内容：

序号	项目名称	主要内容	课时	评分权重	选开/必开
1	加西压缩机制造公司筹资案例、天元企业资金筹集量的预测	企业筹资渠道、方式及数量决策的基本方法	2	25%	必做
2	江苏双良空调设备股份有限公司可转换公司债券筹资	可转换债券筹资决策的基本方法	2	25%	必做
3	杜邦公司目标负债政策	根据资本结构理论的要求，合理安排筹资决策	4	50%	必做

实训 A001： 加西压缩机制造公司筹资案例、天元企业资金筹集量的预测

一、实训名称和性质

实训名称	加西压缩机制造公司筹资案例、天元企业资金筹集量的预测
面向专业或课程	财务管理专业《企业筹资财务》课程
实训学时分配	2
实训性质	☐调查 ☑案例 ☐软件模拟
必做/选做	☑必做 ☐选做

二、实训目的和要求

（一） 实训目的

1. 掌握筹资渠道决策方法。
2. 掌握筹资方式选择方法。
3. 掌握筹资数量决策的基本方法。

（二） 实训要求

在充分分析资料基础上结合实际经济情况，按照各种可能的筹资组合进行分析判断。应充分发挥主观能动性，不要局限于所提供资料范围分析判断。例如对敏感资产与负债的判断。

三、知识准备

（一） 本案涉及知识要点

1. 筹资渠道与筹资方式。
2. 普通股与优先股。
3. 预计报表。
4. 敏感性资产负债比率。
5. 各种预测资金筹集量的方法。

（二） 相关理论

敏感资产负债表法（预计资产负债表法）、资本成本理论、资本结构理论。

（三）　参考书目

1. 熊楚熊：《公司筹资策略》，海天出版社 2001 年版。
2. 楼土明：《企业筹资实务》，立信会计出版社 2006 年版。
3. 陈勇等：《财务管理案例教程》，北京大学出版社 2003 年版。
4. Brian Coyle：Capital Structuring，Glenlake Publishing Company，Ltd，2000 年版。

四、实训组织和安排

按照教学大纲要求，本次实训安排在"筹资学"课堂教学内容第一章筹资学导论结束后进行。具体方式为学习者课前查阅相关文献资料，在两个课时内完成实训分析报告的撰写。

五、注意事项

请学习者注意对 BB 平台上提供的相关资料进行阅读，利用讨论版对案例进行充分讨论，同时利用网络资源进行分析整合，避免把案例当计算题来处理。同时注意培养面对现实问题如何转化处理的能力。

六、实训结果提交方式

实训结束后提交书面实训报告。

七、实训考核方式和标准

实训考核采用批阅实训报告结合 BB 平台上参与讨论的表现进行。
具体评价标准如下：

得分	优秀（9～10）	良好（7～8）	及格（6～7）	不及格（3～5）
实训报告情况	1. 资料准备充分；2. 主题明确，中心突出；3. 论述内容有深度，结构严谨	1. 资料收集较多；2. 主题与中心较突出；3. 论述内容有深度，结构完整	1. 能够正确收集资料；2. 主题基本明确；3. 论述内容完整，结构不够完善	1. 资料匹配度不够；2. 主题不明确；3. 内容不完整
学习者态度与参与情况	1. 参与讨论的频率高；2. BB 平台上发帖与回复频率高；3. 讨论深入、观点正确	1. 参与讨论的频率较高；2. BB 平台上发帖与回复频率较高；3. 讨论全面、观点正确	1. 参与讨论的频率一般；2. BB 平台上发帖与回复频率一般；3. 能够参与讨论并发表观点	1. 不参与讨论；2. BB 平台不发帖与回复

八、实训材料

案例 1.1　加西压缩机制造公司筹资案例

（一）　资料

根据加西压缩机制造公司 2009 年 12 月份资产负债表和利润表的实际资料经过适当删减整理的案例资料如下。

1. 资产负债表。

表 1 - 1 - 1　　　　　　　　　　资产负债表（简化）　　　　　　　　　单位：万元

项目	年初	年末	项目	年初	年末
货币资金	3 928.5	2 113.5	短期借款	2 700	2 700
应收票据	1 236	1 497	应付票据	3 976.5	1 924.5
应收	13 541	17 533.5	应付账款	15 168	21 141
预付账款	2 799	1 753.5	预收账款	8 406	8 425.5
存货	12 697	20 913	应付工资	2 241	2 241
长期投资	6 274.5	4 638	长期借款	3 195	3 712.5
固定资产净值	24 714	25 410	股本	15 162	15 162
在建工程	357	187.5	公积金	541.5	2 566.5
			未分配利润	14 157	16 173
总计	65 547	74 046	总计	65 547	74 046

2. 利润表。

表 1 - 1 - 2　　　　　　　　　　　　利润表　　　　　　　　　　　单位：万元

项　目	金　额
一、主营业务收入	71 634
减：营业成本	59 311.5
销售费用	2 554.5
营业税金及附加	37.5
二、主营业务利润	9 730.5
加：其他业务利润	589.5
减：管理费用	3 276
财务费用	337.5
三、营业利润	6 706.5
加：投资收益	0
营业外收入	199.5
减：营业外支出	243
加：以前年度损益调整	96
四、利润总额	6 759
减：所得税	1 689.75
五、净利润	5 069.25

3. 其他资料。

（1）在建工程年初与年末数中，包含在建期间的借款利息分别为 27 万元、13.8 万元，企业没有汇兑损益。

（2）预计 2010 年生产销售水平、利润水平同 2009 年基本相同，为了进一步提高产品市场占有率，2010 年将投入 1 350 万元用于提高产品质量的技术改造，改造期限为 1 年零 2 个月，已经过可行性研究，改造后就可投产见效，收入可增加 15%，拟采取下列筹资方式。

①经批准后可发行非累积优先股 1 350 万元（按面额计算），优先股年利率 12%，普通股不能增发，可转换债券目前不能发行；

②经批准后可发行累积优先股 1 350 万元（按面额计算），优先股年利率为 11%；

③经批准后可发行三年期长期债券 1 350 万元，年利率为 10%；

④向银行借入一年期借款，年利率为 8%；

⑤向银行借入半年期借款，年利率为 6%。

（二）　本案涉及知识要点

1. 筹资渠道与筹资方式。

2. 普通股与优先股。

（三）　要求

1. 请对加西压缩机制造公司的财务状况进行评价，并对相关问题提出改进建议。

2. 请分析五种筹资方式，比较各自的优劣势。

3. 请根据上述五种方案进行筹资方式选择，可以进行筹资方案设计，即组合各种筹资方式并进行选择。

案例 1.2　天元企业资金筹集量的预测

（一）　资料

1. 利润表。

表 1-1-3　　　　　　　　天元企业本年利润表（简化）

项　目	本年金额（万元）	占销售收入%	下年预计额（万元）
一、主营业务收入	26 050		
减：销售成本	20 500		
销售费用	700		
税金及附加	15		
二、主营业务利润	4 835		
加：其他业务利润	115		
减：管理费用	950		
财务费用	105		
三、营业利润	3 895		
加：投资收益	60		
营业外收入	40		
减：营业外支出	65		

续表

项　目	本年金额（万元）	占销售收入%	下年预计额（万元）
四、利润总额	3 930		
减：所得税	982.5		
五、净利润	2 947.5		

2. 资产负债表。

表 1 - 1 - 4　　　　　　　　　　　　**本年资产负债表（简化）**

项　目	金额（万元）	占销售收入%	下年预计额（万元）	项　目	金额（万元）	占销售收入%	一年预计额（万元）
货币资金	360			短期借款	700		
应收票据	376			应付票据	1 005		
应收账款资产	3 415.5			应付账款	5 511.5		
预付账款	625			预收账款	2 067.5		
存货	5 495			应付工资	511.5		
待摊费用	115			长期借款	956.4		
长期投资	1 780			实收资本	8 595		
固定资产净值	7 948.5			公积金	545		
在建工程	165			未分配利润	388.1		
资产总计	20 280			权益总计	20 280		
				从外部筹资			
				权益总计			

3. 天元企业属于典型的制造企业，本年净利润中将按照50%向投资者分配。

（二）　本案涉及的知识点

1. 预计报表。

2. 敏感性资产负债比率。

3. 各种预测资金筹集量的方法。

（三）　要　求

1. 查阅现有可能收集到的文献，确定可能的敏感项目，要求对即将选择的敏感项目进行充分的说明。

2. 根据确定的敏感性项目完成上述2个表格。

3. 根据制造业的特征，采用敏感性资产负债表法（销售百分比法）预测外部资金需要量。

实训 A002：江苏双良空调设备股份有限公司可转换公司债券筹资

一、实训名称和性质

实训名称	江苏双良空调设备股份有限公司可转换公司债券筹资
面向专业或课程	财务管理专业《企业筹资财务》课程
实训学时分配	2
实训性质	☐ 调查　　✓ 案例　　☐ 软件模拟
必做/选做	✓ 必做　　☐ 选做

二、实训目的和要求

（一）　实训目的

掌握可转换债券筹资决策基本方法。

（二）　实训要求

在充分分析所提供的资料基础上，能够结合实际经济情况，对可转换债券的发行进行分析判断。充分发挥主观能动性，不要局限于所提供资料范围进行分析判断。

三、知识准备

（一）　本案涉及知识要点

1. 可转换证券的期限设计。
2. 可转换证券的票面利率。
3. 转股价格及其调整。
4. 发行时机的选择。

（二）　相关理论

可转换债券的理论解释及实践中的权衡。

（三）　参考书目

1. 王化成：《财务管理教学案例》，中国人民大学出版社 2001 年版。
2. 楼土明：《企业筹资实务》，立信会计出版社 2006 年版。
3. 陈勇等：《财务管理案例教程》，北京大学出版社 2003 年版。
4. E. J. Mclaney：Business Finance：Theory and Practice，fifth edition，Prentice Hall，2000 年版。

四、实训组织和安排

按照教学大纲要求，本次实训安排在"筹资学"课堂教学内容第七章选择权筹资结束后进行。具体方式为学习者课前查阅相关文献资料，在两个课时内完成实训分析报告的撰写。

五、注意事项

请学习者注意对 BB 平台上提供的相关资料进行阅读，利用讨论版对案例进行充分讨论，同时利用网络资源进行分析整合，避免把案例当计算题来处理。同时注意培养面对现实问题如何转化处理的能力。

案例中需关注的问题：

1. 利率的确定。
2. 转股价格及修正条款所考虑的因素。
3. 修正转股价格有何意义？如果不修正对投资者和发行人各产生何后果？
4. 回售条款对投资者利益的保护。
5. 发行时机。

六、实训结果提交方式

实训结束后提交书面实训报告。

七、实训考核方式和标准

实训考核采用批阅实训报告结合 BB 平台上学习者参与讨论的表现进行。具体评价标准如下表：

得分	优秀（9~10）	良好（7~8）	及格（6~7）	不及格（3~5）
实训报告情况	1. 资料准备充分；2. 主题明确，中心突出；3. 论述内容有深度，结构严谨	1. 资料收集较多；2. 主题与中心较突出；3. 论述内容有深度，结构完整	1. 能够正确收集资料；2. 主题基本明确；3. 论述内容完整，结构不够完善	1. 资料匹配度不够；2. 主题不明确；3. 内容不完整
学习者态度与参与情况	1. 参与讨论的频率高；2. BB 平台上发帖与回复频率高；3. 讨论深入、观点正确	1. 参与讨论的频率较高；2. BB 平台上发帖与回复频率较高；3. 讨论全面、观点正确	1. 参与讨论的频率一般；2. BB 平台上发帖与回复频率一般；3. 能够参与讨论并发表观点	1. 不参与讨论；2. BB 平台不发帖与回复

八、实训材料

江苏双良空调设备股份有限公司可转换公司债券募集说明书摘要

保荐人（主承销商）：华泰联合证券有限责任公司（注册地址：深圳市深南东路 5047 号深圳发展银行大厦 10 层）

董事会声明

本募集说明书摘要的目的仅为向公众提供有关本次发行的简要情况。投资者在做出认购决定之前，应仔细阅读募集说明书全文，并以其作为投资决定的依据。募集说明书全文同时刊载于上海证券交易所网站。

投资者若对本募集说明书摘要存在任何疑问，应咨询自己的证券经纪人、律师、专业会计师或其他专业顾问。

本公司全体董事、监事、高级管理人员承诺募集说明书及其摘要不存在任何虚假、误导性陈述或重大遗漏，并保证所披露信息的真实、准确、完整。

公司负责人、主管会计工作负责人及会计机构负责人（会计主管人员）保证募集说明书及其摘要中财务会计报告真实、完整。

证券监督管理机构及其他政府部门对本次发行所作的任何决定，均不表明其对发行人所发行证券的价值或者投资人的收益作出实质性判断或者保证。任何与之相反的声明均属虚假不实陈述。

根据《证券法》的规定，证券依法发行后，发行人经营与收益的变化，由发行人自行负责；由此变化引致的投资风险，由投资者自行负责。

重大事项提示

本公司特别提醒投资者注意下列重大事项或风险因素，并认真阅读本募集说明书相关章节。

关于公司本次发行的可转换公司债券的信用评级

公司本次发行的可转换公司债券的信用等级由公司聘请的鹏元资信评估有限公司进行了评级，信用等级为 AA。

公司本次发行的可转换公司债券上市后，鹏元资信评估有限公司将进行跟踪评级。

本次发行的可转换公司债券未提供担保的风险

按照证监会《上市公司证券发行管理办法》的规定，本次发行可转债符合不设担保的条件，故本次发行可转债不设担保。公司提请投资者关注本次发行未提供担保所带来的偿债风险。

公司相关的风险

1. 经济周期波动和宏观调控的风险。

本公司的机械业务和化工业务与电力、房地产、医药、纺织、冶金、石油化工等产业关系紧密，而这些产业与宏观经济周期正相关。公司的溴化锂制冷机（中央空调）作为大型机械产品、空冷器作为电站设备、高效换热器作为大型空气压缩分离设备的部件其盈利能力、增长速度和营运周期都受到宏观经济周期影响。中国宏观经济增速放缓可能对公司机械行业产生不利影响。

公司化工业务中苯乙烯作为石化产业链的重要一环，其价格波动一方面受制上游原油价格的波动，另一方面受制于社会投资能力和消费能力，所以当经济出现周期性波动或金融危机引发原油价格巨幅波动的时候，苯乙烯的价格体系和市场需求也将受到影响。金融危机加剧和经济周期波动可能对公司的化工业务产生不利影响。

另一方面公司新产品以及发展战略紧紧围绕节能减排主题，国家对于节能减排产品的鼓励政策能够部分抵消经济周期的不利影响。公司溴化锂制冷机在工业余热利用领域有广阔的前景；公司电站和石化空冷器是政策要求缺水地区新建火力发电站应当配备的节水型产品；公司苯乙烯产品是主流的建筑保温材料的原料。

2. 公司化工产品苯乙烯及其原料价格波动的风险。

2007 年、2008 年和 2009 年公司苯乙烯的销售收入占公司主营业务收入的比例为 62.37%、61.09% 和 54.98%。生产苯乙烯的主要原料为聚合级乙烯和纯苯，其中纯苯约占苯乙烯生产成本的 60%。苯乙烯及其原料纯苯价格的单一波动将对公司经营业绩产生较大的影响。

3. 机械产品主要原材料价格波动的风险。

公司机械制造产品的生产成本主要集中在铜管、钢材和铝材等原材料上。经产品成本核算部门统计，铜管成本约占溴化锂制冷机（中央空调）和高效换热器产品生产成本的 31% 和 22%。铜管等原材料价格的波动，会对本公司经营业绩产生较大的影响。

公司机械产品中溴化锂制冷机（中央空调）、空冷器（双排管）、高效换热器等都使用钢材，经产品成本核算部门统计，钢材成本约占溴化锂制冷机、空冷器（双排管）、高效换热器产品的生产成本分别为 35%、56%、18%。钢材价格的波动将对公司经营业绩产生一定的影响。公司机械产品中空冷器（单排管）主要使用铝材，经产品成本核算部门统计，铝材成本约占空冷器（单排管）的生产成本的 86%，铝材价格的波动将对公司经营业绩产生一定的影响。

4. 本次募集资金投资项目的风险。

本次募集资金拟投入海水淡化设备制造项目。该项目顺应了国家关于加速发展海水综合利用的政策趋势。但是海水淡化设备作为公司开发的新产品，虽然其在市场和生产工艺上与公司现有空冷器产品和溴冷机（中央空调）产品有部分相同，但在生产设备、生产技术和销售市场上与公司现有产品仍存在一定差异。因此本项目在产品销售和生产技术等方面仍存在一定的风险。

本次募集资金拟投入 24 万吨/年 EPS 项目，EPS 是苯乙烯的下游产品，是公司现有产品产业链的延伸。其主要生产原料为利士德公司的产品苯乙烯，上下游一体化降低了项目的运营成本。虽然本公司已经有苯乙烯生产和销售的经验和竞争能力，但 EPS 作为一种新产品在产品销售、生产组织管理上与苯乙烯存在差异。因此本项目在产品销售、生产管理及产品盈利能力上存在一定的风险。

发行人基本情况

公司法定名称：江苏双良空调设备股份有限公司

公司英文名称：Jiangsu Shuangliang Air-conditioning Equipment Co.,Ltd

公司注册地址：江苏省江阴市利港镇

股票上市地：上海证券交易所

股票简称：双良股份

股票代码：600481

法定代表人：缪志强

公司设立日期：2000 年 12 月 20 日

邮政编码：214444

电　话：0510 - 86632358

传　真：0510 - 86632307

公司网址：http://www.shuangliang.com

电子邮箱：600481@shuangliang.com

本次发行核准情况

本次发行经公司 2009 年 8 月 4 日召开的三届董事会 2009 年第四次临时会议审议，并经 2009 年 8 月 21 日召开的 2009 年第二次临时股东大会表决通过。

公司 2009 年 11 月 26 日召开三届董事会 2009 年第八次临时会议对本次发行规模及募集资金用途进行了修改，并经 2009 年 12 月 17 日召开的 2009 年第 3 次临时股东大会表决通过。

本次发行已经中国证券监督管理委员会证监〔2010〕452 号文核准。

本次发行方案要点

发行规模：本次拟公开发行的可转换公司债券规模不超过人民币 72 000 万元。

票面金额和发行价格：本次可转换债券面值为人民币 100 元，按面值发行，共计发行 720 万张。

债券期限：自本次可转换公司债券发行之日起 5 年。

债券利率：第一年 0.5%、第二年 0.8%、第三年 1.1%、第四年 1.4%、第五年 1.7%。本次发行可转换公司债券按票面金额由 2010 年 5 月 4 日起开始计算利息，每年付息一次。

利息支付方式：本次发行的可转债计息起始日为可转债发行首日，每年付息一次。在可转债存续期间，第一次付息日为发行首日的次年当日，以后每年的该日为当年的付息日；付息日前一个交易日为付息登记日，只有在付息登记日收市后登记在册的可转债持有人才有权获得当年的利息。

年利息计算公式为：In = b × in，其中：

In：指年支付的利息额。

b：指可转债持有人持有的可转债票面总金额。

in：指年利率。

转股期：本次发行的可转债的转股期自发行结束之日起 6 个月后的第一个交易日起至本次可转换公司债券到期日止。

初始转股价格的确定：21.11 元/股，即本可转债募集说明书公告日前 20 个交易日公司股票交易均价（其中 2010 年 3 月 30 日至 2010 年 4 月 20 日的收盘价按 2009 年度利润分配方案进行了除权、除息处理）和前 1 个交易日公司股票交易均价二者之间的较高者。

转股价格的调整及计算方式：本次可转债发行之后的存续期内，当发生送红股、公积金转增股本、增发新股（不包括因本次发行的可转债转股增加的股本）、配股及派息等情况时，本公司将对转股价格进行调整，具体调整办法如下：

派息：$P = P0 - D$；

送股或转增股本：$P = P0/(1 + N)$；

增发新股或配股：$P = (P0 + AK)/(1 + K)$；

三项同时进行时：$P = (P0 - D + AK)/(1 + N + K)$。

其中：P0 为初始转股价格，D 为每股派息金额，N 为送股率，K 为增发新股或配股率，A 为增发新股价或配股价格，P 为调整后转股价格。

本公司出现上述股份和/或股东权益变化时，将依次进行转股价格调整，并在中国证监会指定的上市公司信息披露媒体上刊登董事会决议公告，并于公告中载明转股价格调整日、调整办法及暂停转股时期（如需）。当转股价格调整日为本次发行的可转债持有人转股申请日或之后，转换股票登记日之前，则该持有人的转股申请按本公司调整后的转股价格执行。

当本公司可能发生股份回购、合并、分立或任何其他情形使本公司股份类别、数量和/或股东权益发生变化从而可能影响本次发行的可转债持有人的债权利益或转股衍生权益时，本公司将视具体情况按照公平、公正、公允的原则以及充分保护持有人权益的原则调整转股价格。有关转股价格调整内容及操作办法将依据当时国家有关法律法规及证券监管部门的相关规定来制定。

1. 转股价格向下修正条款。

（1）修正权限与修正幅度。

在本可转债存续期间，当本公司 A 股股票在任意连续 20 个交易日的收盘价低于当期转股价格85%时，本公司董事会有权提出转股价格向下修正方案并提交股东大会表决。上述方案须经出席会议的股东所持表决权的三分之二以上通过方可实施。股东大会进行表决时，持有本公司可转债的股东应当回避。修正后的转股价格应不低于本次股东大会召开日前 20 个交易日本公司股票交易均价和前一交易日均价，同时修正后的转股价格不低于最近一期经审计的每股净资产和股票面值。

若在上述交易日内发生过转股价格调整的情形，则在转股价格调整日前的交易日按调整前的转股价格和收盘价计算，在转股价格调整日及之后的交易日按调整后的转股价格和收盘价计算。

（2）修正程序。

如本公司决定向下修正转股价格时，将在中国证监会指定的信息披露报刊及互联网网站上刊登股东大会决议公告，公告修正幅度、股权登记日及暂停转股期间。从股权登记日后的第一个交易日（即转股价格修正日），开始恢复转股申请并执行修正后的转股价格。若转股价格修正日为转股申请日或之后，转换股份登记日之前，转股申请应按修正后的转股价格执行。

2. 赎回条款。

（1）到期赎回。

本次发行的可转债到期后5个交易日内，本公司将以票面面值加最后一期利息的价格向投资者赎回全部未转股的可转债。

（2）有条件赎回。

在本可转债转股期内，如本公司A股股票连续20个交易日的收盘价格不低于当期转股价格的130%（含130%），本公司有权按照债券面值的105%（含当期计息年度利息）的价格赎回全部或部分未转股的可转债。若在上述交易日内发生过转股价格调整的情形，则在调整前的交易日按调整前的转股价格和收盘价格计算，在调整后的交易日按调整后的转股价格和收盘价格计算。

3. 回售条款。

（1）有条件回售条款。

在可转债转股期间，如果公司A股股票收盘价连续30个交易日低于当期转股价格的70%时，可转债持有人有权将其持有的可转债全部或部分按面值的103%（含当期利息）回售给本公司。若在上述交易日内发生过转股价格调整的情形，则在调整前的交易日按调整前的转股价格和收盘价格计算，在调整后的交易日按调整后的转股价格和收盘价格计算。可转债持有人任一计息年度在回售条件首次满足后可按上述约定条件行使回售权一次，若在一个计息年度内首次满足回售条件而可转债持有人不实施回售的，该计息年度不应再行使回售权。可转债持有人不能多次行使部分回售权。

（2）附加回售条款。

本次发行的可转债存续期内，如果本次发行所募集资金的实施情况与本公司在募集说明书中的承诺相比出现变化，根据中国证监会的相关规定被视做改变募集资金用途或者被中国证监会认定为改变募集资金用途的，公司将赋予债券持有人一次回售的权利，即可转债持有人有权按面值的103%（含当期利息）的价格向本公司回售其持有的部分或全部可转换公司债券。持有人在附加回售条件满足后，可以在本公司公告后的附加回售申报期内进行回售，持有人若在本次附加回售申报期内不实施回售的，不应再行使本次附加回售权。

4. 发行对象。

本次可转债的发行对象为持有中国证券登记结算有限责任公司上海分公司证券账户的自然人、法人、证券投资基金、符合法律规定的其他投资者等（国家法律、法规禁止者除外）。

5. 向原股东配售的安排。

本可转债向公司原股东优先配售，原股东优先配售后余额部分（含原股东放弃优先配售部分）采用网下对机构投资者配售和通过上交所交易系统网上定价发行相结合的方式进行，余额由承销团包销。股东对本次可转债的认购一律用现金进行。

6. 本次募集资金用途。

本次公开发行可转换公司债券募集资金拟投资于年生产9套LT–MED/12000吨低温多效海水淡化设备的制造项目和24万吨/年EPS项目。

7. 募集资金专项存储账户。

银行：工商银行深圳分行华强支行，账号：4000022109027334068。

债券评级情况

本次发行的可转债未设担保。

公司聘请了鹏元资信评估有限公司对本次发行的可转债进行资信评级，鹏元对公司本次发行的可转债给予"AA"的信用评级。鹏元将在本次债券存续期内每年进行定期或不定期跟踪评级。

债券持有人会议规则

为保护债券持有人的合法权利，规范债券持有人会议召开程序及职权的行使，根据《公司法》、《证券法》、《上市公司证券发行管理办法》等法律法规及其他规范性文件的规定，并结合公司的实际情况，特制定本规则。

第一章 债券持有人会议的召开。

第一条 在债券存续期内，公司发生下列事项之一的，公司董事会应当召开债券持有人会议：

（1）拟变更募集说明书的约定；

（2）公司不能按期支付本息；

（3）公司减资、合并、分立、解散或者申请破产；

（4）保证人或者担保物发生重大变化；

（5）其他影响债券持有人重大权益的事项。

第二条 下列机构或人士可以提议召开债券持有人会议：

（1）公司董事会提议；

（2）单独或合计持有公司发行的债券10%以上（含10%）未偿还债券面值的持有人书面提议；

（3）法律法规规定的其他机构或人士。

第二章 债券持有人会议的召集与通知。

第三条 债券持有人会议由公司董事会负责召集。

第四条 公司董事会应在发出或收到提议之日起30日内召开债券持有人会议。公司董事会应于会议召开15日前以向全体债券持有人及有关出席对象发送会议通知。会议通知应注明开会的具体时间、地点、内容、方式和债券持有人登记日等事项。会议通知可以采取公告方式。

第三章 债券持有人会议的出席人员。

第五条 除法律法规另有规定外，在债券持有人会议登记日登记在册的债券持有人有权出席或者委派代表出席债券持有人会议，并行使表决权。

第六条 下列机构或人员可以参加债券持有人会议，也可以在会议上提出议案供会议讨论决定，但没有表决权：

（1）债券发行人的董事、监事和董事会秘书；

（2）债券担保人；

（3）其他重要关联方。

第七条　公司董事会应当聘请律师出席债券持有人会议，对会议的召集、召开、表决程序和出席会议人员资格等事项出具见证意见。

第四章　会议召开的程序。

第八条　首先由会议主持人按照规定程序宣布会议议事程序及注意事项，确定和公布监票人，然后由会议主持人宣读提案，经讨论后进行表决，经律师见证后形成债券持有人会议决议。

第九条　债券持有人会议由公司董事长主持。在公司董事长未能主持大会的情况下，由董事长授权董事主持；如果公司董事长和董事长授权董事均未能主持会议，则由出席会议的债券持有人以所代表的债券面值总额50%以上（不含50%）选举产生一名债券持有人作为该次债券持有人会议的主持人。

第十条　召集人应当制作出席会议人员的签名册。签名册载明参加会议人员姓名（或单位名称）、身份证号码、住所地址、持有或者代表有表决权的债券面额、被代理人姓名（或单位名称）等事项。

第五章　会议的表决与决议。

第十一条　债券持有人会议进行表决时，以每100元面值债券为一表决权。

第十二条　债券持有人会议采取记名方式进行投票表决。

第十三条　债券持有人会议须经代表本期公司债券三分之二以上表决权的债券持有人和/或代理人同意方能形成有效决议。

第十四条　债券持有人会议的各项提案或同一项提案内并列的各项议题应当分开审议，逐项表决。

第十五条　债券持有人会议决议经表决通过后生效，但其中需中国证监会或其他有权机构批准的，经有权机构批准后方能生效。

第十六条　除非另有明确约定，债券持有人会议决议对决议生效日登记在册的全体债券持有人有效。

第十七条　债券持有人会议作出决议后，公司董事会以公告形式通知债券持有人，并负责执行会议决议。

发行费用

承销方式：本次发行由保荐人（主承销商）组织承销团以余额包销方式承销。

承销期：2010年4月29日至2010年5月20日

发行费用　　项　目　　金额（万元）

承销保荐费用：2 075

会计师费用：80

资信评级费用：25

律师费用：60

发行手续费用：50

推介及媒体宣传费用：200

上述费用为预计费用，承销费用和保荐费用将根据最终发行情况确定，推介宣传费用将根据实际情况增减。

主要日程与停复牌安排

T-2：

2010 年 4 月 29 日　刊登募集说明书摘要、发行公告、网上路演公告。

T-1：

2010 年 4 月 30 日　网上路演；原股东优先配售股权登记日。

T：

2010 年 5 月 4 日　刊登发行提示性公告；原股东优先认购日；网上申购日。

T+2：

2010 年 5 月 6 日　网上申购资金验资；计算配售比例和中签率；网上申购配号。

T+3：

2010 年 5 月 7 日　刊登网上中签率公告及发行结果公告，根据中签率，进行网上申购的摇号抽签，根据中签结果，网上清算交割和债权登记。

T+4：

2010 年 5 月 10 日　刊登网上申购的摇号抽签结果公告，投资者根据中签号码确认认购数量；解冻未中签的网上申购资金。

以上日期为工作日。如遇重大突发事件影响发行，保荐人（主承销商）将及时公告，修改发行日程。

本次发行可转换公司债券上市流通，所有投资者均无持有期限制。本次发行结束后，公司将尽快申请可转换公司债券在上海证券交易所挂牌上市交易。

本次发行的有关机构

发行人

名　称：江苏双良空调设备股份有限公司

法定代表人：缪志强

办公地址：江苏省江阴市利港镇双良工业园

电　话：0510-86632358　传　真：0510-86632307　联系人：王晓松　汪　洋

保荐人（主承销商）

名　称：华泰联合证券有限责任公司

法定代表人：马昭明

办公地址：上海市浦东新区银城中路 68 号时代金融中心 17 楼

电　话：021-68498505　传　真：021-68498502　保荐代表人：钟丙祥　甘小军

项目协办人：孙　川

项目组成员：姜海洋　王　帅　徐小明

发行人律师

名　称：通力律师事务所

负责人：韩　炯

办公地点：上海市银城中路 68 号时代金融中心 19 楼

电　话：021 – 31358666　传　真：021 – 31358600　签字律师：陈　巍　陈　鹏

会计师事务所

名　称：江苏天衡会计师事务所有限公司

法定代表人：余瑞玉

办公地点：江苏省南京市正洪街 18 号东宇大厦 8 层

电　话：025 – 84711188　传　真：025 – 84724882　注册会计师：汤加全　吴抱军
狄云龙

资信评级机构

名　称：鹏元资信评估有限公司

办公地址：深圳市深南大道 7008 号阳光高尔夫大厦三楼

法定代表人：刘思源

评级人员：赵　军　张　飞

电　话：0755 – 82872333　传　真：0755 – 82872025

申请上市的证券交易所

名　称：上海证券交易所

办公地点：上海市浦东南路 528 号

电　话：021 – 68808888　传　真：021 – 68811782

股份登记机构

名　称：中国证券登记结算有限责任公司上海分公司

办公地址：上海市浦东新区陆家嘴东路 166 号中保大厦 36 楼

电　话：021 – 58708888　传　真：021 – 58899400

主承销商收款银行

名　称：中国工商银行深圳市分行盛庭苑支行

办公地点：深圳市福田区华强北路盛庭苑广场裙楼一楼

主要股东情况

截至 2009 年 12 月 31 日，公司前十名股东持股情况如下：

编号	股东名称	持股数量（股）	持股比例（%）	持股性质
1	江苏双良集团有限公司	229 630 721	34.02	注 1
2	STAR BOARD LIMITED	158 200 000	23.43	无限售
3	中国建设银行——工银瑞信稳健成长股票型证券投资基金	9 970 243	1.48	无限售
4	江苏双良停车设备有限公司	8 080 000	1.20	无限售
5	江苏双良科技有限公司	8 080 000	1.20	无限售

续表

编号	股东名称	持股数量（股）	持股比例（%）	持股性质
6	东海证券——建行——东风3号集合资产管理计划	7 870 498	1.17	无限售
7	齐鲁证券有限公司	7 844 152	1.16	无限售
8	华泰证券——招行——华泰紫金3号集合资产管理计划	6 630 000	0.98	无限售
9	中国工商银行——中海能源策略混合型证券投资基金	6 541 357	0.97	无限售
10	江苏澄利投资咨询有限公司	4 040 000	0.60	无限售

注1：江苏双良集团有限公司剩余有限售条件流通股2 925 000股为双良集团2008年1月参与双良股份公开增发网下优先配售部分，双良集团承诺其网下优先配售股份自上市之日起锁定12个月，2009年1月21日该部分股份限售期满，2010年3月17日该部分股权解除限售。

财务会计信息及管理层讨论与分析

公司2007年度、2008年度和2009年度的财务报告均由江苏天衡会计师事务所有限公司审计，并发表了标准无保留意见。

财务会计信息

（一）最近三年及一期简要合并财务报表

1. 合并资产负债表。

表1-2-1　　　　　　　　　　合并资产负债表　　　　　　　　　单位：元

资产	2009年12月31日	2008年12月31日	2007年12月31日
流动资产合计	1 885 675 748.78	1 899 201 956.93	1 286 891 248.31
非流动资产合计	1 947 081 539.63	1 781 703 843.57	1 693 085 101.20
资产总计	3 832 757 288.41	3 680 905 800.50	2 979 976 349.51
流动负债合计	1 560 423 241.73	1 480 167 356.69	1 159 546 374.34
非流动负债合计	18 500 000.00	204 550 850.00	673 245 025.00
负债合计	1 578 923 241.73	1 684 718 206.69	1 832 791 399.34
股本	675 069 376.00	675 069 376.00	612 000 000.00
资本公积	971 142 437.70	971 142 437.70	166 393 718.05
归属于母公司股东权益合计	2 103 660 323.34	1 903 775 912.18	998 152 489.21
少数股东权益	150 173 723.34	92 411 681.63	149 032 460.96
股东权益合计	2 253 834 046.68	1 996 187 593.81	1 147 184 950.17
负债和股东权益总计	3 832 757 288.41	3 680 905 800.50	2 979 976 349.51

2. 合并利润表。

表 1-2-2   合并利润表   单位：元

项　目	2009 年度	2008 年度	2007 年度
营业总收入	3 712 571 300.81	3 914 682 485.50	2 985 425 544.09
营业总成本	3 244 801 810.04	3 774 764 919.17	2 799 628 746.54
营业利润	465 171 661.70	124 118 668.18	193 339 982.79
利润总额	459 504 355.53	118 584 567.39	188 680 076.68
净利润	412 912 409.35	94 621 627.47	176 403 876.63
归属于母公司股东的净利润	355 150 367.64	105 312 264.92	127 061 799.47

3. 合并现金流量表。

表 1-2-3   合并现金流量表   单位：元

项　目	2009 年度	2008 年度	2007 年度
经营活动产生的现金流量净额	383 105 076.24	-65 378 160.44	-210 273 926.80
投资活动产生的现金流量净额	-165 656 656.85	-105 163 460.14	-101 240 350.90
筹资活动产生的现金流量净额	-323 678 512.51	563 899 851.08	336 217 578.97
汇率变动对现金及现金等价物的影响	800 045.62	4 420 852.39	2 254 055.03
现金及现金等价物净增加额	-105 430 047.50	397 779 082.89	26 957 356.30
期末现金及现金等价物净余额	545 252 782.06	650 682 829.56	252 903 746.67

最近三年某公司简要财务报表（略）

1. 某公司资产负债表（单位：元）。
2. 某公司利润表（单位：元）。
3. 某公司现金流量表（单位：元）。

公司近三年重要财务指标（略）

公司最近三年净资产收益率和每股收益表（略）

注 1：数据按照中国证监会《公开发行证券公司信息披露编报规则第 9 号——净资产收益率和每股收益的计算及披露（2010 年修订）》和《公开发行证券的公司信息披露规范问答第 1 号——非经常性损益（2007 年修订）》计算。

注 2：数据已经江苏天衡会计师事务所有限公司进行了审核，并出具了天衡专字（2010）056 号《江苏双良空调设备股份有限公司专项鉴证报告》。

公司最近三年非经常性损益明细表（略）

注：数据已经江苏天衡会计师事务所有限公司进行了审核，并出具了天衡专字

（2010）056 号《江苏双良空调设备股份有限公司专项鉴证报告》。

管理层讨论与分析

公司财务状况分析

1. 资产结构及资产质量分析。

从各项资产占总资产的比重可以看出，公司资产以固定资产、货币资金和存货为主，资产结构合理。

公司货币资金包括银行存款和其他货币资金增加。公司其他货币资金主要为外币借款保证金、银行保函保证金和信用证保证金等，其中外币借款保证金和信用证保证金指公司进行乙烯和溴化锂溶液原料碳酸锂国际采购时质押给银行，银行据此开具发放外币借款和信用证的保证金；银行保函保证金指公司承接大型设备项目时，支付给银行，银行据此开出银行保函，向买方证明公司履约能力的保证金。上述其他货币资金不属于直接可以动用的现金及现金等价物。这部分保证金保持一定的余额，并且将随公司国际采购规模的扩大而扩大。扣除上述影响，则公司实际可动用的货币资金占总资产的比例详见分析。

2008 年公司固定资产占总资产的比重增长较快，主要是由于前次募集资金投资项目建设导致固定资产上升。公司在建工程 2009 年末较 2008 年末增长 169.95%，主要是由于公司利用自有资金对本次募集资金投资 EPS 项目先期投入、新建罐区项目建设和空冷器项目的建设投入产生。

公司存货随着规模的增加将有所增加，2008 年存货金额较 2007 年下降 16.07%，主要是因为受原油价格大幅下降，公司化工业务原材料和产成品价格大幅度下跌所致，其中控股子公司利士德存货价值下跌较多。2009 年末存货再次小幅度提升是化工业务的原料和产成品单价反弹所致；同时由于公司规模的增长，尤其化工业务 2009 年底（一般年底为淡季，2008 年底在淡季和金融危机双重影响下，苯乙烯一套装置停产检修）仍满负荷运营，相应增加了存货。

公司的主要资产减值准备提取符合公司资产质量实际状况，公司资产质量良好。

2. 负债结构及偿债能力分析。

公司资产负债率（母公司报表口径）较低，保持在 30% ～ 35% 左右，母公司保持了较高的偿债能力。公司资产负债率（合并口径）较高主要是因为子公司利士德项目负债率较高所致。公司最近三年的流动比率大于 1，短期偿债能力较好。2008 年初前次增发募集资金到位后，置换了部分贷款，公司资产负债率下降。同时也缓解了公司的资金压力，导致公司流动比率和速动比率上升。2009 年公司合并报表资产负债率基本保持稳定，但随着部分资本性支出增加和生产周转流动资金需求的增加，公司的负债率将会上升，因此公司通过本次募集资金投资部分资本性支出项目，而通过银行贷款解决新增的流动资金需求，以保持负债率的合理水平。

公司的负债以短期负债为主，公司银行贷款中也出现了流动性贷款占比较高的特点，反映出公司负债结构中短期负债比例高的缺陷。公司本次发行可转债（为期 5 年）将适当调整负债结构。

2009 年公司利息支出显著下降，主要是因为银行基准利率的下调。2009 年公司的利息保障倍数也明显上升，除了利息支出下降的因素外，公司盈利较 2008 年大幅度增长也是主要的原因之一。

2007 年公司经营活动现金流净额为 - 21 027.39 万元，主要是由于公司将销售货物收到的银行承兑汇票背书转让用于支付基建工程和购买设备的款项。上述原因导致 2007 年经营性现金流入减少 33 543.22 万元。2008 年公司经营性现金流净额为 - 6 537.82 万元，较 2007 年有所好转，主要原因为：（1）公司将销售货物收到的银行承兑汇票背书转让用于支付基建工程和购买设备的款项，经营性现金流入减少 15 111.10 万元；（2）公司进行国际采购时开出的信用证和保证金增加 6 437.59 万元也作为经营性现金流出处理，扣除上述影响因素公司 2007 年度和 2008 年经营性现金流为正。2009 年度公司经营性现金流转为正，经营活动现金流量净额为 38 310.51 万元，主要原因是：2008 年金融危机之后，公司各产品主要原材料 2009 年平均价格较 2008 年均大幅下降，且原材料价格总体下降幅度大于产成品价格下降幅度，公司在 2009 年购买商品、接受劳务支付的现金由 31.47 亿元下降至 23.62 亿元；而同期公司经营情况良好，虽产品价格下降但产销量增加明显，使得经营活动的现金流入保持相对稳定，故经营活动现金流量净额显著增加。

综上所述，公司负债结构合理，随着公司经营和投资规模的持续发展，负债水平相对稳定，利息支出减少，公司偿债能力强。

公司盈利能力分析

2007～2009 年，公司营业收入分别为 298 542.55 万元、391 468.25 万元和 371 257.13 万元，2008 年较 2007 年增长了 31.12%，主要是因为公司的化工业务和机械业务规模扩大销售量增加。2009 年公司营业收入较 2008 年下降 5.17%，主要是由于化工业务受金融危机的影响，产品单价大幅度下滑，虽然化工产品的销售量有所上升，但是总体销售收入还是产生了下滑。

机械类业务是公司的传统业务，2006 年之前集中在溴化锂制冷机（中央空调）业务上，2006 年后逐渐介入空冷器和高效换热器业务。

2007～2009 年公司机械业务收入保持了稳定的增长。最近三年公司机械业务盈利能力相对稳定，其中 2007 年毛利率上升，2008 年基本持平，2009 年略有上升。随着近几年公司坚持发展节能产品的战略的实施，为公司的机械业务打开了新的发展空间，彻底改变了公司依赖传统溴冷机生产的业务格局。公司近几年机械毛利率的稳中有升是公司机械业务竞争实力不断加强的有力证明。公司作为溴化锂制冷机在余热利用领域应用的领先企业，已经形成了自己的核心竞争力，能够通过新品研发、产品改良等积极因素应对原材料的价格变动对成本的影响，在 2008 年公司主要原材料铜材价格剧烈变动的市场环境下，依然保持了可观的毛利率水平。

化工业务方面，2006 年公司通过控股江苏利士德化工有限公司开始介入化工业务，先后建设了利士德 21 万吨/年苯乙烯项目和 5 万吨/年的苯胺项目，以及扩建 21 万吨苯乙烯技改项目。2008 年公司共生产苯乙烯 24.18 万吨、苯胺 1.8 万吨，实现销售收入达到 27.54 亿元。2009 年公司共销售苯乙烯 31.02 万吨、苯胺 3.74 万吨，实现销售收入 23.61 亿元。公司化工业务受国际金融危机的影响 2008 年盈利能力下滑严重，但 2009 年盈利能力快速回升，毛利率显著提升 11.48%。

公司费用控制良好，公司 2007～2009 年期间费用合计绝对值呈上升趋势，但是其占营业收入的比例维持窄幅波动，说明公司在业务规模快速增长的时候保持了费用的相对稳定。

本次募集资金运用

若本次发行实际募集资金净额低于以下项目的资金需求，募集资金不足部分由公司通过金融机构贷款等方式自筹解决。募集资金到位后，公司将按照项目实施进度安排使用，如募集资金到位时间与项目进度要求不一致，公司将根据实际情况以其他资金先行投入，待募集资金到位后予以置换。

本公司董事会对本次募集资金投资项目进行了充分的研究、分析和讨论，认为本次募集资金投资项目符合国家的产业政策和公司的发展规划，是公司核心竞争力的延伸，具有良好的市场发展前景。

海水淡化设备制造项目

项目介绍

本项目建成后能够形成 LT – MED/12000 吨（每天）低温多效海水淡化设备 9 套的生产规模。本项目的产品可以利用电厂、化工厂或低温核反应堆提供的低品位蒸汽或其他热源，将海水多次蒸发和冷凝达到较高的造水比，因此，特别适合于能够利用低温余热的沿海缺水地区的电厂、化工厂或其他工业企业。

项目的市场前景分析

海水淡化被世界公认为是解决水资源短缺问题的最佳方案之一。我国是海洋大国，海岸线总长 1.8 万多公里，居世界第 4 位，具有发展海水淡化产业的有利条件。为了扶持海水淡化产业，国家在多个场合多项文件里，反复强调了对海水淡化产业的支持。海水淡化作为重要内容被明确列入了《国民经济和社会发展"十一五"规划纲要》、《国家中长期科学和技术发展规划纲要（2006～2020）》、《高技术产业发展"十一五"规划》和《海水利用专项规划》等文件。

近期随着水资源日益受到重视，以及政府在海水淡化行业方面的政策支持逐步加强，中国海水淡化市场发展将保持迅猛的态势。以 2010 年我国建成海水淡化能力 100 万立方米/天计算，2009～2010 年全国海水淡化能力需逐年翻番。按照《海水淡化利用专项规划》2020 年海水淡化规模达到 300 万立方米/天计算，在 2010～2020 年间年均增长速度不低于 12%。考虑到目前我国海水淡化规模仅占全世界的千分之五，未来随着国内海水淡化设备国产化率的提高，以及中国制造优势主导下的出口增加，我国海水淡化设备制造商的发展空间非常广阔。

年产 24 万吨 EPS 项目

项目介绍

可发性聚苯乙烯（EPS）具有优异的保温隔热性、独特的缓冲抗震性、抗老化性和防水性，是目前全世界公认的最简便、最经济的包装材料，广泛应用于工业包装、食品包装、建筑材料、装饰/装潢材料等方面。

本项目拟投资 22 952.94 万元用于新建生产能力为 24 万吨/年的 EPS 生产项目，是 48 万吨/年 EPS 项目的一期工程。本项目是公司目前苯乙烯产品向下游延伸战略的实施，也是公司深入挖掘节能产品的战略体现。

项目的市场前景分析

EPS 制品由于独特的品质、低廉的价格，应用领域广阔。除在缓冲包装、食品保鲜包装、隔热材料等方面大量应用外，近几年还在建筑外墙保温领域越来越显得令人瞩目。EPS 在建筑上的应用突出的贡献在于其保温、隔热性能，其在建筑上的大量使用能有效降低空调的使用和采暖能耗，并减少二氧化碳的排放。

目前我国已经成为国际上最重要的 EPS 生产地区，中国的 EPS 产能约占全球产能的半数，而江苏省无锡地区的 EPS 产能约占全国的 80% 左右。未来 EPS 的发展趋势包括淘汰小型装置，生产规模化和 EPS 上下游一体化发展等。随着人们对可发性聚苯乙烯（EPS）的性能和用途不断开发，其应用领域不断扩展，预计未来 EPS 的需求量仍将保持较高速度的增长，到 2010 年世界 EPS 需求量将达到 560 万吨左右，到 2015 年需求量将达到约 750 万吨。预计 2010 年国内可发性聚苯乙烯（EPS）总需求量将达到 260 万吨，2005～2010 年期间年均需求增长率为 9% 以上，2015 年需求量将达到 300 万吨以上。

国内 EPS 消费结构，主要是包装和建材，大体比例为包装 50%、建材 40%、其他 10%，随着近年来家电市场和建筑保温材料的需求迅猛发展，EPS 需求日益加大。尤其是根据建设部 76 号令《民用建筑节能管理规定》的要求，民用建筑必须采用节能墙体和屋面保温材料，从而使得 EPS 的需求上升明显，发展前景十分广阔。

备查文件

1. 募集说明书；
2. 双良股份最近三年的财务报告及审计报告；
3. 保荐人出具的发行保荐书；
4. 法律意见书和律师工作报告；
5. 注册会计师关于前次募集资金使用情况的专项报告；
6. 资信评级报告；
7. 中国证监会核准本次发行的文件。

查阅地点

1. 江苏双良空调设备股份有限公司

办公地址：江苏省江阴市利港镇双良工业园

电　话：0510 - 86632358　传　真：0510 - 86632307　联系人：王晓松　汪　洋

2. 华泰联合证券有限责任公司

办公地址：上海市浦东新区银城中路 68 号时代金融中心 17 楼

电　话：021 - 68498505　传　真：021 - 68498502　联系人：姜海洋

查阅时间　周一至周五　上午 8：30 - 11：30　下午 1：30 - 5：30

江苏双良空调设备股份有限公司

资料业源：www.cnstock.com. 中国证券网等。

九、要求

1. 按照当时的经济环境及企业自身生产经营状况，对本次可转换债券发行时机进行分析评价。

2. 如何理解本次发行的可转换债未设担保与"AA"信用等级的关系？

3. 对发行方案要点进行评述，包括发行规模、面值、票面利率、发行价格、转股期、转股价格等设计是否合理？

4. 对赎回条款、回售条款等的设计从风险管理的角度进行评价。

实训 A003：杜邦公司目标负债政策

一、实训名称和性质

实训名称	杜邦公司目标负债政策
面向专业或课程	财务管理专业《企业筹资财务》课程
实训学时分配	4
实训性质	☐调查　☑案例　☐软件模拟
必做/选做	☑必做　☐选做

二、实训目的和要求

（一）实训目的

本案例是作为学完"筹资学"后对学习者整体知识进行整合的实训材料，因此，本案例要培养学习者对筹资理论及实务的整体把握，使其能够运用所学的筹资理论对杜邦公司的负债政策及措施进行分析并评定。

（二）实训要求

在充分分析提供资料基础上能够结合实际经济情况，对杜邦公司目标负债政策进行分析判断。应充分发挥主观能动性，不要局限于所提供资料范围进行分析判断。

三、知识准备

（一）本案涉及知识要点

1. 资本结构的三种价值观。

2. 目标资本结构。

3. 并购。

4. 资本结构决策。

（二）相关理论

资本结构理论、并购理论、企业价值理论。

（三）参考书目

1. 陈勇等：《财务管理案例教程》，北京大学出版社 2003 年版。

2. Richard A. Brealey, Steward C. Myers & Alan J. Marcus, Fundamentals of Corporate Finance, third edition, McGraw-hill, 2001 年版。

3. E. J. Mclaney, Business Finance: Theory and Practice, fifth edition, Prentice Hall, 2000 年版。

4. Brian Coyle, Capital Structuring, Glenlake Publishing Company, Ltd, 2000 年版。

四、实训组织和安排

按照教学大纲要求，本次实训安排在《筹资学》课堂教学内容全部结束后进行，是对"筹资学"整体知识体系的检查和整合。具体方式与前两次案例教学不同，本次案例采用基于讨论的合作学习方式——混合讨论的方式进行，具体过程为：首先对学习者进行分组，按照学生自愿与教师安排相结合的方式进行；其次，确定各小组负责人，由各小组从面对面的讨论和 BB 平台在线讨论两方面进行案例研究；再其次，由各小组制作 PPT，选派 1~2 名代表在课堂教学环节向全体同学做汇报；最后，展开全体范围内的讨论。每个学生按照讨论结果以及个人观点提交实训报告。

五、注意事项

在混合讨论中个体的准备和参与对讨论效果有很大影响，教师应注意引导，尤其是小组负责人的确定应充分尊重学生意见。同时，利用网络搜集资料的能力培养需要教师的示范引导。

六、实训结果提交方式

实训结束后小组提交书面与电子文档两种形式的总结、小组制作的 PPT 文件等，将在 BB 平台上展示。每位学习者提交书面实训报告。

七、实训考核方式和标准

实训考核采用批阅实训报告结合混合讨论中学习者参与讨论的表现进行。具体评价标准见下表。

《筹资学》混合讨论评价标准

得分	优秀（9~10）	良好（7~8）	及格（6~7）	不及格（3~5）
准备情况	1. 资料准备丰富，能够科学地分类、组织，与讨论的主题很好匹配；2. 汇报内容主题明确、中心突出，论述有深度，结构严谨，表达条理清晰	1. 资料收集较多，分类正确，与主题一致；2. 汇报内容主题明确、内容较有深度、结构完整，表达条理基本清晰	1. 能够正确地收集资料，分类清楚；2. 汇报内容与主题基本明确，内容深度一般，结构不够完整，表达不够清楚	1. 能够搜集资料，但分类不清，匹配程度不高；2. 汇报内容主题不甚明确，结构不够完整，不能清楚表达观点
参与情况	1. 参与口头讨论频率很高，对问题分析准确；3. 讨论深入，表达清楚，逻辑清晰；4. 发帖与回复频率高	1. 积极参与讨论；2. 对问题分析较准确；3. 讨论深入，表达较清楚，有逻辑推理；4. 积极发帖与回复	1. 参与讨论；2. 对问题分析深度一般；3. 表达基本清楚；4. 参与发帖与回复	1. 很少参与讨论；2. 对问题有分析；3. 表达不清楚；4. 很少参与发帖与回复
学习者态度	积极主动主持、组织讨论，主动参与讨论，认真回答问题，回复帖子。对问题论述深入	主动参与讨论，认真回答问题，阐述问题较深入	能够参与讨论，对问题有所准备，讨论不太主动	参与讨论很随便，没做准备。对问题阐述有错误

八、实训材料

杜邦公司有着悠久的历史，1802 年创始于美国德拉华州。现时，已成为世界上最具历史性、最多元化工业机构之一。杜邦公司由法国移民化学家伊鲁西而·伊莲尼·杜邦（Eluthere Irene DuPont）所创办，他曾是现代化学之父拉瓦西（Lavoisier）的学生。杜邦公司创立时，只有 36 000 美元资本和 18 名雇员。杜邦的第一种产品，也是唯一经营多年的产品——黑色火药，帮助了早期的移民开发美国疆土。到了 1920 年，杜邦公司已发展为发明化工产品的先驱，在这段时间，杜邦的华莱士·卡洛瑟博士（Wallance Carrothers）

在聚合物的化学研究方面为人类做出了重大的贡献，先后发明了氯丁橡胶、尼龙以及其他多项产品，令杜邦公司声誉日隆，并奠定了杜邦公司在化工领域的领先地位。今天，杜邦公司名下有超过 2000 多种产品，行销 150 多个国家和地区，并在 120 个国家设有办事处、研究室、生产及加工厂。杜邦公司于 1937 年 10 月 21 日在美国纽约证交所上市，股票代码为 DD。本案例主要针对杜邦公司 20 世纪 80 年代的并购活动进行分析。以下资料是当时的一些环境及公司经营状况和决策的说明。

1983 年初，杜邦公司管理层回顾了公司在前 20 年的曲折的经营历程。70 年代的困难以及其与科纳克公司（Conoco）的大合并使公司放弃了其长期坚持的全部权益资本的资本结构。1981 年收购完科纳克公司之后，杜邦公司的资产负债率曾高达 42%——公司有史以来的最高点。财务杠杆的快速增加使杜邦公司丢掉了宝贵的 AAA 债券等级。尽管到 1982 年年末，杜邦公司的资产负债率已降至 36%，它仍未回到顶级。

在之前的 20 年中，杜邦公司的经营发生了戏剧性的变化。管理层在消化科纳克公司的同时，面临一个重要的财务政策抉择——决定 20 世纪 80 年代适合杜邦公司的资本结构。这一决策对杜邦公司的财务表现，甚或其竞争地位都很有意义。

一、1965～1982 年的资本结构政策

过去，杜邦公司一直以其极端保守的财务政策而闻名。公司的低负债率部分是由于其在产品市场上的成功。它的高盈利率使其自身积累的资金就可满足财务需要（见表 1 - 3 - 1、表 1 - 3 - 2）。事实上，由于杜邦公司 1965～1970 年的现金余额大于总负债，它的财务杠杆是负的。杜邦公司对债务的保守使用，加上其高盈利率和产品在化学工业中的技术领先地位，使它成为极少数 AAA 级制造业公司之一。杜邦的低负债政策使其财务弹性达到最大，使经营免受财务限制。

20 世纪 60 年代末，纤维和塑料行业的竞争增加了杜邦公司执行其财务政策的难度。1965～1970 年，这些行业生产能力的增加大大超过需求的增加，从而导致了产品价格的大幅下降。其结果是杜邦公司的毛利和资本报酬率下降。尽管它的销售收入不断增加，但 1970 年的净利润较 1965 年下降了 19%。

20 世纪 70 年代中期，三因素的共同作用加剧了杜邦公司筹资政策的困难。第一，为保持其成本和竞争优势，杜邦在 70 年代初开始了一项重要的资本支出计划。到 1974 年，通货膨胀的节节上升已使该计划的成本超出预算 50% 还多。但由于这些资本支出对维持和提高杜邦的竞争地位很重要，因此它不愿缩减或延迟这些支出。第二，1973 年石油价格的飞速上涨增加了杜邦的原料成轧而石油短缺也增加了必需的存货投资。杜邦公司经受了 1974 年石油危机的全面冲击；它的收入增加了 16%，成本激增了 30%，从而导致利润下降了 31%。第三，1975 年的经济衰退对杜邦的纤维业有着极大的影响。从 1974 年第二季度到 1975 年第二季度，其纤维销量下降了 50%。1975 年的净利润下降了 33%。从 1973 年到 1975 年，杜邦公司的净利润、总资本报酬和每股盈余的下降均超过 50%。

通货膨胀对其所需资本支出的冲击，石油价格飙升对成本的影响及纤维业的衰退导致了沉重的筹资压力。一方面，内部生成的资金减少；另一方面，营运资本和资本支出所需

表 1 - 3 - 1

节选财务资料（1965～1982）

（除每股数据外，单位均为百万美元）

	1965	1966	1967	1968	1969	1970	1971	1972	1973	1974	1975	1976	1977	1978	1979	1980	1981	1982
1. 销售收入	$ 2 999	$ 3 159	$ 3 079	$ 3 455	$ 3 632	$ 3 618	$ 3 848	$ 4 366	$ 5 964	$ 6 910	$ 7 222	$ 8 361	$ 9 435	$ 10 584	$ 12 572	$ 13 652	$ 22 810	$ 33 331
2. 息税前盈余	767	727	574	764	709	590	644	768	1 100	733	574	961	1 141	1 470	1 646	1 209	2 631	3 545
3. 利息	2	4	7	7	10	11	15	20	34	62	126	145	169	139	143	111	476	739
4. 税后利润	407	389	314	372	356	329	356	414	586	404	271	459	545	797	965	744	1 081	894
5. 税后利润\销售收入	13.6%	12.3%	10.2%	10.8%	9.8%	9.1%	9.3%	9.5%	9.8%	5.8%	3.8%	5.5%	5.8%	7.5%	7.7%	5.4%	4.7%	2.7%
6. 总资本税后报酬	18.5%	16.6%	13.0%	14.2%	12.8%	11.1%	10.9%	12.1%	15.1%	9.0%	6.6%	9.7%	11.1%	13.7%	15.1%	10.9%	7.5%	6.6%
7. 权益报酬	18.6%	16.8%	13.0%	14.6%	13.3%	11.8%	11.5%	12.7%	16.3%	10.7%	7.1%	11.4%	12.6%	16.7%	18.2%	13.1%	10.3%	8.2%
8. 每股盈余	$ 2.96	$ 2.83	$ 2.24	$ 2.66	$ 2.54	$ 2.29	$ 2.44	$ 2.83	$ 4.01	$ 2.73	$ 1.81	$ 3.30	$ 3.69	$ 5.18	$ 6.23	$ 4.73	$ 5.81	$ 3.75
9. 每股股利	2.00	1.92	1.67	1.83	1.75	1.68	1.67	1.82	1.92	1.83	1.42	1.75.	1.92	2.42	2.75	2.75	2.75	2.40
10. 平均股价	81.04	80.88	54.42	54.25	44.46	38.29	47.92	54.77	58.13	43.92	35.96	46.42	40.04	39.34	42.63	40.35	45.88	37.19
11. 平均股价\每股盈余	27.40	28.60	24.30	20.40	17.50	16.70	19.60	19.40	14.50	16.10	19.90	15.00	10.90	7.30	6.60	8.40	10.00	9.80
12. 市价\账面价值	5.40	5.28	3.26	3.07	2.38	1.98	2.40	2.61	2.49	1.81	1.46	1.76	1.41	1.26	1.22	1.09	1.04	0.83
13. 标准普尔400市盈率	16.80	15.20	17.00	17.30	17.50	16.50	18.00	18.00	13.40	9.40	10.80	10.40	9.60	8.20	7.10	8.40	8.50	10.40
14. 标准普尔400市价\账面价值	2.13	1.96	2.00	2.12	2.07	1.69	1.95	2.10	1.89	1.34	1.31	1.46	1.33	1.20	1.17	1.26	1.22	1.16

表 1－3－2

1965～1982 年杜邦公司相关指标

	1965	1966	1967	1968	1969	1970	1971	1972	1973	1974	1975	1976	1977	1978	1979	1980	1981	1982
资本支出	$327	$531	$454	$332	$391	$471	$454	$522	$727	$1008	$1036	$876	$704	$714	$864	$1297	$2389	$3195
营运资本输出	－	(163)	121	102	154	145	(39)	63	278	561	(122)	20	243	341	438	17	2046	(987)
资本结构																		
流动负债	$0	$0	$31	$57	$45	$56	$0	$0	$169	$320	$540	$259	$229	$258	$230	$393	$445	$319
	0%	0%	1.2%	2.1%	1.6%	1.9%	0%	0%	3.2%	6.5%	10.3%	4.6%	4.0%	3.5%	5.2%	5.5%	2.6%	1.9%
长期负债	$34	$58	$85	$150	$141	$160	$236	$240	$250	$793	$889	$1282	$1236	$1058	$1067	$1068	$6403	$5702
	1.5%	2.4%	3.7%	5.5%	4.9%	5.3%	7.1%	6.8%	6.2%	16.2%	16.9%	23.0%	21.4%	17.4%	16.1%	14.0%	37.0%	33.8%
权益	$2190	2317	$2409	$2540	$2685	$2790	$3095	$3267	$3593	$3782	$3835	$4032	$4315	$4761	$5312	$5690	$10458	$10850
	98.5%	97.6	95.1	92.4	93.5	92.8	92.9	83.2	89.6	77.3	72.8	72.4	74.6	78.4	80.4	79.6	60.4	64.3
总资本	$2224	2375	$2535	$2747	$2871	$3006	$3331	$3507	$4012	$4895	$5264	$5573	$5780	$5077	$6609	$7151	$17306	$16871
	100.0%	100%	100%	100%	100%	100%	100%	100%	100%	100%	100%	100%	100%	100%	100%	100%	100%	100%
利息保障倍数	383.5	181.8	82	109.1	70.9	53.6	42.9	38.4	32.4	11.8	4.6	6.6	6.8	10.6	11.5	10.9	5.5	4.8
债券等级	AAA	AAA	AAA	AAA	AAA	AAA	AAA	AAA	AAA	AAA	AAA	AAA	AAA	AAA	AAA	AAA	AAA	AAA

资料来源：杜邦公司

a. 营运资本投资在这里被定义为扣除现金、可出售的政权和短期债务之外的净营运资本投资却急剧增加。为应付这种资金不足，杜邦公司砍掉了 1974 年和 1975 年的股票，缩减了营运资本投资。

由于这些措施不足以满足其全部资金需要，杜邦转向债务筹资。与 1972 年没有短期债务相比，到 1975 年末，公司的短期债务增至 5.4 亿美元。此外，1974 年，杜邦还发行了 3.5 亿美元 30 年期的债券和 1.5 亿美元 7 年期的票据。前者是 20 年代以来，杜邦公司首次在美国公开发行长期债务。其结果是杜邦公司的负债率从 1972 年的 7% 上升到 1975 年的 27%，利息保障倍数从 38.4 降至 4.6。尽管杜邦担忧公司负债率的快速增加可能会导致降级，但在这段时间中，它还是保住了 AAA 级债券等级。杜邦是放弃了保守的财务政策，还是由于巨大的筹资压力而对此政策的暂时偏离？1974 年 12 月，杜邦公司的总经理欧文·夏皮罗说："我们预备长期谨慎地运用债务筹资。"

不过，杜邦很快降低了负债率。1976～1979 年，筹资压力减轻了。随着 70 年代初开始的资本支出项目接近尾声，资本支出从 1975 年的最高峰下降了。同时，相对平和的能源价格上涨和 1974～1975 年经济衰退后的全面复苏，使公司的利润在 1975～1979 年间增加了 3 倍多。1977 年、1978 年和 1979 年，杜邦公司持续降低其总债务。到 1979 年末，杜邦的债务已减至总资本的 20% 左右，利息保障倍数也从 1975 年的 4.6 回升至 11.5。公司又一次很稳固地位于 AAA 级之列。但是，尚不能确定公司是否会恢复到过去的零负债政策上。1978 年，杜邦公司的一位高级副总裁理查德·黑科特指出：尽管目前，我们预计债务会进一步减少，但我们仍有可观的借款能力及很大的财务弹性。

1981 年夏天，杜邦突然偏离了其财务弹性最大化的政策。7 月，杜邦开始竞标收购科纳克公司——一家大石油公司，它在美国工业企业排名中占第 14 位。经过一场简短而又疯狂的战斗，杜邦公司在 1981 年 8 月成功地购买了科纳克公司。80 亿美元的价格使其成为美国有史以来最大的合并，并意味着高于科纳克收购前市场价格 77% 的溢价。收购之后，杜邦公司的规模翻了 1 倍，且大大提高了它在无差别商品生产中的竞争地位。但杜邦公司的股票价格和行业分析家对此项收购的反应均很消极。主要的问题包括杜邦公司所支付的高价格以及科纳克如何有助于杜邦实现其战略目标，为筹集收购资金，杜邦公司发行了 39 亿美元普通股和 38.5 亿美元浮动利率债务。此外，杜邦还承担了 19 亿美元科纳克公司的债务。收购使杜邦公司的负债率从 1980 年年末的 20% 出头升至将近 40%。杜邦公司的债券等级降至 AA 级，公司有史以来第一次掉下等级。

对杜邦公司而言，合并后的第一年是困难的一年。科纳克公司的业绩受 1982 年石油价格下降的负面影响，而经济衰退又一次席卷化学行业。尽管杜邦公司 1982 年的收入是 1979 年的 2.5 倍，1982 年的净利润却比 1979 年低，总资本报酬率在这一期间降低了一半，每股盈余降低了 40%。

杜邦公司的管理层在设法为合并后的公司制定和实施连贯的战略的同时，也努力恢复公司融资环境的各方面。为减小利率风险，杜邦公司用固定利率的长期债务代替了多数浮动利率债务。但受阻于低迷的能源价格，出售科纳克公司 20 亿美元的煤矿和石油，以取得收入偿还债务的计划不能实施。一位分析家抱怨道："杜邦公司在石油行业周期的最高点购买了科纳克公司，而现在他们却欲出售这种充斥市场的、很难卖出的煤矿。"不过，到 1982 年末，杜邦公司已将其负债比率从收购后的最高点 42% 降至 36%。1982 年少得可怜的盈余使其利息保障倍数降至近期最低点 4.8。公司仍在 AA 债券级。收购科纳克公司所引起的负债比率的增加标志着在 10 年内，杜邦公司又一次偏离了其传统的资本结构政策。

二、未来的资本结构政策

杜邦的融资政策一向侧重于财务弹性的最大化。这保证了公司的竞争战略不受融资限制的干扰。然而，杜邦公司的竞争者在财务杠杆的使用上与其有很大差别，且它们之间也互不相同（见表 1 - 3 - 3）。为什么杜邦公司不应像多尔化工和人造丝公司那样，坐收冒险型负债融资的好处，而不顾它所导致的债券等级的进一步下降呢（见表 1 - 3 - 3 中债券等级的资料）？当然，电力等公用事业公司和电话公司即使有很多债务，也仍然保持较高的债券等级（见表 1 - 3 - 3）。杜邦公司业绩的波动性比 AT&T 这样的公司大，但却比其许多竞争者和其他行业的公司小。

表 1 - 3 - 3　　　　　　某些化学公司的财务资料(1980 年和 1982 年)　　　　　（百万美元）

	杜邦公司		多尔化学公司		蒙萨特公司		塞兰尼斯公司	
	1980	1982	1980	1982	1980	1982	1980	1982
销售收入	$ 13 652	$ 33 331	$ 10 626	$ 10 618	$ 6 574	$ 6 325	$ 3 348	$ 3 062
10 年销售增长率（复利）	14.2%	22.5%	18.7%	16.0%	12.8%	11.0%	12.4%	7.4%
10 年每股盈余增长率（复利）	7.5%	2.9%	19.9%	5.7%	8.3%	9.9%	8.9%	7.3%
净利润	$ 744	$ 894	$ 805	$ 399	$ 149	$ 352	$ 122	$ (34)
净利润/销售收入	5.4%	2.7%	7.6%	3.8%	2.3%	5.6%	3.6%	(1.1)%
总资本报酬	10.9%	6.6%	7.2%	7.9%	5.3%	8.3%	9.3%	(0.3)%
权益报酬	13.1%	8.2%	18.1%	9.6%	5.5%	10.1%	11.2%	(1.2)%
股利支付率	58.1%	64.0%	36.2%	101.7%	86.6%	45.2%	42.7%	42.7%
股票价格/每股盈余	8.4	9.9	7.6	13.7	13.7	8.3	6.3	6.7
市场价格/账面价值	109%	82.9%	138%	93.4%	72%	84.7%	67%	75.7%
负债/总资本	20.4%	35.7%	48.5%	42.7%	33.4%	24.5%	40.7%	42.9%
利息保障倍数	10.9	4.8	2.2	1.6	2.8	7.1	4.5	3.8
债券等级	AAA	AA	A	A	AA	AA	A	BBB

资料来源：穆池投资者服务。

a. 赛兰尼斯 10 年每股盈余增长率、股利支付率、股票价格/每股盈余、利息保障倍数用 1981 年的数据代替 1982 年的。

b. 市场价值/账面价值和股票价格/每股盈余均指当年高低股价的平均值。

在制订负债政策时，一个重要的因素是杜邦公司的商业风险。这一因素的大小有助于确定杜邦公司可以在其资本结构中安全地使用多少负债，而不致过度限制其竞争战略。在过去的 20 年中，杜邦公司主要业务的波动性增大，许多产品的竞争地位和盈利能力都下降了。在许多领域，杜邦的产品已差不多是与其竞争者无差别的普通商品，竞争更加激烈。过剩的生产能力和高固定成本的行业性质同时影响价格，压低利润。而且，科纳克公司亦处于一个剧烈波动的行业，一个杜邦公司管理层没有经验的行业。杜邦公司经营风险的增加，要求一个相对保守的资本结构。

不过，其他几个因素又表明公司可以采纳冒险型的负债政策。杜邦仍是全国最大的化工产品制造商，规模经济是化工产品制造过程的普遍特征。它仍是其行业的技术领头人，且它在 R&D 上的成功是首屈一指的。杜邦公司正在实施的资本支出项目旨在降低其所有经营领域的产品成本。公司的产品和市场已广泛多元化。过去，杜邦的经济力量常受制于激进的反垄断政策，但近期的经济环境很可能会更为宽松。而关于科纳克公司对杜邦公司商业风险的影响问题，某些分析家认为，这一重大的多元化举措会大大降低杜邦公司盈余的波动性。爱德华·杰斐逊——继欧文·夏皮罗之后的新一任杜邦总裁——就持上述观点，理由是合并将会减少能源价格波动对公司的影响。

尽管杜邦公司的毛利在回升，销售增长强劲，科纳克公司的财产亦被顺利出售，但在 1983～1987 年间，杜邦每年仍需寻找外部资金来源（见表4的预测）。这主要是因为杜邦仍有较大的资本支出。由于资本支出是公司降低现有产品成本，迅速高效研制新产品的关键，因此它被视为杜邦未来成功的保证。基于此，资本支出不得推迟并且还要经常补充，而不是在时机不佳时缩减。

表 1-3-4　　　　　　　　　　　财务预测(1983～1987)　　　　　　　　　　（百万美元）

	1983	1984	1985	1986	1987
资金来源					
净利润	1 009	1 196	1 444	1 591	1 753
折旧	2 101	2 111	2 212	2 396	2 667
经营活动所取的资金	3 110	3 307	3 656	3 987	4 420
出售财产	600	600	600	0	0
现金减少	199	(200)	(200)	(150)	(150)
其他来源	74	135	135	135	135
新筹资之外的资金来源合计	$ 3 983	$ 3 842	$ 4 191	$ 3 972	$ 4 405
资金运用					
股利	$ 571	$ 658	$ 794	$ 896	$ 964
资本支出	2 767	3 386	4 039	4 202	4 667
净营运资本的增加	973	414	594	587	650
其他	10	10	10	10	10
运用合计	4 321	4 468	5 437	5 695	6 291
净筹资需要	$ 338	$ 626	$ 1246	$ 1723	$ 1886

由于其庞大的、不可推迟的资金需要，杜邦公司需斟酌各种融资方式的可行性和成本（见表1-3-5中融资成本和数量的资料）。负债比率高、债券等级低的公司在某些时候举债比较困难。而债券等级为A级以上的公司举债则比较容易。与AAA级公司比较，A级公司举债的资本成本要更高一些，且两者的差别在高利率的环境下会扩大。考虑到公司未来资金需要的重要性和规模，杜邦非常关注举债的成本和数量可能对其实施资本支出项目能力的影响。

表1-3-5　　　　　　　　　　　负债融资的成本和数量(1970~1982)　　　　　　　　　　（百万美元）

	1970	1971	1972	1973	1974	1975	1976	1977	1978	1979	1980	1981	1982
工业公司发行的新债券总额													
AAA级债券					$1 650	$2 875	$700	$800	$275	$1 550	$1 750	$1 852	$543
AA级债券					2 415	3 310	2 030	1 125	700	1 800	2 900	2 458	3 347
A级债券					2 060	5 355	2 205	960	1 310	1 500	4 420	3 387	3 075
BBB级债券					440	420	1 010	445	210	0	345	0	1 357
发行的普通股和优先股													
取得的现金	$9200	$13000	$13100	$11100	$7400	$11900	$13300	$14100	$14600	$17100	$28600	$34400	$38700
现金净额	6800	13500	1300	9100	4300	10500	10300	6800	(1400)	(1900)	18200	1200	16400
工业企业提供的现金	3500	3200	3100	1500	1000	2400	2800	2300	2900	3600	10400	11900	9600
新发行债券的到期日分布													
中期						43%	30%	16%	21%	30%	44%	55%	62%
长期						57	70	84	79	70	56	45	38
利率													
90天期商业票据	7.89%	5.12%	4.63%	8.11%	10.06%	6.41%	5.28%	4.45%	7.73%	10.72%	12.37%	15.15%	11.91%
新发行的AAA级债券	8.39	7.39	7.10	7.42	8.57	8.70	8.15	7.88	8.63	9.39	11.74	14.30	14.14
新发行的AAA级与AA级债务之差	0.26	0.12	0.10	0.10	0.20	0.27	0.17	0.09	0.14	0.22	0.44	0.50	0.38
新发行的AAA级与BBB级债务之差	1.35	1.07	0.71	0.75	1.67	2.57	1.44	0.79	0.81	1.12	1.95	2.09	1.87
标准普尔500的市盈率	16.50	18.00	18.00	13.40	9.40	10.08	10.40	9.60	8.20	7.10	8.40	8.50	10.40

资料来源：所罗门兄弟公司，银行信托公司，以及标准普尔公司。

a. 股票发行减股票回购。

三、资本结构政策的备选方案

杜邦公司的一种选择是保持其传统的财务实力和 AAA 型的债券等级。考虑到杜邦将来庞大的资本支出要求，恢复到零负债水平是不可能的。25%（负债比总资本）的目标资本结构应足以保证较高的财务弹性，并使公司的竞争战略免受资本市场的影响。然而，达到这一负债比率并非易事（见表 1 - 3 - 6）。只有每年发行大额权益，才能将负债率从1982 年的 36% 降到 1986 年年末的 25%。而在 1987 年，要保持 25% 的目标负债率，仍需注入大量权益资本。到 1982 年年底，杜邦公司的股票价格尚未从市场对收购科纳克公司的消极反应中恢复过来，而持续的经济衰退无异于雪上加霜。这些都对为达到 25% 的负债率而需发行的大额权益的可行性及具体条款提出质疑（见表 1 - 3 - 6 的权益数据）。

表 1 - 3 - 6　　　　两种财务政策下预计的财务业绩（1983 ~ 1987）

（除每股数据外，其余单位为百万美元）

	1983	1984	1985	1986	1987	1987 假定息税前盈余降低 20%
40% 负债的方案						
负债/中资本	36.00%	37.10%	39.70%	40.00%	40.00%	40.00%
利息保障倍数	3.67	3.88	3.95	3.89	3.86	3.09
每股盈余	$ 4.20	$ 4.98	$ 6.02	$ 6.31	$ 6.62	$ 4.83
每股股利	$ 2.38	$ 2.74	$ 3.31	$ 3.56	$ 3.64	——
总资本报酬	7.90%	8.60%	9.30%	9.30%	9.20%	7.40%
权益报酬	9.00%	10.10%	11.50%	11.50%	11.40%	8.30%
新增权益	$ 0.00	$ 0.00	$ 0.00	$ 704.00	$ 815.00	$ 816.00
发售股票数（百万）	0.00	0.00	0.00	11.70	13.00	13.00
25% 负债的方案						
负债/总资本	33.80%	31.40%	28.20%	25.00%	25.00%	25.00%
利息保障倍数	3.91	4.60	5.57	6.23	6.17	4.49
每股盈余	$ 4.13	$ 4.77	$ 5.41	$ 5.46	$ 5.60	$ 4.27
每股股利	$ 2.29	$ 2.49	$ 2.71	$ 2.72	$ 2.72	——
总资本报酬	7.90%	8.60%	9.30%	9.30%	9.20%	7.40%
权益报酬	8.80%	9.80%	10.70%	10.40%	10.20%	7.80%
新增权益	$ 398.00	$ 686.00	$ 1 306.00	$ 1 783.00	$ 1 271.00	$ 1 271.00
发售股票数（百万）	9.50	14.30	28.80	36.20	25.20	25.20

尽管保守的资本结构具有传统的力量，但尚不清楚这种保守的资本结构是否适合 80 年代的杜邦。保守结构的成本很明显。如果杜邦永久地放弃其传统的保守资本结构而保持40% 的目标负债率，则许多财务状况指标都会好转。在表 1 - 3 - 4 和表 1 - 3 - 6 所预计的

复苏方案中，高负债政策预计会产生较高的每股盈余、每股股利和权益报酬。截至 1985 年，公司不需发行股票，1986 年和 1987 年所发行的股票也比低负债政策下预计的少得多，且更易安排在市场状况比较有利的时机。但是，由于高财务杠杆带来高风险，在悲观方案中（如经济衰退），每股盈余和权益报酬在高负债政策下会下滑得更厉害。有关这种高负债方案的其他顾虑还有在各种经济情况下取得资金的可行性，以及其对公司经营的限制。

四、决策

杜邦公司的业务范围在过去 20 年中发生了根本变化，而对科纳克公司的历史性收购使业务范围达到顶点。这一收购也使杜邦公司大大偏离了长期坚持的资本结构政策。这些变化对杜邦公司重新审视其融资政策而言，既是要求，也是机会。鉴于杜邦公司负债率的上升，债券等级的下降，以及股票市场对收购科纳克公司的消极反应，它的财务政策有相当程度的不确定性。这使得杜邦公司在近期确定资本结构政策变得尤为重要。

五、分析题

1. 杜邦公司曾经采用的极端保守的融资策略有何历史渊源？

2. 杜邦公司放弃全部权益资本的资本结构政策的原因有哪些？

3. 杜邦公司融资政策的演变过程及其原因。

4. 根据资料，对杜邦公司 1965～1982 年的财务状况进行评价。

5. 分析评价杜邦公司的并购策略。

6. 1981 年的收购对杜邦公司的融资政策、资产规模、资本结构、企业信用、股票市价以及财务指标等方面影响如何？

7. 近二十年的发展过程中，杜邦公司为何不断增加资本支出？

8. 从理论角度分析杜邦公司关注举债的成本和数量对实施资本支出项目能力的影响。

9. 确定目标资本结构有何意义？杜邦公司为何要采取措施以达到资本结构目标？

10. 标准普尔评级服务机构 2010 年 4 月 15 日表示，将杜邦公司（E. I. Du Pont de Nemours & Co，DD）的前景展望评级由"负面"上调至"稳定"，主要是基于全球经济的加强。标准普尔对杜邦公司具有一个"A"级的信用评级和一个"A－1"级的商业票据评级。标准普尔在声明中说："稳定的评级展望表示我们认为，虽然杜邦公司的信贷措施仍然是有点弱，但他们应该能够在未来一到两年加强。"请结合杜邦公司近期状况，分析此事件。

11. 你从杜邦公司的案例中得到哪些启示？

第二章　《企业投资财务》课程实训

B000：《企业投资财务》实训大纲

课程代码：1102532021

开课学期：第 6 学期

开课专业：财务管理

总学时/实训学时：48 学时/8 学时

总学分/实训学分：2.5 学分/0.25 学分

参考指导书：《财务管理专业实验（实训）指导书》

实训形式：《企业投资财务》是财务管理专业的一门主要专业课。它研究了企业投资的一般原理与方法，是本科财务管理专业学生必须掌握的专业知识体系中必不可少的重要组成部分。案例讨论、案例分析报告撰写。

实训目的和要求：《企业投资财务》是一门理论与实践较强的专业课程，它不仅要求学生全面掌握企业投资的基本理论知识，还要求学生具有较强的实践操作技能。通过流动资产投资和股票投资等实验，一方面可以促进《企业投资财务》课程教学效果的提高，另一方面也培养了学生的投资意识和缜密的投资分析能力，提高学生综合运用所学知识分析和解决实际问题的能力以及自学能力，使学生具有较高的学习专业理论的素质。实训的基本要求：（1）利用典型案例分析提高学生对流动资产投资的基本理论和方法的理解；（2）将所学的基本理论和分析方法运用于模拟证券投资，以锻炼学生从事证券投资的实际分析、投资管理能力，并加深对现代投资理论的理解；通过模拟证券投资交易，以体会在高风险的证券投资活动中投资者心态的变化，从而增强他们的风险意识和风险控制能力。

实训形式安排：总学时 8 学时，其中流动资产投资 4 学时，证券投资 4 学时。

实训考核：实验报告占实验成绩的 70%，模拟交易得分占实验成绩的 30%。

实验项目与主要内容：

序号	项目名称	主要内容	课时	评分权重	选开/必开
1	洁白公司应收账款投资管理	应收账款投资管理的方法	2	20%	必做
2	希望公司存货投资管理	存货投资投资管理的方法	2	20%	必做
3	证券投资分析软件的基本使用	证券投资分析软件的基本功能	2	15%	必做
4	股票模拟交易	基本分析和技术分析的综合运用	2	45%	必做

实训 B001：洁白公司应收账款投资管理

一、实训名称和性质

实训名称	洁白公司应收账款投资管理
面向专业或课程	财务管理专业《企业投资财务》课程
实训学时分配	2
实训性质	☐调查　☑案例　☐软件模拟
必做/选做	☑必做　☐选做

二、实训目的和要求

应收账款投资管理是企业投资财务的重要工作之一，本实训旨在通过立白公司应收账款投资管理案例分析，熟悉应收账款投资管理的全过程，掌握应收账款投资管理的理论和方法。详细阅读案例的全部内容，运用已学的理论和方法进行案例分析，完成案例分析报告。

三、知识准备

前期要求掌握的知识、相关理论：
熟练掌握有关应收账款投资管理的流程和方法。
参考书：
1. 张鸣：《投资管理》（第二版），东北财经出版社 2006 年版。
2. 杨雄胜：《投资管理学》，首都经济贸易大学出版社 2005 年版。
3. （CPA 考试教材），《财务成本管理》，中国财政经济出版社 2010 年版。
4. 其他有关投资管理教材及期刊等。

四、实训组织和安排

1. 仔细阅读实验材料。
2. 运用基本理论和方法分析上述问题。
3. 独立完成案例分析报告。

五、注意事项

应收账款投资管理给企业带来的正负面影响。

六、实训结果提交方式

案例分析报告。

七、实训考核方式和标准

本实训采用五级制：

A：能够独立完成案例分析报告，正确运用理论和方法，报告内容完整，语言流畅，观点正确，分析深入，有自己独到的见解。

B：能够独立完成案例分析报告，正确运用理论和方法，报告内容完整，语言流畅，观点正确，分析深入。

C：能够独立完成案例分析报告，正确运用理论和方法，报告内容完整，语言流畅，观点较正确，分析深度一般。

D：能够独立完成案例分析报告，正确运用理论和方法，报告内容较完整，语言较流畅，观点较正确，分析深度一般。

E：不能够独立完成案例分析报告，运用理论和方法出现差错，报告内容不完整，观点有明显的错误。

八、实训材料

洁白公司应收账款投资管理

洁白企业集团有限公司是近几年迅速崛起的大型日化企业，成立于 1994 年。经过 12 年的发展，目前已拥有 6 个全资生产基地、20 家 OEM 工厂和 12 个配货中心，员工 5 000 多人。经营有衣物洗涤类、衣物护理类、洗洁精类、个人护理类、口腔清洁类、家居清洁类、纸品类、消毒杀虫类等 8 大类 100 多个品种的系列产品。伴随着公司不断的发展壮大，该公司在实践中对应收账款投资管理上，逐渐摸索出了一套适应本企业的应收账款管理制度。这套制度包括以下几个部分。

1. 应收账款投资管理的组织架构。

洁白公司应收账款的日常控制，是由销售会计组来完成的。销售会计组负责应收账款的总体策划、分析以及提供准确、详细、及时的有关信息和数据。洁白公司不仅对这一组织的每一环节都明确了其主要负责的工作任务，使之各有分工，还对每一工作环节设定了衡量其工作好坏的标准，以便每月对其进行严格的考核。

2. 应收账款回收期的管理。

从账龄分析与制定付款优惠政策两方面入手，设定账龄目标，规定每一个客户归还应收账款的日期，这是洁白公司期望的最长付款期。同时还结合客户目前的平均实际还款期，为每一地区信用客户设定了还款期限；分析账龄，了解客户的回款状况，洁白公司通过电脑来完成应收账款分期报告。从应收账款分期报告中，公司可获得客户应收账款的额度是多少？客户的实际还款期限有多长？以便采取措施；制定付款优惠政策，其目的在于鼓励客户提前还款，以便缩短回款期。

3. 设置赊销额度。

洁白公司对于新老客户或是客户不同的实际情况制定了不同的赊销额标准。赊销额修订时也要考虑常规性因素和偶发性因素，一般的修订方法是按季修订赊销额上个季度的赊销额是下一季度赊销额的90%。这是洁白公司对严格遵守信用额管理制度客户的进一步的优惠政策，并且合作的时间越长信用越好，所取得的最大赊销额也越多。

4. 超期应收账款的处理。

对于超期应收账款洁白公司采取的措施：停止供货，超期40天即通知应收账款控制员停止该客户的信用额，并马上停止对其供货直到款项付清，而其原有的信用额将取消并重新开始按新客户对待；实施收款计划，如果在停止供货后客户仍拒付货款，公司将指定销售代表在财务部的协助下，与该客户磋商以求达成收款协议，协议将要求客户在三个月内付清所欠货款。如果客户选择了分期付款，那么第一期付款金额不可少于拖欠金额的35%。对于无力偿付的客户，采取先帮助客户渡过难关的方式等，以期在日后可以收回更多的应收账款。如果在实施了上述措施后仍无效果，将诉诸法律以期在客户破产清算时得到债权。

九、要求

1. 总结洁白公司应收账款投资管理的成功的经验？
2. 分析洁白公司应收账款投资管理存在的问题，并根据洁白公司的经营特点提出相应的解决对策？

实训 B002： 希望公司存货投资管理

一、实训名称和性质

实训名称	希望公司存货投资管理	
面向专业或课程	财务管理专业《企业投资财务》课程	
实训学时分配	2	
实训性质	☐调查 ☑案例	☐软件模拟
必做/选做	☑必做	☐选做

二、实训目的和要求

存货投资管理是企业投资财务的重要工作之一，本实训旨在通过希望公司存货投资管理案例分析熟悉存货投资管理的全过程，掌握存货投资管理的理论和方法。详细阅读案例的全部内容，运用已学的理论和方法进行案例分析，完成案例分析报告。

三、知识准备

前期要求掌握的知识、相关理论：
熟练掌握有关存货投资管理的流程和方法。

参考书：

1. 张鸣：《投资管理》（第二版），东北财经出版社 2006 年版。
2. 杨雄胜：《投资管理学》，首都经济贸易大学出版社 2005 年版。
3. （CPA 考试教材）《财务成本管理》，中国财政经济出版社 2010 年版。
4. 其他有关投资管理教材及期刊等。

四、实训组织和安排

1. 仔细阅读实验材料。
2. 运用基本理论和方法分析上述问题。
3. 独立完成案例分析报告。

五、注意事项

公司的存货管理有很多方法，注意案例中方法的特殊性。同时注意培养面对现实问题如何转化处理的能力。

六、实训结果提交方式

案例分析报告。

七、实训考核方式和标准

本实训采用五级制：

A：能够独立完成案例分析报告，正确运用理论和方法，报告内容完整，语言流畅，观点正确，分析深入，有自己独到的见解。

B：能够独立完成案例分析报告，正确运用理论和方法，报告内容完整，语言流畅，观点正确，分析深入。

C：能够独立完成案例分析报告，正确运用理论和方法，报告内容完整，语言流畅，观点较正确，分析深度一般。

D：能够独立完成案例分析报告，正确运用理论和方法，报告内容较完整，语言较流畅，观点较正确，分析深度一般。

E：不能够独立完成案例分析报告，运用理论和方法出现差错，报告内容不完整，观点有明显的错误。

八、实训材料

希望公司存货投资管理

希望公司是一个组建不到 3 年的新兴企业，主要经营日用品、食物、饮料等杂货的销售业务。希望公司成立以来发展迅速，从十几个人两台电脑，配送小礼品开始，业务范围不断扩大，包括了一些对质量及货架管理要求极高的水果、新鲜奶制品食物等。每天的订单量从几个发展到几百个，配送点覆盖了本市的 6 个区县，配送量每天达到 10 多辆货车，业务量突飞猛进。但是目前公司仍处于亏损。金融危机后，投资者纷纷修改它们的预算，如果希望公司在 3 个月内不能扭亏为盈，希望公司将被出售。为此公司召开了一次高层会议。

会议室里一片安静，总经理扬子首先转向财务总监王丽："现在我们的财务报表上能透露什么信息？"

王丽随即打开了她的笔记本电脑，熟练地点开费用清单，随之而来的是两个电子表格下的饼状图。管理费用和销售费用都被切成了一块一块的，每片都代表了一个小项目。"大家可以先看看这个，我认为公司在管理费用和销售费用上还有潜力可挖。"

"原来我们每个月有那么多的货物坏掉呢？"董事长赵伟指着那块管理费用中的一块黄色的馅饼说，"对了，昨天我去配送中心就看到一大批牛奶过期。是不是我们每次订货订得太多了？""可是如果减少订货量的话，我们无法得到供货商提供的订货折扣啊。"王丽为现行的订货政策辩护。"而且你们看，由于无法满足顾客订单而导致的缺货赔偿也不少呢。"

扬子有些迷惑，一边看图一边试图理清自己的思绪。"如果我们减少订货量，就可以减少由于货物过期报废而导致的损失。但是这样，我们势必要损失订货折扣，货物的单价上升，销售成本也跟着上升，而且由于市场需求的不稳定可能会导致某些货物缺货，这部分缺货造成的损失也是不小的。""没错！反过来呢，尽管大量的订货可以降低销售成本以及减少缺货现象，可又会使得那些没有及时销售掉的货物过期，增加管理费用。"赵伟接着说。"那么现金方面呢？"扬子问王丽。相持不下的时候，转移阵地总是个好主意。"恐怕我们的现金都给喂了个大胖子。"王丽微笑着指着资产负债表上的存货数字。"就是它，存货是个罪魁祸首，"赵伟好像发现了新大陆，嚷嚷着，"哪里都有它。"

开完会后，扬子就直奔仓库，他打算跟仓库的经理黄俊先谈一谈。听扬子说明来意，黄俊叹了口气，说："扬总，我知道缺货对于我们公司来说损失很大，但是这个我也没有办法。像牛奶、果汁等商品我们现在是每周进一次货，但是有时这些货品的需求量很大，到周五就开始陆续缺货。我经常和采购部说要多进些货，但是每次他们都说不能再多进了。"然后他又指着右边几排货架说："右边标着蓝色记号的货架存放的都是冷门商品，那些货品的需求量小，所以周转也慢。我们平均 2~3 个星期进一次货。但是两个星期前订的货，到今天差不多还有 80% 剩下。这些货占用了很多地方不说，很多时候由于货品存放时间太长，过了保质期，只好通通扔掉，我也觉得心疼呢！""老黄啊，依你的看法，我们该怎样改进呢?"扬子看着面前的货架问道。"扬总,照我看来,每次订多少货不能一概而论。对待周转速度快的热门商品和周转速度慢的冷门商品应该有不同的方法。那些周转快同时保质期比较短的产品,比如牛奶,面包等,如果采购部不同意增加每次的订货量,我们可以增加订货次数,这样的话,既可使平均存货量有所减少,同时又减少了缺货的可能性。"看扬子露出迫不及待地想听下去的神情,黄俊接着说,"那些周转慢的商品,那就更简单了,我认为根本一次就不应该订这么多货。占用地方,占用资金之外,还会因为商品过期而造成浪费。""对啊,正是这些存货吃掉了我们公司大量的现金,给我们的现金流造成问题。所以,当务之急是改变我们的采购策略。"听了黄俊的话,扬子好像已经有了一点儿头绪了。

从仓库一回到办公室,扬子马上叫秘书小章把采购部经理李景请来。"李经理,我想问一下,我们公司现在的商品采购量是根据什么来定的?"扬子一边招呼他坐下,一边直截了当地问。"通常我们是根据营销部每周的销售记录来预测下个星期的需求量。当然,某些产品如果订购的数量足够多的话,能够享受到供应商给我们的价格折扣,那么我们就会适当地比预测数目增加一些订货量。""有些货老是短缺,这个情况你知道吗?"扬波又追问道。李景叹了一口气,似乎也有他的难处。"一些保质期短的商品,营销部反映客户的要求很高,都希望是最新鲜的产品。好比牛奶,一旦超过3天,即使还有4天的保质期也得半价出售,那就亏本了。财务部已经和我说了几次了,一定要尽量避免这种不必要的损失。你说我还敢一次订很多货吗?""那么你们为什么不试着多订几次货?每次订的量可以少一些,这样既可以保证货品的新鲜,又可以减少缺货。"李景想了想,把身体往前挪了挪,说道:"道理上讲是可以的。可供应商每次给我们送货,都要收取运输费等不少费用。所以增加订货次数,肯定会增加总的订货成本。其次订货次数一多,我这里的工作量也随之增加,单是加班费这一项的开销就不小了,更不要提目前财务部强调要降低运营成本,已经在抱怨我们采购部每个月的用度。再增加订货成本,恐怕财务部会有意见。"这话说得没错,扬子在心里忖道,他知道王丽的厉害。李景顿了顿,又接着说:"我们是根据过去的销售量来订货的,可有些商品的销售量很不稳定,时高时低的,难以准确预测。这也是引起缺货的原因之一。另外,营销部经常会做不定期的促销活动,使得某些商品十分畅销。这原本是好事,但他们又没有事先通知我们采购部哪些促销商品应该多进多少,结果反而引起商品的短缺。""那么那些堆积在货架上的商品又是怎么回事呢?""有些商品的保质期比较长。而我们的仓库反正也够大,这些商品进来了,早晚总是可以卖掉的,而且一次进货量大的话,不仅可以减少订货次数,从而降低订货成本,而且还可以享受到供应商给我们的价格折扣,降低销售成本。这一点我已经请示过财务部了。"又和财务部有关。扬波提起话筒,让秘书小章把王丽请到总经理办公室来,想了想又加了句,"叫黄经理也来一趟。"

王丽不一会儿就进来了。她的办公室就在隔壁。李景看到王丽,仿佛见到救星一般,从椅子上蹦了起来,对她说:"王经理,关于批量订货,从而享受现金折扣的方案,是不是财务部批准的?""是的,为了降低销售成本,我们就要尽量享受供应商的折扣。而且如果我们在一个供货商那里订购的货物足够多,通常供货商还会承担货品的运费。"王丽从容答道。"扬总，其实我个人也认为销售折扣对于我们很重要，30 万元的订货额，95 折就能给我们节省 15 000 元。""可是，这些堆积如山的货物不但占了我们大部分的仓库空间，每月很大一部分人力都花在整理、保管这部分存货上，这也是一块不可忽视的成本。"这个时候，黄俊也到了。"获得商业折扣直接就能够降低销售成本；反之，如果减少每次订货量，会大大提高我们的进货和销售成本，而所节省的存货管理成本与损失的销售折扣相比，孰多孰少还不知道。这个道理你不会不清楚吧？"王丽站在了李景一边。"可你不觉得正是为了享受这个商业折扣，我们过度订货，从而导致部分货品过期，造成浪费吗？"黄俊反问道。"即使我们放弃享受订货折扣，完全按照销售预测来订货，就能保证没有存货会坏掉吗？"王丽仍是振振有词。"这个……"黄俊沉吟了半天，还是摇了摇头，"我想可能还是会有误差。因为毕竟无论用什么方法，预测总是不准确的。实际需求有时偏多有时偏少。所以没有人能保证每样东西都卖出去，也不知道什么时候会缺货。"黄俊好像打开了话匣子，继续在哪里喋喋不休的埋怨着。一切都是起伏不定的需求的错。常常让他和工人有时忙得焦头烂额，有时又无所事事。天晓得明天顾客会要多少货。要是没有这个"无恶不作"的魔头，他会把仓库如何打理得井井有条，及时完成每张订单，也无须总经理频频光顾。其他人也似乎被他感染，纷纷开始诉苦。李景是对那些要求很高订货量才给予价格折扣的供应商耿耿于怀，数落他们的不是；王丽则始终坚持订货量没有问题，而是仓库与销售两个环节没有协调好，导致供销不平衡。办公室乱作一团，扬子的心情也降到了冰点。

九、要求

1. 试分析希望公司存货投资管理存在的问题？
2. 根据希望公司的行业特点提出相应的解决对策。

实训 B003： 证券投资分析软件的基本使用

一、实训名称和性质

实训名称	证券投资分析软件的基本使用
面向专业或课程	财务管理专业《企业投资财务》课程
实训学时分配	2
实训性质	☐调查　☐案例　☑软件模拟
必做/选做	☑必做　☐选做

二、实训目的和要求

证券投资管理是企业投资财务的重要工作之一，本实训旨在通过证券投资软件的操作训练，掌握证券投资的技术分析的基本方法，进一步加深对现代投资理论的理解。下载各证券公司提供的免费证券交易系统，熟悉证券交易系统的各种操作方法，完成实训报告。

三、知识准备

前期要求掌握的知识、相关理论：

熟练掌握有关证券投资技术分析方法。

参考书：

1. 张鸣：《投资管理》（第二版），东北财经出版社 2006 年版。
2. 杨雄胜：《投资管理学》，首都经济贸易大学出版社 2005 年版。
3. （CPA 考试教材）《财务成本管理》，中国财政经济出版社 2010 年版。
4. 其他有关投资管理教材及期刊等。

四、实训组织和安排

1. 进入证券投资分析系统。
2. 快速查看沪、深两市大盘指数的走势。
3. 查看交易所交易的证券品种并在不同市场、不同证券种类之间进行切换。
4. 查看某一行业（区域或概念）的证券。
5. 查看某个具体证券（或市场指数）的分时走势图和 K 线图走势。
6. 查看更多（或较少）时间跨度的 K 线数据。
7. 查看不同时间周期的 K 线图（如日 K 线、周 K 线、月 K 线）。
8. 实现同屏显示多只证券的走势图。
9. 查看当日市场交易的综合情况。
10. 将某个市场的所有股票按涨（跌）幅排序。
11. 查看某只股票的基本面资料。
12. 证券市场交易的品种太多了，实现重点关注的股票集中放在一起。
13. 证券的默认主图为 K 线图，查看其他类型的主图。
14. 调整技术指标参数。
15. 在主图"复权"与"不复权"之间进行切换。
16. 沪深两市的证券太多了，根据某种条件选出符合该条件的所有股票。

五、注意事项

1. 证券投资软件的正确使用。
2. 在特定时期、特定行业、特定条件下的证券分析。

六、实训结果提交方式

实训报告。

七、实训考核方式和标准

本实训采用五级制：

A：能够独立完成实训报告，正确运用理论和方法，报告内容完整，语言流畅，观点正确，分析深入，有自己独到的见解。

B：能够独立完成实训报告，正确运用理论和方法，报告内容完整，语言流畅，观点正确，分析深入。

C：能够独立完成实训报告，正确运用理论和方法，报告内容完整，语言流畅，观点较正确，分析深度一般。

D：能够独立完成实训报告，正确运用理论和方法，报告内容较完整，语言较流畅，观点较正确，分析深度一般。

E：不能够独立完成实训报告，运用理论和方法出现差错，报告内容不完整，观点不鲜明。

八、实训要求

1. 初步熟悉交易软件的行情系统、功能系统和相关操作。
2. 熟悉看盘的基本技术、方法及要求。
3. 运用"行情列表窗口"、"图表分析窗口"、"明细窗口"和"新闻窗口"等的有关功能。重点熟悉"图表分析窗口"的基本操作和画线工具及其运用。
4. 若干重要技术指标在证券投资分析中的运用。

实训 B004： 股票模拟交易

一、实训名称和性质

实训名称	股票模拟交易
面向专业或课程	财务管理专业《企业投资财务》课程
实训学时分配	2
实训性质	☐ 调查　☐ 案例　☑ 软件模拟
必做/选做	☑ 必做　☐ 选做

二、实训目的和要求

证券投资管理是企业投资财务的重要工作之一，本实验旨在在前次实验的基础上掌握证券投资的基本分析和技术分析的基本方法，进一步加深对现代投资理论的理解。利用技术分析方法选择合适的股票进行模拟投资，利用基本分析方法对原先选择的股票进行修订，以两个礼拜为限模拟卖出，分析交易结果，完成案例分析报告。

三、知识准备

前期要求掌握的知识、相关理论：

熟练掌握有关证券投资的技术分析和基本分析方法。

参考书：

1. 张鸣：《投资管理》（第二版），东北财经出版社 2006 年版。
2. 杨雄胜：《投资管理学》，首都经济贸易大学出版社 2005 年版。
3. （CPA 考试教材）《财务成本管理》，中国财政经济出版社 2010 年版。
4. 其他有关投资管理教材及期刊等。

四、实训组织和安排

1. 利用重要的技术指标选择股票。
2. 利用网络以及证券分析系统了解宏观经济状况、行业前景以及公司的经营情况对原已选择的股票进行修订。
3. 模拟买入。
4. 模拟卖出。

五、注意事项

1. 注意选择合适的股票进行模拟投资。
2. 注意模拟买入、卖出的时机。

六、实训结果提交方式

交易业绩和案例分析报告。

七、实训考核方式和标准

本实训采用五级制：

A：能够独立完成案例分析报告，报告内容完整，语言流畅，观点正确，分析深入，有自己独到的见解，交易业绩在全班前 20%。

B：能够独立完成案例分析报告，报告内容完整，语言流畅，观点正确，分析深入，交易业绩在全班前 40% 或者实现盈利。

C：能够独立完成案例分析报告，报告内容完整，语言流畅，观点较正确，分析深度一般，交易业绩在全班前 60% 或者实现盈利。

D：能够独立完成案例分析报告，报告内容较完整，语言较流畅，观点较正确，分析深度一般，交易业绩在全班前 80% 或者实现盈利。

E：不能够独立完成案例分析报告，报告内容不完整，观点有明显的错误，交易业绩在全班后 20%。

八、实训要求

1. 利用重要技术指标选择股票进行模拟交易。
2. 利用基本分析方法对交易进行修订，并说明原因。
3. 解释交易结果。

第三章 《项目评估财务》课程实训

C000：《项目评估财务》实训大纲

课程代码：1102522012

开课学期：第 6 学期

开课专业：财务管理

总学时/实训学时：32 学时/8 学时

总学分/实训学分：1.5 学分/0.25 学分

参考指导书：《财务管理专业实验（实训）指导书》

实训形式：模拟交易、案例讨论、案例分析报告撰写。

实训目的和要求：《项目评估财务》是一门理论与实践较强的专业课程，它不仅要求学生全面掌握企业投资的基本理论知识，还要求学生具有较强的实践操作技能。通过项目地址选择、项目财务评估等实验，一方面可以促进《项目评估财务》课程教学效果的提高，另一方面也培养了学生综合运用所学知识分析和解决实际问题的能力以及自学能力，使学生具有较高的学习专业理论的素质。要求学生实验分析前认真准备，写作报告和讨论中积极思考，完成后认真总结提高，并按要求上交分析报告及相关材料。

实训形式安排：总学时 8 学时。其中项目地址选择 2 学时，项目财务效益评估 6 学时。

实训考核：实验案例分析报告的质量 60%，案例讨论表现 40%。

实训项目与主要内容：

序号	项目名称	主要内容	课时	评分权重	选开/必开
1	肯德基怎样在中国选点投资	掌握地址选择条件评估的原则和方法	2	25%	必开
2	东方大厦建设项目财务效益评估	掌握项目投资的测算、财务效益评价	6	75%	必开

实训 C001：肯德基怎样在中国选点投资

一、实训名称和性质

实训名称	肯德基怎样在中国选点投资
面向专业或课程	财务管理专业《项目评估财务》课程
实训学时分配	2
实训性质	☐调查　☑案例　☐软件模拟
必做/选做	☑必做　☐选做

二、实训目的和要求

投资项目地址的选择是项目评估财务的重要工作之一，本实训旨在通过肯德基的案例分析掌握地址选择条件评估的原则和方法。详细阅读案例的全部内容，运用已学的理论和方法进行案例分析，完成案例分析报告。

三、知识准备

前期要求掌握的知识、相关理论：
熟练掌握有关项目选址评估的原则和方法，肯德基在中国的投资情况。
参考书：
1. 吴大军、王立国：《项目评估》，东北财经大学出版社 2002 年版。
2. 王立国：《投资项目评估学》，东北财经大学出版社 2004 年版。
3. 其他有关项目评估教材及期刊等。

四、实训组织和安排

1. 仔细阅读实验材料。
2. 运用基本理论和方法分析问题。
3. 独立完成实验报告。

五、注意事项

1. 结合肯德基在外国和中国的发展现状。
2. 实地调研肯德基在所在地区的成功之处。

六、实训结果提交方式

案例分析报告。

七、实训考核方式和标准

本实训采用五级制：

A：能够独立完成实验报告，正确运用理论和方法，报告内容完整，语言流畅，观点正确，分析深入，有自己独到的见解。

B：能够独立完成实验报告，正确运用理论和方法，报告内容完整，语言流畅，观点正确，分析深入。

C：能够独立完成实验报告，正确运用理论和方法，报告内容完整，语言流畅，观点较正确，分析深度一般。

D：能够独立完成实验报告，正确运用理论和方法，报告内容较完整，语言较流畅，观点较正确，分析深度一般。

E：不能够独立完成实验报告，运用理论和方法出现差错，报告内容不完整，观点有明显的错误。

八、实训材料

1986 年 9 月下旬，肯德基家乡鸡公司开始考虑如何打入人口最多的中国市场，发掘这个巨大市场中所蕴涵的巨大潜力。虽然前景乐观，但是诸多现实难题也使肯德基的决策者们备感头痛，犹豫不决。对这间世界最大的鸡肉餐馆公司来说，面前的中国市场是完全陌生的：肯德基的纯西方风味是否能为中国消费者所接受？开发中国市场，不但需要技术资源，更为重要的是还需要宝贵的管理资源。此外，从中国不能汇出大量的硬通货利润，即使是中等水平的汇出也不大可能。最为关键的是，要打入中国市场就必须选择一个特定的投资地点，而这又带有很大的不确定性。

托尼·王作为肯德基东南亚地区副总经理，承担了拓展中国市场的重任。早在 1984 年，王就与中国天津当地一家合伙人创办了一家名叫"兰花食品"的合资企业，这是中国餐馆业中第一家中美合资企业。这个有 80 个座位且带外卖业务的餐馆从开业的第一天就大获成功，其营业收入比盈亏平衡点高出 100%。

托尼·王始终坚信美式快餐在远东市场有着巨大的潜力。受到这一成功的鼓励，王开始考虑在中国主要地区转让特许权从而把家乡鸡引入中国。1985 年，王写信给肯德基总经理梅耶，力图说服对方现在正是积极打入中国市场的有利时机。

梅耶对王把肯德基引入中国的提案感到极大的兴趣。王本人在肯德基有长时间的富有成就的历史，可以完全加以信任。另外，王本人就是中国人，能讲标准的普通话，有利于谈判磋商。然而梅耶对把中国市场这一具有战略意义的重要市场转变成特许权出让，还有许多牵挂和忧虑。国际市场经验表明，依靠出让特许权是有严重危险的。授予特许权还会危害肯德基今后向中国其他地区发展的能力。梅耶喜忧参半，总的想法是：中国这个市场太重要了，以至不能不作为一个公司的业务加以开发。

与此同时，托尼·王也清醒地意识到只靠他自己的资源是无法把肯德基引入中国的。他在天津得到的经验更加强了他所深信的观点：要在肯德基旗帜下做买卖，毫无疑问要求中国雇员在工作态度方面作根本性转变。而这种转变只能通过耗费时间的培训计划获得，这便意味着在开始营业之前就要投入大量费用，而他无力全部负担。此外王还担心在寻找合作伙伴、谈判、签订租约及获得营业执照等前期工作所需的费用。到1985年深秋，王越来越清楚地认识到"中国这个市场对个人来说是太大了"。

1986年4月，梅耶决定采取行动。改组肯德基在南亚地区办公室，买进在新加坡的全部特许经销权。由于其已经在经营29家肯德基家乡鸡商店，这些行动给肯德基东南亚地区办公室增加相当分量的新的管理负担。梅耶邀请王担任东南亚地区的业务主管，并表示支持王根据他最好的判断及努力去推进他的中国计划。

托尼·王接受了这一职务，并于1986年夏天成立了总部设在新加坡的肯德基东南亚地区办公室。从肯德基在整个东南亚地区的业务全局考虑，王开始以一种特殊的眼光看待在中国的投资决策。打入中国市场这一单一目标必须与这个地区的其他投资机会相互均衡。肯德基在整个东南亚地区都有巨大的发展潜力。这一地区其他国家的市场，虽然加在一起比全部的中国市场还要小，但是，他们已经接触了西方风味的快餐，对肯德基产品的需求方式已经有了较深的理解。与中国相比，追求在这些市场获得增长有一定的吸引力。保持对合作伙伴和雇员的控制也相对简单。这将导致迅速的增长和更高的投资回收，硬通货也容易获得。与此相反，开拓中国市场需要投入大量的稀缺管理资源。首要的制约就是肯德基能讲汉语的管理人员数量有限，且这部分人多数已经在中国香港地区和新加坡有了安排。

在情况并不明朗时，王决定对中国市场进行更全面彻底的调查。他面临的首要问题是：第一家肯德基店址应当选在何处？这一决策将对今后的盈利，对在中国其他地区的进一步开拓以及对投入管理资源的决心等一切关系到干还是不干的极端重要的考虑产生戏剧性的影响。

王最初想到的是天津。通过早先的经历，王已经同天津市政府建立了非常友好的关系。另外，天津是中国政府直接领导的三个直辖市之一。然而，他也看到了天津的几个弱点。首先，天津缺乏供应方便的谷物饲养的肉鸡。肯德基在香港地区的经验表明，中国消费者非常注重食物的新鲜和味道鲜美，这对一个中国人还不熟悉的产品来说更为重要。另一问题是西方旅游者一般不经常光顾该城市。虽然王预计主要销售收入是软货币——人民币，但一部分硬通货销售收入对汇出利润以及购买重要的投入物如鸡肉包裹材料、包装、促销材料等也是很重要的。最后，也许是最重要的，天津也许不能成为肯德基今后开拓全国市场的基地，该城市不具备这项宏伟计划所需的形象和影响力。在地理位置上，天津通常被视做北京的门户。那么，其他选址方案——上海、广州和北京又如何呢？

上海是中国最大的市场，有1 100多万居民，9 000多家工厂和中国最繁忙的港口。上海是中国最繁荣的商业中心。工业总产值占全国的11%，外贸出口占全国的17%，是自行管理的直辖市之一。上海与西方的交往有着悠久历史，在19世纪中叶，英国迫使中国签订《南京条约》，上海成为5个通商口岸之一，西方的商业与文化对上海有着浓烈的影响。1949年中国大陆解放后，上海也一直保持着对国际商务与贸易的兴趣。如今上海建造了各种各样的西式饭店和商业设施，成为外国旅游者的理想观光地。上海的明显优势是在这里容易获得合乎质量的充足的肉鸡供应。通过兴办合资企业，泰国的正大集团已经在东南亚地区建立了 10 个饲料厂和家禽饲养基地，可以为上海供应肉鸡。肯德基的东南亚办公室与正大集团有良好的关系，目前正在与该公司的一个分部谈判在曼谷出售特许权的业务。虽然上海一向是主要的商业中心，它的噪音和污染却令旅游者感到沮丧。对肯德基来说，东道城市的实际人口是重要的，但这比潜在的顾客群大小次要一些。虽然上海可以为肯德基提供它渴望得到的新闻宣传，但还需要表明有足够的外汇收入，才能最终论证投资的合理性。这里所担心的是西方商人会不会被肯德基家乡鸡所吸引，或者能比去更现代化的饭店更经常地光顾肯德基，显然没人知道答案。

广州是可供选择的另一个方案。它位于中国东南部，离香港地区很近。作为中国 14 个沿海开放城市之一，广州于 1984 年成了优惠外资的经济特区。这样，广州在批准外资项目、减免税收和鼓励技术开发方面被授予更多的自主权。到 1986 年年底以前，大约 60 亿美元都投放到这些沿海开放城市里。中国的 4 个经济特区有 3 个在广东省，是为吸引外资特意设计建立的。广州是西方商人经常光顾的地方，同时也是旅游者从香港出发作一日游的好地方。广州和香港间只有不到 120 公里路程，公路铁路交通都很便利。在广州做买卖很容易得到肯德基香港办公室提供的服务。另外，广东地区的中国人也更熟悉西方管理惯例和西方文化。广东和香港讲同样的粤语，差别不大，初步调查表明找到一个充分供应肉鸡的来源也没有什么大困难。

北京是最值得周密考察的地点。北京有 900 万居民，人口数量仅次于上海。自从 13 世纪以来，北京就一直是中国的政治文化中心。全国统一使用北京时间，是这个城市权威地位的标志。北京市有发达的地下铁路和快车道系统，还有一个带空调、自动扶梯和通道的国际机场。北京的外来人口数量众多，有潜在的顾客群体。北京还是中国的教育中心，是高等学府的聚集地。所有这些因素都造成人口大量涌入和人民智力启蒙，这对肯德基人民币销售部分是极为重要的。北京是那些向往故宫、长城、十三陵的西方旅游者的必到之地，这意味着肯德基将会有一个稳定的外汇收入。因此，如果从北京搞起，无疑将吸引人们的注意力，并且不言而喻地表明当权人的赞同态度。这将有助于今后往其他城市的进一步发展。

北京可以给一个急切地要往全国扩展业务的公司提供相当可观的优势。初步调查得知，北京城郊有好几个家禽饲养基地。然而，从政治和经营方面来说，选择北京可能比选择其他几处城市更具有冒险性。一个成功的惹人注目的买卖会增加政府干预的可能性。

由于认识到开拓中心市场需要强大的管理作后盾，王坚持要求公司增加对这一地区的财务支持。这一要求得到梅耶的大力支持。以一个强化了的区域性组织机构为基地，王开始考虑和评价在中国选择投资地点的各种方案。这一考察评价过程是逐个城市进行的。由于找不到任何可靠的决定市场需求和定价依据的市场信息，选择投资地点的决策更加复杂化。由于没有一个本地同行作向导，投资地点的决策主要是追求能够对公司今后打入范围更大的中国市场提供最大的长期影响力。考虑到北京的现代化宾馆，大量的流动人口和在全国的形象，王决定暂时把北京作为一个起点。北京的另一主要优点是市政府有省政府一样的自主权，在直辖市投资意味着与庞大的政府系统打交道时可以减少一个层次。在意向性地选定把肯德基在中国的第一家分店设在北京之后，寻找潜在的当地合作伙伴的过程就开始了。

资料来源：张良财：《企业理财案例分析实训》，中国物资出版社 2007 年版。

九、要求：

1. 结合所学理论，分析托尼·王在中国进行厂址选择时遵循了哪些原则？考虑了哪些厂址选择条件？

2. 试利用评分优选法对肯德基在中国的厂址选择作出评价？

3. 肯德基在中国的厂址选择过程给你了哪些启发？

实训 C002： 东方大厦建设项目财务效益评估

一、实训名称和性质

实训名称	东方大厦建设项目财务效益评估
面向专业或课程	财务管理专业《项目评估财务》课程
实训学时分配	6
实训性质	☐ 调查　✓ 案例　☐ 软件模拟
必做/选做	✓ 必做　☐ 选做

二、实训目的和要求

项目财务效益评估是项目评估财务的核心工作之一，本实训旨在利用案例提供的基本资料及有关软件 Excel 熟悉项目财务效益评估过程，掌握项目的财务可行性评价方法，以及项目财务可行性分析报告的编撰。

三、知识准备

前期要求掌握的知识、相关理论：

熟练掌握有关项目财务效益评估的方法，熟练掌握 Microsoft Excel 的操作。

参考书：

1. 吴大军、王立国：《项目评估》，东北财经大学出版社 2002 年版。

2. 王立国：《投资项目评估学》，东北财经大学出版社 2004 年版。

3. 其他有关项目评估教材及期刊等。

四、实训组织和安排

1. 收入表编制。

2. 还本付息表编制。

3. 成本表编制。

4. 利润表编制。

5. 现金流量表（全部资金、自有资金）编制。

6. 财务指标分析。

五、注意事项

表格编制过程中科目的选择要结合案例等。

六、实训结果提交方式

案例分析报告和项目财务可行性报告。

七、实训考核方式和标准

本实训采用五级制：

A：能够独立完成实验报告，正确运用理论和方法，报告内容完整，语言流畅，数据正确，有自己独到的见解。

B：能够独立完成实验报告，正确运用理论和方法，报告内容完整，语言流畅，数据正确。

C：能够独立完成实验报告，正确运用理论和方法，报告内容完整，语言流畅，数据较正确。

D：能够独立完成实验报告，正确运用理论和方法，报告内容较完整，语言较流畅，数据较正确。

E：不能够独立完成实验报告，运用理论和方法出现差错，报告内容不完整，数据有明显的错误。

八、实训材料

（一）项目背景

拟建的东方大厦，总建筑面积 33 300 平方米，是一座由龙跃公司开发的集办公、商务配套于一体的 5A 级智能高档商务写字楼。作为高品质的智能写字楼，东方大厦具备 5A 级智能化写字楼标准，电话通信系统、电缆电视系统、电信宽带系统、安全监控系统、自动报警系统等完善科技配套一应俱全。

（二）基本资料

1. 基础数据和说明。

本项目按一次建成投入运营进行各项指标计算。2006 年开始投入建设，建设时间为 29 个月。2008 年年底完工开始使用，公司打算把完工的东方大厦用于出租，20 年后再出售。

2. 项目总投资估算。

本项目总投资 11 793.46 万元，投资估算表如表 3 - 2 - 1 所示。

表 3 - 2 - 1　　　　　　　　　　　　　　**项目总投资估算**　　　　　　　　　　　单位：万元

投资估算总金额	11 793.46
开发成本	10 643.46
第一部分：建筑安装工程费用	9 345.24
第二部分：室外附属工程	29.12
第三部分：设备购置费	350
第四部分：工程建设其他费用	413.3
其中：建设期利息	65
第五部分：预备费	505.8
开发费用：	1 050
流动资金：	100

3. 资金筹措和运用。

（1）资金筹措。

本项目总投资 11 793.46 万元，其中自有资金为 4 782.46 万元，占项目总投资的 40.55%；借款资金为 7 011 万元，占项目总投资的 59.45%。其中向建设银行借款 6 000 万元，借款利率为 6.2%，其余款项为商业银行借款，其中：流动资金借款为 81 万元，贷款利率为 4.9%，基建借款为 930 万元，借款利率为 6.4%。借款利息每年末偿还。

（2）资金运用。

本项目建设期 29 个月，横跨 3 个年度，其中开发成本按第 1 年投入 25%，第 2 年投入 35%，第 3 年投入 40%。本金归还的资金来源于税后利润和折旧摊销等。流动资金贷款在建设期末借入，长期借款在建设期的三年分别借入，借款比例分别为 25%、35%、40%。

表 3 - 2 - 2　　　　　　　　　　　　　　　　**资金筹措**　　　　　　　　　　　　　单位：万元

序号	项目	合计	建设期			运营期
			2006 年	2007 年	2008 年	2009 年
	资金分年度使用计划		25%	35%	40%	
1	总投资	11 793.46	2 923.37	4 092.71	4 677.38	100
1.1	开发成本	10 643.46	2 660.87	3 725.21	4 257.38	
1.2	开发费用	1 050	262.50	367.50	420	
1.3	流动资金	100				100
2	资金筹措	11 793.46	2 923.37	4 092.71	4 677.38	100

序号	项 目	合 计	建设期			运营期
			2006 年	2007 年	2008 年	2009 年
2.1	自有资金	4 782.46	1 190.87	1 667.21	1 905.38	19
2.1.1	用于固定资产投资	4 763.46	1 190.87	1 667.21	1 905.38	
2.1.2	流动资金	19				19
2.2	借款	7 011	1 732.50	2 425.50	2 772.00	81
2.2.1	长期借款	6 930	1 732.50	2 425.50	2 772.00	
2.2.2	流动资金借款	81				81

（三） 财务评价资料

1. 运营收入及税金测算。

龙跃公司打算以固定资产方式对外出租东方大厦，写字楼转入固定资产视同销售环节，缴纳企业所得税，不缴纳土地增值税，同时固定资产提取折旧。项目财务收入来源主要是租赁收入，据估算，2009～2013 的租赁收入每年为 1 600 万元，2014～2018 年的租赁收入每年 1 800 万元，2019～2023 年的租赁收入每年为 1 950 万元，2024～2028 年的租赁收入每年为 1 800 万元，其中营业税及附加，租金×5.55%；房产税，租金×12%；所得税，所得部分×20%；印花税，租金×0.1%（在第一次缴税时一次性缴纳，按租期内所有总租金计算）。2029 年年初写字楼销售价格为 9 000 万元，评估价格为 7 000 万元，写字楼销售按销售旧房缴纳土地增值税，写字楼评估价 7 000 万元，增值率（9 000 - 7 000 - 500）÷（7 000 + 500）= 20%，土地增值税税率为 30%，应缴纳土地增值税（9 000 - 7 000 - 500）×30% = 450（万元）。

2. 总成本估算。

（1）写字楼折旧年限为 20 年，采用直线法折旧。

（2）人工工资经测算营运起始年工资基数按 30 万元/年计，以后每 5 年增长一次，增长率为 2%。

（3）维护保养按开发总成本的 0.01% 计算。

（4）计提大修基金：按每 10 年进行一次大修，起始年大修费用按开发总成本的 1% 计算，在此基础上，以后每 5 年增长一次，增长率为 5%。

（5）财务费用包括长期借款利息和流动资金借款利息。经测算，其他费用在营运起始年为 1.8 万元，以后每年按 1% 的增长率增长。

3. 利润估算。

根据总成本费用和营业收入及税金估算表，编制本项目的利润表。本项目所得税税率为 20%。还款期间不提取盈余公积，贷款还完后可按税后利润的 10% 提取。

4. 其他有关资料。

一年期存款利率为 2.25%，按年付息的商业贷款利率为 5.31%，一年期国债利率 2.6%。

九、要求

1. 对项目进行评价时，下列可供选择的利率中，哪个可以作为净现值法下的折现率？为什么？

（1）一年期存款利率2.25%。

（2）一年期国债利率2.6%。

（3）按年付息的商业贷款利率为5.31%。

（4）本项目贷款的加权平均利率6.14%。

（5）加权平均资本成本6.15%。

2. 利用净现值和内部收益率等指标，从经济效益角度分析该项目是否可行？为什么？

3. 利用盈亏平衡分析法或者敏感性分析法对此项目进行不确定性分析。

4. 编制该项目的财务可行性报告。

第四章 《公司收益分配》课程实训

D000：《公司收益分配》实训大纲

课程代码：1102532058
开课学期：第 6 学期
开课专业：财务管理
总学时／实训学时：16 学时／2 学时
总学分／实训学分：1
参考指导书：《财务管理专业实验（实训）指导书》

实训形式：案例分析和讨论。

实训目的和要求：《公司收益分配》是一门实践性很强的学科，因此开展案例分析和讨论等是课程必不可少的重要环节。只有通过实践，才能巩固、应用所学理论，培养学生实际开展收益分配决策的基本技能；培养学生认真负责的工作态度和严谨细致的工作作风。要求学生动手前认真准备，案例分析讨论中积极思考，完成后认真总结提高，并按要求上交分析报告。

实训形式安排：收益分配案例分析和讨论 2 学时。

实训考核：要求学生上台讲解分析结果，作为平时分的一个组成部分。

实训项目与主要内容：

序号	项目名称	主要内容	课时	评分权重	选开/必开
1	西特股份有限公司股利分配政策	股利分配政策；现金股利分配与公司再融资之间的关系	2	100%	必开

实训 D001：西特股份有限公司股利分配政策

一、实训名称和性质

实训名称	西特股份有限公司股利分配政策
面向专业或课程	财务管理专业《公司收益分配》课程
实训学时分配	2
实训性质	☐调查 ☑案例 ☐软件模拟
必做/选做	☑必做 ☐选做

二、实训目的和要求

让学生通过实训，锻炼应用所学理论解决股利分配实际问题的能力。

要求学生认真对待实训，实训前复习相关知识及对案例进行初步分析，实训时深入分析案例，并按时提交实训案例分析报告。

三、知识准备

前期要求掌握的知识：有关股利分配方面的知识。

相关理论：股利分配理论。

参考书：

1. 张玉周：《分配管理学》，中国人民大学出版社 2004 年版。
2. 魏刚：《我国上市公司股利分配研究》，东北财经大学出版社 2001 年版。

四、实训组织和安排

2 课时的实训中，部分用于课堂个人案例分析，部分用于学生课堂讲解、同学提问、任课老师点评等。具体实训步骤和内容：

1. 了解现金股利派发的各种影响因素。
2. 了解国家对再融资的各种规定，尤其是相关的财务指标方面的要求。
3. 说明该公司 2002 年度为何要改变股利政策。

五、注意事项

影响股利政策的因素是众多的。在企业的不同发展阶段，具体影响因素会有不同，各因素的影响程度也很可能不一致。所以，在观察别的公司的股利分配政策或制定本公司的股利分配政策时，需要综合考虑这些因素并找出决定性的因素。

六、实训结果提交方式

案例分析报告。

七、实训考核方式和标准

本实验采用五级制：

A：能够很好地掌握影响股利政策的各种因素、国家对再融资的相关规定及阐明该公司 2002 年度高额现金股利与再融资之间的内在联系。

B：能够较好地掌握影响股利政策的各种因素、国家对再融资的相关规定及阐明该公司 2002 年度高额现金股利与再融资之间的内在联系。

C：能够掌握影响股利政策的各种因素、国家对再融资的相关规定及阐明该公司 2002 年度高额现金股利与再融资之间的内在联系。

D：能指出该公司股利政策在 2002 年度的突变，但未能结合所学股利知识及国家对再融资的相关规定来阐明其股利政策的改变与再融资之间的内在联系。

E：以上关键内容均未能阐明。

八、实训材料

某股份有限公司的股票于 1997 年 10 月在上海证券交易所上市。该公司的行业归属为制造业下的黑色金属冶炼及压延加工业。

上市以来至 2003 年度分红、配股情况

1998 年度：10 送 2 转增 5 股。

2000 年度：10 派 0.6 元（含税）。

2002 年度：以 2002 年底总股本 58 222 万股为基数，每 10 股派 5.2 元（含税），共计派发现金股利 30 275.44 万元。

1997 年度、1999 年度、2001 年度、2003 年度未进行利润分配。

表 4 - 1 - 1　　　　　　　　　　**2000～2003 年度净资产收益率**　　　　　　　单位：%

	2003 年度	2002 年度	2001 年度	2000 年度
摊薄的净资产收益率	6.96	9.39	6.38	5.88
加权平均的净资产收益率	6.8	7.8	6.59	6.53
扣除非经常性损益后的摊薄净资产收益率	6.51	9.05	5.69	6.17
扣除非经常性损益后的加权平均净资产收益率	6.36	7.52	5.88	6.88

表 4 - 1 - 2　　　　　　　　　　**2000～2003 年度每股收益**　　　　　　　单位：元

	2003 年度	2002 年度	2001 年度	2000 年度
每股收益（摊薄）	0.1953	0.1534	0.1547	0.14
每股收益（加权平均）	0.1953	0.1534	0.1547	0.14
每股收益（扣除非经营性损益）	0.1881	0.1368	0.1344	0.14

上市以来至 2003 年度发行筹资状况

1997 年 9 月 23 日，以 5.8 元每股的价格发行 8 000 万股普通股，募集资金总额 46 400 万元。

2000 年 5、6 月，以每股 7 元的价格配售股份 3 822 万股，募集资金总额 26 754 万元。

2003 年 8 月 11 日成功地公开发行了 490 万张可转换公司债券，每张面值 100 元，发行总额 49 000 万元。

2000～2003 年度资产负债表简表、2000～2003 年度利润及利润分配表简表及现金流量表简表

表 4 - 1 - 3　　　　　　　　　　　**2000～2003 年度资产负债表简表**　　　　　　　　单位：元

项　　目	2003 年 12 月 31 日	2002 年 12 月 31 日	2001 年 12 月 31 日	2000 年 12 月 31 日
资产				
流动资产：				
货币资金	483 676 403.37	385 901 308.33	202 605 387.36	110 813 957.37
流动资产合计	1 953 489 707.23	1 712 246 977.05	1 611 565 117.60	1 721 187 446.47
固定资产合计	1 233 398 151.1	1 066 569 817.97	933 627 625.28	815 266 066.35
无形资产及其他资产合计	167 569 461.45	173 466 334.77	179 363 208.09	
资产合计	3 354 457 319.78	2 952 283 129.79	2 724 555 950.97	2 536 453 512.82
负债				
流动负债：				
应付股利		302 754 400.00		34 933 200.00
流动负债合计	1 395 743 122.69	1 711 460 812.26	1 124 669 616.20	1 059 471 357.37
长期负债：				
长期借款	165 000 000	30 000 000.00	200 000 000.00	65 000 000.00
应付债券	492 286 666.67			52 530 000.00
长期负债合计	657 286 666.67		200 000 000.00	117 530 000.00
负债合计	2 053 029 789.36	1 741 460 812.26	1 324 669 616.20	1 177 001 357.37
股东权益：				
股本	582 220 000.00	582 220 000.00	582 220 000.00	582 220 000.00
资本公积	550 974 523.04	550 974 523.04	550 974 523.04	550 974 523.04
盈余公积	85 488 097.67	71 897 309.18	54 843 751.77	48 778 624.86
未分配利润	82 744 909.71	5 730 485.31	211 848 059.96	177 479 007.55
股东权益合计	1 301 427 530.42	1 513 576 717.53	1 399 886 334.77	1 359 452 155.45
负债及所有者权益合计	3 354 457 319.78	2 952 283 129.79	2 724 555 950.97	2 536 453 512.82

表 4 - 1 - 4　　　　　　　　　　**2000～2003 年度利润及利润分配表简表**　　　　　　　单位：元

项　　目	2003 年度	2002 年度	2001 年度	2000 年度
一、主营业务收入	1 606 696 406.15	1 354 044 114.76	1 238 874 914.32	1 318 282 113.99
二、主营业务利润	275 083 520.86	252 382 332.80	206 590 179.85	140 256 411.36
三、营业利润	103 225 328.76	128 063 252.97	102 267 291.23	92 177 988.09

续表

项 目	2003 年度	2002 年度	2001 年度	2000 年度
四、利润总额	106 980 987.86	128 133 457.23	101 776 693.91	112 604 258.90
五、净利润	90 605 256.6	113 690 382.76	90 042 691.99	79 925 659.09
六、可供分配的利润	399 090 141.91	325 538 442.72	225 958 461.4	224 401 056.41
七、可供股东分配的利润	385 499 353.42	308 484 885.31	212 452 057.6	212 412 207.55
减：应付普通股股利		302 754 400.00		34 933 200.00
八、未分配利润	82 744 909.71	5 730 485.31	212 452 057.6	177 479 007.55

表 4－1－5　　　　　　　　**2000～2003 年度现金流量表简表**　　　　　单位：元

项 目	2003 年度	2002 年度	2001 年度	2000 年度
一、经营活动产生的现金流量				
经营活动现金流入小计	1 982 606 502.02	1 347 351 683.73	1 335 786 698.6	862 671 127.77
经营活动现金流出小计	1 817 704 082.14	1 225 727 849.63	1 161 219 909.4	811 036 998.55
经营活动产生的现金流量净额	164 902 419.88	121 623 834.10	174 566 789.2	51 634 129.2200
二、投资活动产生的现金流量净额：				
投资活动现金流入小计	1 559 604.67	486 340.25		0
投资活动现金流出小计	308 908 593.27	219 798 544.53	35 226 472.69	194 973 217.54
投资活动产生的现金流量净额	－307 348 988.6	－219 312 204.28	－35 226 472.69	－194 973 217.54

项　目	2003 年度	2002 年度	2001 年度	2000 年度
三、筹资活动产生的现金流量：				
发行债券收到的现金	490 000 000			
吸收权益性投资所收到的现金				215 286 620.15
借款所收到的现金	871 800 000	551 850 000.00	629 850 000	376 000 000.00
筹资活动现金流入小计	1 361 800 000	551 850 000.00	629 850 000	591 286 620.15
偿还债务所支付的现金	751 850 000	374 850 000.00	605 300 000	346 000 000.00
发生筹资费用所支付的现金				1 940 802.17
分配股利或利润所支付的现金	346 971 318.27	43 515 708.85	72 098 886.52	424 026.76
偿付利息所支付的现金				32 864 700.55
筹资活动现金流出小计	1 119 008 336.24	418 365 708.85	677 398 886.52	381 229 529.48
筹资活动产生的现金流量净额	242 791 663.76	133 484 291.15	– 47 548 886.52	210 057 090.67
四、汇率变动对现金的影响：				
五、现金及现金等价物净增加额：	100 345 095.04	35 795 920.97	91 791 429.99	66 718 002.35

续表

项　目	2003 年度	2002 年度	2001 年度	2000 年度
六、不涉及现金收支的投资和筹资活动：				887 743 714.28
七、将净利润调节为经营活动的现金流量：				
八、现金及现金等价物净增加情况：				
货币资金的期末余额	273 746 403.37	173 401 308.33		110 813 957.37
减：货币资金的期初余额	173 401 308.33	137 605 387.36		44 095 955.02
现金及现金等价物净增加额	100 345 095.04	35 795 920.97	91 791 429.99	66 718 002.35

九、要求

1. 该公司近年来的股利政策发生了怎样的变化？
2. 该公司改变其股利分配政策的原因可能有哪些？

第五章 《公司财务分析评价》课程实训

E000：《公司财务分析评价》实训大纲

课程代码：1102532058

开课学期：第6学期

开课专业：财务管理

总学时/实训学时：32学时/6学时

总学分/实训学分：1.5

参考指导书：《财务管理专业实验（实训）指导书》

实训形式：案例分析和讨论。

实训目的和要求：《公司财务分析评价》是一门实践性很强的学科，因此开展案例分析和讨论等是课程必不可少的重要环节。只有通过实践，才能巩固、应用所学理论，培养学生实际开展财务报表分析的基本技能；培养学生认真负责的工作态度和严谨细致的工作作风。要求学生动手前认真准备，案例分析讨论中积极思考，完成后认真总结提高，并按要求上交分析报告。

实训形式安排：公司财务分析评价案例分析和讨论6学时。

实训考核：要求学生上台讲解分析结果或对分析报告进行评分，作为平时分的一个组成部分。

实训项目与主要内容：

序号	项目名称	主要内容	课时	评分权重	选开/必开
1	保地股份有限公司报表分析案例	比率分析；综合分析；各用户的评价和决策	6	100%	必开

实训 E001： 保地股份有限公司报表分析案例

一、实训名称和性质

实训名称	保地股份有限公司报表分析
面向专业或课程	财务管理专业《公司财务分析评价》课程
实训学时分配	6
实训性质	☐调查　☑案例　☐软件模拟
必做/选做	☑必做　☐选做

二、实训目的和要求

让学生通过实训，培养单项和综合财务分析能力，并站在不同的财务分析主体角度，指出公司存在的问题以及提出相应的解决对策。

要求学生认真对待实训，实训前复习相关知识及对案例进行初步分析，实训时深入分析案例，并按时提交实训案例分析报告。

三、知识准备

前期要求掌握的知识：有关财务分析知识。

相关理论：财务分析理论。

参考书：

1. 熊楚熊等：《财务报表分析精解》，海天出版社 2001 年版。

2. 张新民：《企业财务分析》，浙江人民出版社 2000 年版。

3. 宋常：《财务分析学》，中国人民大学出版社 2007 年版。

四、实训组织和安排

6 课时的实训中，部分用于课堂个人案例分析，部分用于学生课堂讲解、同学提问、任课老师点评等。

具体实训步骤和内容：

1. 回顾偿债能力、营运能力、盈利能力、杜邦分析法的相关知识，不同财务分析主体财务分析目的的不同。

2. 计算相关财务指标。

3. 对比财务指标计算结果与往年数据，指出存在的不足和问题。

4. 提出切实可行的改进措施，归纳各财务分析主体可能作出的决策。

五、注意事项

不同利益相关方对财务分析需求和侧重点的差别。

六、实训结果提交方式

案例分析报告。

七、实训考核方式和标准

本实验采用五级制：

A：能够熟练掌握和应用相关知识，所提改进措施和所作决策有的放矢、正确合理。

B：能够较熟练地掌握和应用相关知识，所提改进措施和所作决策比较正确合理。

C：能够掌握和应用相关知识，所提改进措施和所作决策有一定的价值。

D：对相关知识的了解和应用不充分，所提改进措施和所作决策价值不大。

E：对相关知识的了解和应用很不充分，所提改进措施和所作决策没有价值。

八、实训材料

保地股份有限公司报表分析

保地股份有限公司是一家 2006 年 7 月在上海证券交易所上市的房地产公司。该公司的年度报表及其他相关资料如下所示。

1. 国有法人持股情况。

2008 年度：国有法人持有总股本的 48.97%。

2009 年度：国有法人持有总股本的 46.31%。

2. 利润分配方案。

2008 年度：每 10 股送 3 股派 1.32 元（含税）。

公告日：2009 年 4 月 24 日

股权登记日：2009 年 4 月 29 日

除权除息日：2009 年 4 月 30 日

新增可流通股份上市日：2009 年 5 月 4 日

现金红利发放日：2009 年 5 月 6 日

实施送红股后，按新股本总数 3 188 046 142 股摊薄计算的 2008 年度每股收益为 0.70 元。

2009 年度：每 10 股转增 3 股派 1.00 元（含税）。

公告日：2010 年 4 月 21 日

股权登记日：2010 年 4 月 26 日

除权除息日：2010 年 4 月 27 日

新增可流通股份上市流通日：2010 年 4 月 28 日

现金红利发放日：2010 年 4 月 30 日

实施转股后，按新股本总数 4 575 637 430 股摊薄计算的 2009 年每股收益为 0.77 元。

3. 资本化利息。

2008 年度：报告期内资本化利息金额合计 1 434 983 176.70 元，占利息支出总额的 99.38%。

2009 年度：报告期末资本化利息余额 2 469 227 259.01 元，利息资本化比例为 98.78%。

4. 利息支出：无。

5. 股票价格。

2008 年 12 月 31 日的收盘价为 14.4 元。

2009 年 12 月 31 日的收盘价为 22.4 元。

6. 合并资产负债表、合并利润表及合并现金流量表。

表 5-1-1　　　　　　　　合并资产负债表　　　　　　　金额单位：元

项　目	2009 年 12 月 31 日	2008 年 12 月 31 日	2007 年 12 月 31 日
流动资产：			
货币资金	115 227 911 967.21	5 469 760 525.36	4 625 992 464.50
交易性金融资产		721 353.60	1 873 951.20
应收票据	5 000 000.00		
应收账款	467 048 570.72	205 546 112.20	175 251 336.71
预付款项	12 234 994 544.48	6 969 429 991.39	6 389 810 524.03
应收股利			3 564.00
其他应收款	470 286 457.33	370 162 382.64	1 344 837 446.65
存货	60 098 919 702.29	40 195 618 482.32	28 084 365 256.05
流动资产合计	88 504 161 242.03	53 211 238 847.51	40 622 134 543.14
非流动资产：			
长期股权投资	246 459 399.85	45 751 229.53	10 751 229.53
投资性房地产	807 387 936.03	65 063 670.30	65 783 305.97

项　目	2009 年 12 月 31 日	2008 年 12 月 31 日	2007 年 12 月 31 日
固定资产	206 214 776.96	188 660 848.54	141 181 359.48
无形资产	6 501 132.50	1 287 942.24	1 040 165.21
商誉	2 667 154.60	2 667 154.60	2 667 154.60
长期待摊费用	6 372 062.83	8 410 471.44	11 019 037.05
递延所得税资产	50 960 156.54	109 082 582.51	40 087 423.52
非流动资产合计	1 326 562 619.31	420 923 899.16	272 529 675.36
资产总计	89 830 723 861.34	53 632 162 746.67	40 894 664 218.50
流动负债：			
短期借款	308 019 786.77	70 000 000.00	618 109 200.00
应付票据	500 000.00		
应付账款	2 721 142 884.81	2 414 353 220.30	1 113 131 987.52
预收款项	29 830 433 014.19	9 798 537 484.92	10 939 855 351.73
应付职工薪酬	136 561 763.19	17 408 526.86	10 712 411.54
应交税费	− 974 886 522.44	− 356 388 852.17	− 233 007 448.13
应付利息	144 493 456.88	150 512 323.15	
应付股利		3 000 000.00	
其他应付款	2 376 757 582.36	3 173 145 262.28	3 960 039 540.86
一年内到期的非流动负债	3 690 595 000.00	4 244 150 000.00	2 501 360 000.00
流动负债合计	38 233 616 965.76	19 514 717 965.34	18 910 201 043.52
非流动负债：			
长期借款	20 249 781 838.75	14 048 461 894.21	9 038 150 000.00
应付债券	4 261 882 636.94	4 252 652 324.52	
预计负债		2 097 799.16	3 205 405.16
递延所得税负债	123 893 619.94	141 090 503.92	108 638 515.81
非流动负债合计	24 635 558 095.63	18 444 302 521.81	9 149 993 920.97
负债合计	62 869 175 061.39	37 959 020 487.15	28 060 194 964.49
所有者权益：			

项　目	2009 年 12 月 31 日	2008 年 12 月 31 日	2007 年 12 月 31 日
实收资本（或股本）	3 519 721 100.00	2 452 343 186.00	1 226 171 593.00
资本公积	14 282 156 775.71	6 800 167 127.34	8 025 594 640.50
盈余公积	419 702 992.34	251 752 100.30	208 477 780.81
未分配利润	6 866 618 567.50	4 574 755 187.36	2 465 000 135.76
外币报表折算差额	37 665.64	348 076.37	
归属于母公司所有者权益合计	25 088 237 101.19	14 079 365 677.37	11 925 244 150.07
少数股东权益	1 873 311 698.76	1 593 776 582.15	909 225 103.94
所有者权益合计	26 961 548 799.95	15 673 142 259.52	12 834 469 254.01
负债和所有者权益总计	89 830 723 861.34	53 632 162 746.67	40 894 664 218.50

表 5 - 1 - 2　　　　合并利润表　　　　金额单位：元

项　目	2009 年度	2008 年度
一、营业总收入	22 986 607 600.50	15 519 901 076.27
其中：营业收入	22 986 607 600.50	15 519 901 076.27
二、营业总成本	17 767 745 047.96	11 779 030 113.07
其中：营业成本	14 524 055 170.56	9 188 230 897.40
营业税金及附加	2 536 427 739.80	1 545 959 868.59
销售费用	590 781 469.25	462 402 906.62
管理费用	456 717 182.13	311 207 517.51
财务费用	- 66 172 903.74	- 33 216 446.29
资产减值损失	- 274 063 610.04	304 445 369.24
加：公允价值变动收益（损失以"-"号填列）	- 192 966.50	- 1 152 597.60
投资收益（损失以"-"号填列）	1 632 858.86	97 089 673.98
三、营业利润（亏损以"-"号填列）	5 220 302 444.90	3 836 808 039.58
加：营业外收入	194 737 769.42	196 853 480.11
减：营业外支出	35 992 751.97	10 376 689.71
其中：非流动资产处置净损失	35 413.46	- 8 875.25
四、利润总额（亏损总额以"-"号填列）	5 379 047 462.35	4 023 284 829.98

续表

项　　目	2009 年度	2008 年度
减：所得税费用	1 371 320 230.34	979 613 172.21
五、净利润（净亏损以"－"号填列）	4 007 727 232.01	3 043 671 657.77
其中：归属于母公司所有者的净利润	3 519 226 528.73	2 238 861 382.60
少数股东损益	488 500 703.28	804 810 275.17
六、每股收益：		
（一）基本每股收益（元/股）	1.06	0.70
（二）稀释每股收益（元/股）	1.06	0.70
七、其他综合收益	－ 19 455 203.49	－ 18 611 868.79
八、综合收益总额	3 988 272 028.52	3 025 059 788.98
其中：归属于母公司所有者的综合收益总额	3 518 916 118.00	2 239 953 538.81
归属于少数股东的综合收益总额	469 355 910.52	785 106 250.17

表 5 - 1 - 3　　　　　　　　　　**合并现金流量表**　　　　　　　　　金额单位：元

项　　目	2009 年度	2008 年度
一、经营活动产生的现金流量：		
销售商品、提供劳务收到的现金	42 186 279 386.69	16 361 694 091.44
收到其他与经营活动有关的现金	1 792 348 892.99	1 013 709 719.57
经营活动现金流入小计	43 978 628 279.68	17 375 403 811.01
购买商品、接受劳务支付的现金	39 065 836 797.66	20 672 088 758.53
支付给职工以及为职工支付的现金	404 956 263.64	317 520 486.74
支付的各项税费	4 621 427 321.27	2 843 923 281.21
支付其他与经营活动有关的现金	1 031 199 129.57	1 132 343 815.43
经营活动现金流出小计	45 123 419 512.14	24 965 876 341.91
经营活动产生的现金流量净额	－ 1 144 791 232.46	－ 7 590 472 530.90
二、投资活动产生的现金流量：		
收回投资收到的现金	1 729 512.36	
取得投资收益收到的现金	213 563.28	3 179 245.60
处置固定资产、无形资产和其他长期资产收回的现金净额	121 098.10	126 740.00
收到其他与投资活动有关的现金	20 411 261.53	25 974 952.51

项　　目	2009 年度	2008 年度
投资活动现金流入小计	22 475 435.27	29 280 938.11
购建固定资产、无形资产和其他长期资产支付的现金	37 695 012.74	23 987 739.10
投资支付的现金	368 690 919.94	6 300 000.00
取得子公司及其他营业单位支付的现金净额	19 000 000.00	4 080 000.00
支付其他与投资活动有关的现金		56 733 665.06
投资活动现金流出小计	425 385 932.68	91 101 404.16
投资活动产生的现金流量净额	− 402 910 497.41	− 61 820 466.05
三、筹资活动产生的现金流量：		
吸收投资收到的现金	7 889 839 184.14	48 680 000.00
其中：子公司吸收少数股东投资收到的现金	74 489 200.00	48 680 000.00
取得借款收到的现金	17 373 973 499.72	10 712 077 086.28
发行债券收到的现金		4 300 000 000.00
筹资活动现金流入小计	25 263 812 683.86	15 060 757 086.28
偿还债务支付的现金	12 170 060 000.00	4 880 728 050.70
分配股利、利润或偿付利息支付的现金	1 765 708 203.94	1 615 177 330.65
其中：子公司支付给少数股东的股利、利润	94 054 464.01	140 591 024.74
支付其他与筹资活动有关的现金	22 190 000.00	68 835 207.69
筹资活动现金流出小计	13 957 958 203.94	6 564 740 589.04
筹资活动产生的现金流量净额	11 305 854 479.92	8 496 016 497.24
四、汇率变动对现金及现金等价物的影响	− 1 308.20	44 560.57
五、现金及现金等价物净增加额	9 758 151 441.85	843 768 060.86
加：期初现金及现金等价物余额	5 469 760 525.36	4 625 992 464.50
六、期末现金及现金等价物余额	15 227 911 967.21	5 469 760 525.36

资料来源：www. cnstock. com，中国证券网等。

九、要求

1. 计算并解释保地股份有限公司 2008、2009 年度偿债能力、营运能力的财务指标；作为公司的财务总监，综合评价该公司 2008、2009 年度的财务状况，并阐述应该从哪些方面及采用何种措施改善企业的财务状况。

2. 计算并解释保地股份有限公司 2008、2009 年度盈利能力的财务指标；作为公司的财务总监，综合评价该公司 2008、2009 年度的经营成果，并阐述应该从哪些方面及采用何种措施改善企业的经营成果。

3. 计算并解释保地股份有限公司 2008、2009 年度现金流量的财务指标；作为公司的财务总监，综合评价该公司 2008、2009 年度的现金流量状况，并阐述应该从哪些方面及采用何种措施改善企业的现金流量状况。

4. 运用杜邦分析法分析该公司净资产收益率变动情况及变动原因；分析供应商、债权人、国有资产管理部门、职工、客户、社会福利部门等对报表的反应及依据报表可能作出的决策。

第六章 《税务筹划》课程实训

F000：《税务筹划》实训大纲

课程代码：1102522034

开课学期：第 5 学期

开课专业：财务管理

总学时/实训学时：40 学时/8 学时

总学分/实训学分：2/0.25

参考指导书：《财务管理专业实验（实训）指导书》

实训形式：案例讨论、案例分析报告撰写。

实训目的和要求：《税务筹划》是一门实践性很强的学科，因此在本课程的增值税、消费税、企业所得税、个人所得税筹划等内容中进行实验等实践性教学是课程必不可少的重要环节。只有通过实践，才能巩固、应用所学理论，培养学生参加企业税收筹划的基本技能；培养学生的税收筹划实践意识；培养学生认真负责的专业态度和严谨细致的工作作风。要求学生实验分析前认真准备，写作报告和讨论中积极思考，完成后认真总结提高，并按要求上交分析报告及相关材料。

实训形式安排：总学时 8 学时。其中销售激励方式的税收分析 2 学时，加工方式的税收筹划 2 学时，固定资产折旧计算的税收筹划 2 学时，撰稿人怎样纳税更合算 2 学时。

实训考核：实验案例分析报告的质量 60%，案例讨论表现 40%。

实训项目与主要内容：

序号	项目名称	主要内容	课时	评分权重	选开/必开
1	销售激励方式的税收分析	增值税筹划	2	25%	必开
2	加工方式的税收筹划	消费税筹划	2	25%	必开
3	固定资产折旧计算的税收筹划	企业所得税筹划	2	25%	必开
4	撰稿人怎样纳税更合算	个人所得税筹划	2	25%	必开

实训 F001：销售激励方式的税收分析

一、实训名称和性质

实训名称	销售激励方式的税收分析
面向专业或课程	财务管理专业《税务筹划》课程
实训学时分配	2
实训性质	☐调查　✓案例　☐软件模拟
必做/选做	✓必做　☐选做

二、实训目的和要求

《税务筹划》是一门实践性很强的学科，因此在本课程的增值税内容中进行实训等实践性教学是课程必不可少的重要环节。通过本实训，旨在使学生巩固、应用所学理论，掌握增值税的税收筹划方法。

三、知识准备

前期要求掌握的知识、相关理论：

熟练掌握财务管理、中级财务会计和税收等课程的基本知识以及税收筹划的基本理论和基本方法，特别是增值税、个人所得税、企业所得税应纳税额的计算。

参考书：

1. 计金标：《税收筹划》，中国人民大学出版社 2010 年版。
2. 盖地：《税务筹划》，高等教育出版社 2006 年版。
3. 蔡昌：《税收筹划》，海天出版社 2006 年版。
4. 财政部注册会计师考试委员会办公室：《税法》，经济科学出版社 2010 年版。

四、实训组织和安排

按照教学大纲要求，本次实训安排在增值税税收筹划课堂教学内容全部结束后进行，是对增值税税收筹划等相关知识体系的检查和整合。本项目要求学生一人一组，实验分析前认真准备，写作报告和讨论中积极思考，完成后认真总结提高，并按要求上交分析报告及相关材料。

五、注意事项

1. 会计和税收制度在相关规定上的差别。
2. 三种方案下企业所得税税前扣除的工资和其他费用均为 600 元。

六、实训结果提交方式

实训项目应按照要求写出规范的实训报告。每个实训项目的实训报告应填明课程名称、实训项目名称、班级、姓名、学号，根据实训项目具体内容不同，分别写明每个实训项目的实训目的、实训原理和步骤、实训内容及数据及实训结论、收获建议等。

七、实训考核方式和标准

本实训报告成绩采用五级制，由事先确定的各指导教师依据学生的实验实训态度和实验实训结果等确定。

A. 优秀：能够使用案例中提供的原始数据进行增值税中三种销售激励方式的税收筹划决策，三个方案的计算数据和案例分析结论完全正确。

B. 良好：能够使用案例中提供的原始数据进行增值税中三种销售激励方式的税收筹划决策，三个方案的计算数据和案例分析结论基本正确。

C. 中等：能够使用案例中提供的原始数据进行增值税中三种销售激励方式的税收筹划决策，二个方案的计算数据基本正确。

D. 及格：能够使用案例中提供的原始数据进行增值税中三种销售激励方式的税收筹划决策，一个方案的计算数据基本正确。

E. 不及格：不能够使用案例中提供的原始数据进行增值税中三种销售激励方式的税收筹划决策，三个方案的计算数据和案例分析结论不正确。

八、实训材料

销售激励方式的税收分析

目前，商业企业为了在激烈的竞争中牟取利益，采取了不同形式的促销模式，又称营业推广。即在商品销售过程中，为刺激消费者购买而采取的能给消费者带来直接利益的促销手段。主要有打折让利、购物返券、满就送、价外馈赠、有奖销售、限时购物、降价销售、积分返利、会员折扣等促销方式。但不同的促销方式，具体的税负有何不同，却是一个很复杂的问题。

某大型商场为增值税一般纳税人，经营百货业，主要以零售国内外名牌时装为主，商品销售平均利润率为30%。现商场准备在2009年国庆节期间开展一次大型的促销活动，以扩大商场在当地消费者中的影响，同时激发消费者的消费欲望，刺激节日消费。经财务部门初步测算如果将商品打八折让利销售，商场可以维持在原计划利润的水平上。由于商场的决策层对销售活动的相关涉税问题了解不是很深，于是他们向会计师事务所的专家进行了咨询。为了帮助该商场了解销售环节的相关涉税问题，并就促销方案作出决策，会计师事务所的专家们首先提出了以下三个备选方案：

方案一：让利（折扣）20%销售，即商场将10 000元（含税价）的货物以8 000元的价格（含税价）销售。

方案二：购物满100元获赠价值20元的商品。即商场在销售10 000元货物的同时，另外再向购货人赠送 2 000 元的商品（含税价）。

方案三：返还20%的现金，即商场销售10 000元货物的同时，向购货人赠送2 000元现金，个人所得税由商场代顾客缴纳。

现以销售10 000元的商品为基数测算，其购进成本为含税价7 000元，商场每销售10 000元商品发生并可以在企业所得税前扣除的工资和其他费用为600元。该商场适用17%的增值税税率，25%的企业所得税税率。

资料来源：杨志清：《税收筹划案例分析》，中国人民大学出版社2005年版。

九、要求

搜集相关的增值税、企业所得税、个人所得税等税收法规资料。

1. 计算三种方案的应纳增值税税额。
2. 计算三种方案的应纳企业所得税税额。
3. 计算三种方案的税后利润，并以此为依据作出税收筹划方案选择。
4. 你从本案例中得到哪些启示？

实训 F002： 加工方式的税收筹划

一、实训名称和性质

实训名称	加工方式的税收筹划
面向专业或课程	财务管理专业《税务筹划》课程
实训学时分配	2
实训性质	☐ 调查　✓ 案例　☐ 软件模拟
必做/选做	✓ 必做　☐ 选做

二、实训目的和要求

《税务筹划》是一门实践性很强的学科，因此在本课程的消费税内容中进行实训等实践性教学是课程必不可少的重要环节。通过本实训，旨在使学生巩固、应用所学理论，掌握消费税的税收筹划方法。

三、知识准备

前期要求掌握的知识、相关理论：

熟练掌握财务管理、中级财务会计和税收等课程的基本知识以及税收筹划的基本理论和基本方法，特别是消费税、企业所得税应纳税额的计算。

参考书：

1. 计金标：《税收筹划》，中国人民大学出版社2010年版。

2. 盖地：《税务筹划》，高等教育出版社 2006 年版。
3. 蔡昌：《税收筹划》，海天出版社 2006 年版。
4. 财政部注册会计师考试委员会办公室：《税法》，经济科学出版社 2010 年版。

四、实训组织和安排

按照教学大纲要求，本次实训安排在消费税税收筹划课堂教学内容全部结束后进行，是对消费税税收筹划等相关知识体系的检查和整合。本项目要求学生一人一组，实验分析前认真准备，写作报告和讨论中积极思考，完成后认真总结提高，并按要求上交分析报告及相关材料。

五、注意事项

1. 委托加工方式下的纳税规定。
2. 对城建税和教育费附加的考虑。

六、实训结果提交方式

实训项目应按照要求写出规范的实训报告。每个实训项目的实训报告应填明课程名称、实训项目名称、班级、姓名、学号，根据实训项目具体内容不同，分别写明每个实训项目的实训目的、实训原理和步骤、实训内容及数据及实训结论、收获建议等。

七、实训考核方式和标准

本实训报告成绩采用五级制，由事先确定的各指导教师依据学生的实验实训态度和实验实训结果等确定。

A. 优秀：能够使用案例中提供的原始数据进行三种加工方式的税收筹划决策，三个方案的计算数据和案例分析结论完全正确。

B. 良好：能够使用案例中提供的原始数据进行三种加工方式的税收筹划决策，三个方案的计算数据和案例分析结论基本正确。

C. 中等：能够使用案例中提供的原始数据进行三种加工方式的税收筹划决策，二个方案的计算数据基本正确。

D. 及格：能够使用案例中提供的原始数据进行三种加工方式的税收筹划决策，一个方案的计算数据基本正确。

E. 不及格：不能够使用案例中提供的原始数据进行三种加工方式的税收筹划决策，三个方案的计算数据和案例分析结论不正确。

八、实训材料

加工方式的税收筹划

长江公司成立于 1995 年，是一家大型的国有卷烟生产企业，成立 10 多年来，公司发展迅猛，一直处于满负荷运行状态。2009 年 5 月底，公司董事会决定对企业的部分设备进行大修理。目前烤烟叶的生产线正在维修过程中，公司无法进行烟叶的生产。

2009 年 6 月 8 日，公司接到了一笔 8 000 万元（不含税）甲类卷烟的大订单。如何生产这批产品？公司总经理、销售经理、财务经理的意见不一致，出现了三个不同的生产方案。

（1）总经理方案：暂停烟叶生产线的大修理工作，尽快恢复生产秩序，整个卷烟全由本企业生产，从而提高本企业的生产业绩。如实施该方案，长江公司将购入的 1 000 万元的烟叶自行加工成甲类卷烟，加工成本、分摊费用共计 1 700 万元，售价 8 000 万元，出售数量为 0.2 万大箱（每标准箱折合 50 000 支）。

（2）销售经理方案：为了兑现合同，公司应该与外厂合作，发放烟叶加工成烟丝，本企业收回后继续生产成卷烟。如实施，长江公司委托兴昌卷烟厂将一批价值 1 000 万元的烟叶加工成烟丝，协议规定加工费 680 万元；加工的烟丝运回长江公司后，由长江公司继续加工成甲类卷烟，加工成本、分摊费用共计 1 020 万元，该批卷烟售出价格 8 000 万元。

（3）财务经理方案：整个卷烟产品都委托外单位加工，再收回直接销售出去。长江公司委托兴昌卷烟厂将烟叶加工成甲类卷烟，烟叶成本不变，加工费用为 1 700 万元；加工完毕，运回长江公司后，长江公司对外售价仍为 8 000 万元。

公司的三个领导提出了以上三个操作方案，但是只能采取其中的一种，哪一种方案更可行，更有效益？为了对此作出决策，公司董事会多次开会进行具体的协调，但没有明确的结果，管理层着急万分（考虑到增值税是价外税，对企业利润没有影响，在这里不作分析。烟丝消费税税率 30%，卷烟的消费税税率为 56% 加 0.003 元/支，城建税税率 7%，教育费附加 3%，企业所得税税率 25%）。

资料来源：杨志清：《税收筹划案例分析》，中国人民大学出版社 2005 年版。

九、要求：

1. 试作以上三种加工方式的税收筹划方案选择。
2. 你从长江公司的案例中得到哪些启示？

实训 F003： 固定资产折旧计算的税收筹划

一、实训名称和性质

实训名称	固定资产折旧计算的税收筹划		
面向专业或课程	财务管理专业《税务筹划》课程		
实训学时分配	2		
实训性质	☐ 调查	☑ 案例	☐ 软件模拟
必做/选做	☑ 必做	☐ 选做	

二、实训目的和要求

《税务筹划》是一门实践性很强的学科，因此在本课程的企业所得税内容中进行实训等实践性教学是课程必不可少的重要环节。通过本实训，旨在使学生巩固、应用所学理论，掌握企业所得税的税收筹划方法。

三、知识准备

前期要求掌握的知识、相关理论：

熟练掌握财务管理、中级财务会计和税收等课程的基本知识以及税收筹划的基本理论和基本方法。特别是固定资产折旧、企业所得税应纳税额的计算。

参考书：

1. 计金标：《税收筹划》，中国人民大学出版社 2010 年版。
2. 盖地：《税务筹划》，高等教育出版社 2006 年版。
3. 蔡昌：《税收筹划》，海天出版社 2006 年版。
4. 财政部注册会计师考试委员会办公室：《税法》，经济科学出版社 2010 年版。

四、实训组织和安排

按照教学大纲要求，本次实训安排在企业所得税税收筹划课堂教学内容全部结束后进行，是对企业所得税税收筹划等相关知识体系的检查和整合。本项目要求学生一人一组，实验分析前认真准备，写作报告和讨论中积极思考，完成后认真总结提高，并按要求上交分析报告及相关材料。

五、注意事项

1. 直线法、加速折旧的双倍余额递减法和年数总和法的具体计算。
2. 对加速折旧法的特殊考虑。

六、实训结果提交方式

实训项目应按照要求写出规范的实训报告。每个实训项目的实训报告应填明课程名称、实训项目名称、班级、姓名、学号，根据实训项目具体内容不同，分别写明每个实训项目的实训目的、实训原理和步骤、实训内容及数据及实训结论、收获建议等。

七、实训考核方式和标准

本实训报告成绩采用五级制，由事先确定的各指导教师依据学生的实验实训态度和实验实训结果等确定。

A. 优秀：能够使用案例中提供的原始数据进行三种折旧方法的税收筹划决策，三个方法的计算数据和案例分析结论完全正确。

B. 良好：能够使用案例中提供的原始数据进行三种折旧方法的税收筹划决策，三个方法的计算数据和案例分析结论基本正确。

C. 中等：能够使用案例中提供的原始数据进行三种折旧方法的税收筹划决策，二个方法的计算数据基本正确。

D. 及格：能够使用案例中提供的原始数据进行三种折旧方法的税收筹划决策，一个方法的计算数据基本正确。

E. 不及格：不能够使用案例中提供的原始数据进行三种折旧方法的税收筹划决策，三个方法的计算数据和案例分析结论不正确。

八、实训材料

固定资产折旧计算的税收筹划

固定资产折旧方法的选择直接影响企业的当期损益，进而影响到企业的当期应纳税额。企业可供选择的主要折旧方法有直线法、加速折旧法中的双倍余额递减法和年数总和法。三种方法的计算原理如下：

（1）直线法：

$$年折旧额 = 固定资产原值 \times (1 - 净残值率) \div 折旧年限$$

（2）双倍余额递减法：

$$年折旧率 = 2 \div 预计使用年限$$

$$年折旧额 = 固定资产账面净值 \times 年折旧率$$

最后二年：

$$年折旧额 = (固定资产账面净值 - 预计净残值) \div 2$$

（3）年数总和法：

$$年折旧率 = 尚可使用年限 \div 预计使用年限之和$$

$$年折旧额 = 固定资产原值 \times (1 - 净残值率) \times 年折旧率$$

华新公司为一生产轮船的企业，2009 年 12 月 31 日取得了一台大型设备，价值 150 万元，残值按原价的 10% 估算，假设折旧年限为 5 年，该企业适用 25% 的企业所得税税率，五年内，假设该企业未扣除折旧的税前利润为 50 万元。如果华新公司可以在固定资产折旧方法上作出选择。

资料来源：盖地：《税务筹划》，高等教育出版社 2006 年版。

九、要求

1. 计算三种方法下每年计提的固定资产折旧额和应纳所得税税额。

2. 分析此案例中直线法和加速折旧法对该企业所得税的影响，并作出筹划选择。

3. 分析固定资产折旧方法筹划是否一定要使用加速折旧法，为什么？

实训 F004： 撰稿人怎样纳税更合算

一、实训名称和性质

实训名称	撰稿人怎样纳税更合算
面向专业或课程	财务管理专业《税务筹划》课程
实训学时分配	2
实训性质	☐调查　✓案例　☐软件模拟
必做/选做	✓必做　☐选做

二、实训目的和要求

《税务筹划》是一门实践性很强的学科，因此在本课程的个人所得税内容中进行实训等实践性教学是课程必不可少的重要环节。通过本实训，旨在使学生巩固、应用所学理论，掌握个人所得税的税收筹划方法。

三、知识准备

前期要求掌握的知识、相关理论：

熟练掌握财务管理、中级财务会计和税收等课程的基本知识以及税收筹划的基本理论和基本方法。特别是个人所得税税额的分项计算方法。

参考书：

1. 计金标：《税收筹划》，中国人民大学出版社 2010 年版。
2. 盖地：《税务筹划》，高等教育出版社 2006 年版。
3. 蔡昌：《税收筹划》，海天出版社 2006 年版。
4. 财政部注册会计师考试委员会办公室：《税法》，经济科学出版社 2010 年版。

四、实训组织和安排

按照教学大纲要求，本次实训安排在个人所得税税收筹划课堂教学内容全部结束后进行，是对个人所得税税收筹划等相关知识体系的检查和整合。本项目要求学生一人一组，实验分析前认真准备，写作报告和讨论中积极思考，完成后认真总结提高，并按要求上交分析报告及相关材料。

五、注意事项

个人所得税相关政策随时会发生变化，关注工资薪金、劳务报酬和稿酬所得在计算个人所得税时的不同政策规定。

六、实训结果提交方式

实训项目应按照要求写出规范的实训报告。每个实训项目的实训报告应填明课程名称、实训项目名称、班级、姓名、学号，根据实训项目具体内容不同，分别写明每个实训项目的实训目的、实训原理和步骤、实训内容及数据及实训结论、收获建议等。

七、实训考核方式和标准

本实训报告成绩采用五级制，由事先确定的各指导教师依据学生的实验实训态度和实验实训结果等确定。

A. 优秀：能够使用案例中提供的原始数据进行个人所得税的税收筹划决策，三个方案的计算数据和案例分析结论完全正确。

B. 良好：能够使用案例中提供的原始数据进行个人所得税的税收筹划决策，三个方案的计算数据和案例分析结论基本正确。

C. 中等：能够使用案例中提供的原始数据进行个人所得税的税收筹划决策，二个方案的计算数据基本正确。

D. 及格：能够使用案例中提供的原始数据进行个人所得税的税收筹划决策，一个方案的计算数据基本正确。

E. 不及格：不能够使用案例中提供的原始数据进行个人所得税的税收筹划决策，三个方案的计算数据和案例分析结论不正确。

八、实训材料

撰稿人怎样纳税更合算

个人所得税税法规定，撰稿人，无论是特约的还是媒体的正式记者，都需要对所得稿费纳税。但是，不同形式的撰稿人所纳的税额是不同的，如同企业需要税收筹划一样，如果将撰稿人视为一个个体企业，如何利用税收政策进行税收筹划，对文化人而言也是一门很有意思的学问。

刘小刚是江州市文化界中大名鼎鼎的青年作家，由于他写的文章文笔生动，内容贴近百姓生活，深受广大读者喜爱。《江州晚报》为了扩大发行量，最近将刘小刚聘为特约撰稿人。此后，《江州晚报》由于经常刊发刘小刚写的文章，每天的报纸发行量不断增加，所以报社支付刘小刚的稿酬也特别高，每篇稿酬1 000元，他每隔3天给该报社发去一篇文章，大约2 000字左右，发表在晚报的"名家专刊"栏目中，一般一个月发稿10篇，月收入达10 000元。半年后，该报社的负责人找到他，诚挚地邀请他加盟该报社，成为该报社的正式记者，或者请他作为该报纸的专栏作家，将他的作品作为一个整体系列在晚报上连载发表。刘小刚对报社的提议很感兴趣，但是他又听同行说正式记者与特约撰稿人在个人所得税的待遇上是不同的，另外作品的发表方式不同，税收负担也会不同。然而到底他和报社之间应该怎样操作在税收上更合算？他自己也搞不清楚，所以一时拿不定主意。

稿酬收入的纳税事宜一般涉及个人所得税的三个税目，即工资薪金所得、稿酬所得以及劳务报酬所得。国家税务总局《关于个人所得税若干业务问题的批复》，对报纸、杂志、出版社等单位的职员在本单位的刊物上发表作品、出版图书取得所得的征税问题作出了具体规定：任职、受雇于报纸、杂志等单位的记者、编辑等专业人员，因在本单位的报纸、杂志上发表作品取得的所得，应与其当月工资收入合并，按"工资、薪金所得"项目征收个人所得税。除上述专业人员以外，其他人员在本单位的报纸、杂志上发表作品取得的所得，应按"稿酬所得"项目征收个人所得税。《个人所得税法》又规定：稿酬所得，每次收入不超过 4 000 元的，减除费用 800 元；超过 4 000 元的，减除 20% 的费用，其余额为应纳税所得额，税率 20%。稿酬所得适用 20% 税率，并按应纳税额减征 30%，实际税率为 14%。《个人所得税法》规定：劳务报酬所得，适用比例税率为 20%，每次收入不超过 4 000 元的，减除费用 800 元；4 000 元以上的，减除 20% 的费用，其余额为应纳税所得额。同时明确：劳务报酬所得，属于一次性收入的，以取得该项收入为一次；属于同一项目连续性收入的，以一个月内取得的收入为一次。

资料来源：杨志清：《税收筹划案例分析》，中国人民大学出版社 2005 年版。

九、要求

假如你是一名税务专家，从税务筹划的角度，通过计算给刘先生提出建议，如何纳税更划算。

第七章　《管理会计》课程实训

G000：《管理会计》实训大纲

课程代码：1102722005

开课学期：第 5 学期

开课专业：财务管理、会计学

总学时/实训学时：48 学时/8 学时

总学分/实训学分：2.5/0.25

参考指导书：《财务管理专业实验（实训）指导书》

实训形式：案例讨论、案例分析报告撰写。

实训目的和要求：《管理会计》是一门实践性很强的学科，因此实践性教学是课程必不可少的重要环节。管理会计实验有助于会计学本科专业学生理解和掌握基础性管理会计的基本原理、各种决策、控制、责任考核的技术与方法。提高学生理论联系实际的能力，使学生在理论学习过程中熟悉实务、加强实践。同时培养学生认真负责的专业态度和严谨细致的工作作风。要求学生实验分析前认真准备，写作报告和讨论中积极思考，完成后认真总结提高，并按要求上交分析报告及相关材料。

需要一套至少可供一个自然班使用的管理会计案例；需要至少可供一个自然班使用的教室或机房。

实训形式安排：总学时 8 学时。其中完全成本与变动成本计算 2 学时，成本习性及本量利分析 2 学时，短期经营决策的分析与评价 2 学时，标准成本系统 2 学时。

实训考核：实验案例分析报告的质量 60%，案例讨论表现 40%。

实训项目与主要内容：

序号	项目名称	主要内容	课时	评分权重	选开/必开
1	Tool 公司成本计算方法的选择案例	完全成本与变动成本计算	2	25%	必开
2	皮箱公司的本量利分析案例	成本习性及本量利分析	2	25%	必开
3	话剧团出演新话剧的决策案例	短期经营决策的分析与评价	2	25%	必开
4	Play 玩具公司标准成本法案例	标准成本系统	2	25%	必开

实训 G001：Tool 公司成本计算方法的选择案例

一、实训名称和性质

实训名称	Tool 公司成本计算方法的选择案例
面向专业或课程	《管理会计》课程
实训学时分配	2
实训性质	☐调查　☑案例　☐软件模拟
必做/选做	☑必做　☐选做

二、实训目的和要求

随着科学技术的迅猛发展和市场环境的日趋严峻，预测、决策和控制的重要性日益突出，人们要求会计工作能提供更为广泛、深入和适用的信息，当然也包括成本方面的信息。与传统成本法相比，变动成本能够为预测、决策、控制提供更为有用的信息。本实验旨在使学生通过案例，比较两种成本计算方法，掌握变动成本法的计算方法及其对决策的有用性。

三、知识准备

前期要求掌握的知识、相关理论：

熟练掌握有关变动成本法和传统成本法的知识。

参考书：

孙茂竹、文光伟、杨万贵：《管理会计学》（第五版），中国人民大学出版社 2009年版。

四、实训组织和安排

1. 阅读实验材料和原始数据。
2. 与案例相结合，要求学生阐述自己的观点。
3. 进行小组讨论。
4. 撰写实验报告。

五、注意事项

根据案例中给出的条件，分析两种成本计算方法在哪些方面产生差异。

六、实训结果提交方式

以实验报告的形式进行提交。

七、实训考核方式和标准

本实验采用五级制：

A：能够使用两种成本计算方法分析成本差异，明确变动成本法的优缺点，数据完全正确。

B：能够使用两种成本计算方法分析成本差异，明确变动成本法的优缺点，数据基本没错。

C：不能熟练使用两种成本计算方法分析成本差异，但明确变动成本法的优缺点，数据基本没错。

D：不能熟练使用两种成本计算方法分析成本差异，基本明确变动成本法的优缺点，数据基本没错。

E：不能够使用两种成本计算方法分析成本差异，不能明确区分变动成本法与传统成本法，数据不正确。

八、实训材料

Tool 公司成本计算方法的选择案例

Tool 公司是一家生产不锈钢工具的公司，该公司由于近年来销售持续下降，董事会决定于 2010 年年初聘请一名新的销售经理马修·雷德，来改善公司的销售情况。马修到任后，迅速地采取了一系列手段来提高销售收入，从 2010 年第一季度的销售情况来看，销售收入有了大幅度的上涨。但是马修却发现虽然第一季度的销售收入提高了，但是公司的利润水平却低于 2009 年第四季度的利润。而公司的成本水平与以往相比并没有发生显著的变化，销售收入上升后利润却下降了。

马修对此感到十分困惑，便与该公司的主任会计师格蕾亚·布莱商量。格蕾亚指出，这是由于公司的成本核算采用了完全成本法的原因。在这种成本计算方法下，产品成本包含固定性制造费用，第一季度销售的主要为前期留下的存货，而本期生产的产品较少，所以第一季度的利润较低。马修对于这一解释完全无法理解，他要求格蕾亚做出一份能随着销售收入增长而增长的利润表。于是格蕾亚建议可以采用变动成本法对成本重新核算。

格蕾亚重新编制了 2009 年第四季度和 2010 年第一季度的利润表和资产负债表，并与原采用完全成本法的利润相比较（相关数据如表 7 - 1 - 1 所示）。

表 7 - 1 - 1　　　　　　完全成本法和变动成本法利润表比较　　　　　单位：美元

	2009 年第四季度		2010 年第一季度	
	完全成本法	变动成本法	完全成本法	变动成本法
销售收入	562 528	562 528	726 734	726 734
销售成本（标准额）	315 016	219 386	406 971	283 426
毛利润（标准额）	247 512	343 142	319 763	443 308
生产成本差异				
人工差异	(10 568)	(10 568)	(9 215)	(9 215)
材料差异	8 070	8070	7 000	7 000
制造费用数量差异	1 730	—	(49 748)	—
制造费用支出差异	1 125	2 342	2 209	2 209
实现毛利润	247 869	342 986	270 009	443 302
固定制造费用	—	125 374		150 449
销售与管理费用	195 813	195 813	242 074	242 074
税收收益	52 056	21 799	27 935	50 779

注：圆括号表示不利（借方）差异。

由于会计方法不同而受到影响的资产账户只有存货。负债与所有者权益这一栏只有留存收益受到影响（因为不允许将变动成本法用于税收报告目的，因而没有税收债务的影响）。

表 7 - 1 - 2　　　　　　　　　资产负债表部分项目　　　　　　　　　单位：美元

	2009 年 12 月 31 日		2010 年 3 月 31 日	
	完全成本法	变动成本法	完全成本法	变动成本法
存货	1 092 189	760 632	1 235 377	860 352
留存收益	2 023437	1 691 880	2 442 650	2 067 625

马修看到用变动成本法重新编制的 2009 年第四季度和 2010 年第一季度的利润表和资产负债表后，感到非常满意。他觉得在其他条件不变的情况下，变动成本法使利润随着销售的变化而变化，比完全成本法更好。所以他决定在下次公司会议上提议下个季度采用变动成本法来核算成本。

在下次召开的公司会议上，马修提出了他的建议。对此，格蕾亚表示赞同，采用变动成本法可以简化成本核算的工作，减少分配固定性制造费用这一程序。固定性制造费用的分配具有主观性，很容易引起各部门之间的矛盾，而变动成本法将其作为期间成本，全额计入当期损益，很好地解决了这一问题。

但是财务主管和总裁却表示了不同的意见。财务主管提出完全成本法重视对固定成本

表 7 - 2 - 1　　　　　　　　N 公司 2010 年第一季度皮箱销售量　　　　　　单位：个

型号	1 月	2 月	3 月
大型皮箱	100	100	100
中型皮箱	1 132	1 009	986
小型皮箱	210	210	210

表 7 - 2 - 2　　　　　　　　N 公司 2010 年第一季度利润表　　　　　　　单位：元

	1 月	2 月	3 月
收入			
大型皮箱	54 000	54 000	54 000
中型皮箱	328 280	292 610	285 940
小型皮箱	37 800	37 800	37 800
总收入	420 080	384 410	377 740
费用			
原材料	323 360	294 455	289 050
工资与薪金	56 580	51 660	50 740
折旧费			
设备	15 000	15 000	15 000
厂房	52 000	52 000	52 000
动力	2 003	1 827	1 795
管理费用	13 200	13 200	13 200
销售费用	4 800	4 800	4 800
总费用	466 943	432 942	426 585
净收益	(46 863)	(48 532)	(48 845)

该公司生产皮箱所使用的原料主要为进口原料皮，由于受到金融风暴的影响，近两年来进口原料皮价格一直呈上涨趋势。2010 年第一季度每张原料皮的价格为 94 元，远高于上年同期价格，涨幅达 108.88%，甚至已超过了金融风暴前的价格。而 N 公司皮箱销售价格目前未做调整，公司 2010 年第一季度连续亏损。

N 公司各型号皮箱所用进口原料皮的数量和需人工加工的时间如表 7 - 2 - 3 所示：

表7－2－3

	进口原料皮（张）	加工时间（小时）
大型皮箱	4	5
中型皮箱	2.5	4
小型皮箱	1	3

目前 N 公司购入进口原料皮的单价为每张 94 元，工人的工资为 10 元/小时。

针对进口原料皮价格上涨的问题，总经理建议将皮箱的价格上涨 50%，并不再使用进口原料皮，而改用价格相对便宜的国产皮。

九、思考题

1. 根据给出的资料分析，N 公司要销售多少个中型皮箱才能达到盈亏平衡？

2. 如果改用国产皮为原料，则国产皮的单价为多少时，在目前的销售情况下，N 公司才能不亏损？

3. 如果按照总经理的建议，将皮箱的价格上涨，则单价要上涨百分之几才能盈利（假设三种皮箱价格上涨的幅度相同）？

4. 你能否提出一些建议，使 N 公司可以扭亏为盈。

实训 G003： 话剧团出演新话剧的决策案例

一、实训名称和性质

实训名称	话剧团出演新话剧的决策案例
面向专业或课程	《管理会计》课程
实训学时分配	2
实训性质	☐调查 ☑案例 ☐软件模拟
必做/选做	☑必做 ☐选做

二、实训目的和要求

经营决策属于企业的短期决策，通过本实验，要求学生熟悉短期经营决策的意义和影响因素，掌握各种短期经营决策的分析与评价方法。

三、知识准备

前期要求掌握的知识、相关理论：
熟练掌握有关经营决策的基本理论和基本方法。

参考书：

孙茂竹、文光伟、杨万贵：《管理会计学》（第五版），中国人民大学出版社 2009 年版。

四、实训组织和安排

1. 阅读实验材料和原始数据。
2. 与案例相结合，要求学生阐述自己的观点。
3. 进行小组讨论。
4. 撰写实验报告。

五、注意事项

注意计算两方案在收入、成本及利润方面的差异，以及对非财务因素的分析。

六、实训结果提交方式

以实验报告的形式进行提交。

七、实训考核方式和标准

本实验采用五级制：

A：能够正确计算原方案和租赁方案在收入、成本及利润上的差异，计算相关因素变化时，上座率的情况，数据完全正确，并能根据资料分析其他非财务因素的影响。

B：能够正确计算原方案和租赁方案在收入、成本及利润上的差异，计算相关因素变化时，上座率的情况，数据基本没错，并能根据资料分析其他非财务因素的影响。

C：能够正确计算原方案和租赁方案在收入、成本及利润上的差异，计算相关因素变化时，上座率的情况，数据基本没错。

D：能够正确计算原方案和租赁方案在收入、成本及利润上的差异，计算部分相关因素变化时，上座率的情况，数据基本没错。

E：不能够正确计算原方案和租赁方案在收入、成本及利润上的差异，不能够计算相关因素变化时，上座率的情况，数据不正确。

八、实训材料

话剧团出演新话剧的决策案例

某话剧团位于 B 市市区内，与该市的戏剧院长期合作，该话剧团每年要在戏剧院表演四部固定的话剧，分别为《哈姆雷特》、《雷雨》、《睡美人》和《天鹅湖》。每年各部话剧表演场数如表 7-3-1 所示：

表 7 - 3 - 1 　　　　　　　　　　　　　　　　　　　　　　　　　　单位：场

剧目	演出场次
哈姆雷特	10
雷雨	10
睡美人	20
天鹅湖	20

　　每年四部话剧都要发生服装、道具、彩排等相关支出，每场支付的固定成本基本不变，但四部话剧的支出却有所不同，《哈姆雷特》为 76 500 元/场，《雷雨》32 400 元/场，《睡美人》62 200 元/场，《天鹅湖》63 150 元/场。其他固定支出还有宣传费、临时工工资等。另外每年还需付给戏剧院固定的场地租金，以供正式演出以及彩排的需要。具体的固定成本支出见表 7 - 3 - 2：

表 7 - 3 - 2 　　　　　　　　　　　　　　　　　　　　　　　　　　　　单位：元

每场话剧的固定成本：	
哈姆雷特	76 500
雷雨	32 400
睡美人	62 200
天鹅湖	63 150
其他固定支出：	
宣传费：	25 000
临时工工资：	12 460
戏剧院场地租金：	32 000

　　戏剧院共有 1 800 个座位，其中一等座 300 个，基础票价为 100 元/个；二等座为 500 个，基础票价为 70 元/个；三等座为 1 000 个，基础票价为 50 元/个。在四部话剧中《哈姆雷特》和《雷雨》由于每个演出的次数较少，因此票价较基础票价要高出 10%。根据以往的经验，戏剧院可以确定每出话剧的上座率都在 85%以上。

　　戏剧院为了推广话剧，决定上映深受儿童喜爱的话剧——《狮子王》，来吸引儿童和家长观众。戏剧院要求话剧团在不影响四部固定话剧演出的前提下，在本年临时增加 20 场《狮子王》的演出，并同意不再向话剧团收取额外的场地租金，但要求话剧团将其门票收入的 10%分给戏剧院。戏剧院估计《狮子王》的上座率将会达到 80%。

　　如上演新话剧，话剧院估计将增加服装等固定成本每场为 58 400 元，宣传费 3 000 元，临时工工资为 3 610 元。

九、思考题

　　1. 从财务方面考虑，话剧团是否同意上演新话剧。如同意的话，会为话剧团增加多少收益？

2. 假设《狮子王》的上座率并不如预期一样，则其上座率至少为多少才会维持盈亏平衡？

3. 如新话剧主要的目的是为了宣传和推广话剧，其票价采取低价策略，则其至少可以下降到基础票价的百分之几，才能不亏损？

4. 从非财务因素入手，新话剧会为话剧团带来哪些影响？是否有利于其今后的发展？

实训 G004：Play 玩具公司标准成本法案例

一、实训名称和性质

实训名称	Play 玩具公司标准成本法案例
面向专业或课程	《管理会计》课程
实训学时分配	2
实训性质	☐ 调查　☑ 案例　☐ 软件模拟
必做/选做	☑ 必做　☐ 选做

二、实训目的和要求

标准成本法是一种成本计算与成本管理相结合的方法。通过本实验旨在使学生掌握成本差异的账务处理，计算变动成本差异和固定成本差异。并且能够解释采用标准成本制度的原因，描述差异分析的基本概念并解释这些差异如何用于控制。

三、知识准备

前期要求掌握的知识、相关理论：
熟练掌握有关标准成本法的基本知识。
参考书：
孙茂林、文光伟、杨万贵：《管理会计学》（第五版），中国人民大学出版社 2009 年版。

四、实验组织和安排

1. 阅读实验材料和原始数据。
2. 与案例相结合，要求学生阐述自己的观点。
3. 进行小组讨论。
4. 撰写实验报告。

五、注意事项

注意分析标准成本和实际成本的差异和性质，以及造成差异的原因。

六、实训结果提交方式

以实验报告的形式进行提交。

七、实训考核方式和标准

本实验采用五级制：

A：能够正确计算思考题中提出的各个问题，正确计算标准成本和实际成本之间的差异，数据完全正确，并能根据计算出的数据分析提出对于该公司在成本控制方面的改进建议。

B：能够正确计算思考题中提出的各个问题，正确计算标准成本和实际成本之间的差异，数据基本没错，并能根据计算出的数据分析提出对于该公司在成本控制方面的改进建议。

C：能够正确计算思考题中提出的各个问题，基本能够正确计算标准成本和实际成本之间的差异，数据基本没错。

D：能够正确计算思考题中提出的部分问题，基本能够正确计算标准成本和实际成本之间的差异，数据基本没错。

E：不能够正确计算思考题中提出的各个问题，不能够正确计算标准成本和实际成本之间的差异，数据不正确。

八、实训材料

Play 玩具公司标准成本法案例

Play 玩具公司生产一系列荧光环保塑料玩具，该系列玩具共有 25 款不同的形象，都为较受儿童欢迎的卡通人物。该系列玩具的主要原材料为 TPU 材料和 DINP 油，这两种原材料都是环保材料，对人身无任何毒害作用，并且张力、拉力、强韧度和耐老化性也更好。为了儿童的身体健康，该系列玩具中还加入了纳米银，使玩具自身具有一定的杀菌作用，并针对不同款的玩具加入了不同的精油香料，目前有两款香型：A 型薰衣草香和 B 型茶树香。该系列玩具采用了标准成本法进行成本核算，在整个会计年度中使用不变的准则。所有月度差异都在月度损益表中结算。

表 7 - 4 - 1　　　　　　　　　Play 玩具公司利润表　　　　　　　　单位：美元

	3 月	4 月
销售收入	337 500	285 500
标准销售成本		
直接材料	70 575	59 060
直接人工	60 750	51 390
制造费用	35 287.5	32 687.5
标准毛利	170 887.5	142 362.5

续表

	3 月	4 月
产品差异		
直接材料价格差异	（33 750）	（2 855）
直接材料数量差异	（1 250）	（1 224）
直接人工差异	（930）	（1 040）
制造费用差异	（6 280）	（3 545）
实际毛利	128 677.5	133 698.5

补充资料：

1. A 型产品中每件玩具的直接材料成本（标准）为 2 美元，总的单位产品成本为 4.8 美元。

2. 在 3 月和 4 月中，A 型系列玩具在产品直接材料借方金额为 19 800 美元和 12 850 美元，B 型系列玩具有在产品直接材料借方金额为 15 070 美元和 17 270 美元。

3. 由于与供应商就原材料价格没有达成一致，2 月购入的原材料价格较标准单位价格均高出 1 美元。

4. A、B 型系列玩具的单位直接人工（标准）是相同的。

5. 茶树精油的价格要略高于薰衣草精油价格，所以 B 套系列玩具每款的单位直接人工要高 0.2 美元。

九、思考题

1. 请根据表说明，Play 玩具公司在生产环保玩具的过程中支付的成本费用是否多于预期？为什么？

2. 3 月的产品差异要高于 4 月的产品差异，请解释为什么？

3. 3 月的销售收入较 4 月的高，但实际毛利却低于 4 月的实际毛利 134 698.5 美元，请说明原因。

4. 2 月购入的原材料价格较高，会不会影响到 3 月和 4 月的成本？如果会的话，利润表中的哪些项目会受到影响？

5. 根据补充资料内容，能否判断出制造费用是按照直接人工进行分配的？并说出理由。

第八章 《高级财务管理》课程实训

H000：《高级财务管理》实训大纲

课程代码：1102532054

开课学期：第 7 学期

开课专业：财务管理

总学时/实训学时：72 学时/16 学时

总学分/实训学分：4/0.5

参考指导书：《财务管理专业实验（实训）指导书》

实训形式：案例讨论、案例分析报告撰写。

实训目的和要求：《高级财务管理》（财务管理专题：企业集团财务、国际财务）是一门实践性很强的学科，因此在本课程的筹资、投资、纳税安排、股利政策、财务分析等内容进行实验等实践性教学是课程必不可少的重要环节。只有通过实践，才能巩固、应用所学理论，培养学生参加实际企业集团和国际企业财务管理的基本技能；培养学生的财务管理实践意识；培养学生认真负责的专业态度和严谨细致的工作作风。要求学生实验分析前认真准备，写作报告和讨论中积极思考，完成后认真总结提高，并按要求上交分析报告及相关材料。

实训形式安排：总学时 16 学时。其中"企业集团财务"专题中企业集团融资管理策略内容 2 学时，企业集团投资管理策略内容 3 学时，企业集团股利政策内容 3 学时；"国际财务"专题中国际财务管理总论 2 学时，国际融资管理 2 学时，国际投资管理 2 学时，国际税收管理 2 学时。

实训项目与主要内容：

序号	项目名称	主要内容	课时	评分权重	选开/必开
一	企业集团财务部分				
1	金蝶公司的上市之路	企业集团融资管理策略	2	15%	必开
2	摩托罗拉公司的投资战略	企业集团投资管理策略	3	15%	必开

序号	项目名称	主要内容	课时	评分权重	选开/必开
3	FPL 公司：在支付股利和企业成长中作取舍	企业集团股利政策	3	15%	必开
二	国际财务部分				
4	德国奔驰汽车公司在美国经营失败的教训	国际企业外汇风险管理	2	10%	必开
5	国美借壳　香港上市	国际融资管理	2	15%	必开
6	SPORTS 公司跨国投资案例	国际投资管理	2	15%	必开
7	避税天堂——英属维尔京群岛	国际税收管理	2	15%	必开

考评标准：《高级财务管理》（财务管理专题）课程的实验（实训）形式主要是案例分析，具体采用学生个人分别完成和小组讨论的形式。

实验（实训）报告成绩分为优秀、良好、中等、及格、不及格五个等级。实验（实训）报告成绩由事先确定的各指导教师依据学生的实验（实训）态度和实验（实训）结果等确定。

A. 优秀：

案例分析结论正确；实验（实训）报告格式规范、实验（实训）目的明确、实验（实训）原理与步骤正确、实验（实训）内容数据记录全面、能熟练地综合运用本专业的基本理论和基本技能、实验（实训）体会体现财务管理专业特征。

B. 良好：

案例分析结论正确；实验（实训）报告格式规范、实验（实训）目的明确、实验（实训）原理与步骤正确、实验（实训）内容数据记录全面、能比较熟练地运用本专业的基本理论和基本技能、有一定的实验（实训）体会。

C. 中等：

案例分析结论基本正确；实验（实训）报告基本格式规范、实验（实训）目的明确、实验（实训）原理与步骤正确、实验（实训）内容数据记录较全面、能较好地运用有关基本理论、有一定的实验（实训）体会。

D. 及格：

案例分析结论有缺陷，但有些方面正确；实验（实训）报告基本格式基本规范、实验（实训）目的基本明确、实验（实训）原理与步骤基本正确、实验（实训）内容数据记录比较全面、能基本掌握和运用有关基本理论知识、有一定的实验（实训）体会。

E. 不及格：

案例分析结论不正确；报告有抄袭现象。实验（实训）报告基本格式不规范、实验（实训）目的不明确、实验（实训）原理与步骤不正确、实验（实训）内容数据记录不全、没有体会或体会不符合财务管理专业特征。

实训报告写作要求：为统一格式及写作要求，对《高级财务管理》（财务管理专题）

课程实训报告的写作提出具体要求如下：

1. 每个实训项目均应按照要求写出规范的实训报告。如果实训项目是以分组形式进行的，还要求提交每个小组的报告。

2. 每个实训项目的实训报告应填明课程名称、实训项目名称、班级、姓名、学号，根据实训项目具体内容不同，分别写明每个实训项目的实训目的、实训原理和步骤、实训内容及数据及实训结论、收获建议等。

3. 具体报告的内容根据不同项目的具体内容写作，但要求独立思考，充分发挥主观能动性，计算数据必须准确，管理和决策方法可以灵活。

4. 欢迎新观点、新思路、新方法的提出。

5. 成绩考核：课程实训用 7 个案例，案例 4 占 10%，其余每个案例各占 15%，每个案例的评分主要注重分析报告的质量和讨论表现。

《高级财务管理》（企业集团财务部分）实训指导书

实训 H001：金蝶公司的上市之路

一、实训名称和性质

实训名称	金蝶公司的上市之路
面向专业或课程	财务管理专业《高级财务管理》课程
实训学时分配	2
实训性质	☐调查 ☑案例 ☐软件模拟
必做/选做	☑必做 ☐选做

二、实训目的和要求

掌握企业集团融资的质量标准；熟悉企业集团融资方式、渠道以及影响因素。

三、知识准备

前期要求掌握的知识：
学过了企业集团筹资管理策略的相关知识。

实验流程：
本实验主要涉及企业集团融资的质量标准；企业集团融资方式、渠道的选择以及影响因素。

四、实训组织和安排

课前教师布置具体任务及目标，要求形成实验研讨小组；课堂组织案例研讨，采用小组代表讲解、其他同学参与的形式交流；课后各实验小组提交个人分析报告。

五、注意事项

金蝶公司的发展历程对企业融资财务管理的影响。

六、实训结果提交方式

要求学生实验分析前认真准备，写作和讨论中积极思考，完成后认真总结提高，并按要求上交分析报告及相关材料。

七、实训考核方式和标准

参见"高级财务管理"实训大纲——考评标准。

八、实训材料

金蝶公司的上市之路

深圳金蝶公司在 20 世纪数年之内发展成为我国财务软件产业的卓越代表，是中国最大的财务软件及企业管理软件的开发者和供应商之一。金蝶公司创立之初，便迅速开发自己的新产品。1998 年 2 月，金蝶公司宣布与微软公司在开发方面进一步合作，并推出国内第一家 3 层结构技术给予大型数据库（C/S）版本的财务软件。金蝶公司所处的软件产业作为一种高效益、高风险的行业，其商品化需要大量的资金不断地投入。5 年中，金蝶公司数次向银行主动申请，也有几次银行主动上门来洽谈，最终却只获得 80 万元贷款，原因就在于没有足够的资产作抵押，也缺乏担保，因此当时金蝶公司只有区区 500 万元固定资产。

1998 年，广州太平洋技术创业投资基金（IDG）总经理王树了解到金蝶公司的基本情况后，就登门造访金蝶公司。短短 3 个月闪电般的接触，双方就达成了合作协议。IDG 广州太平洋技术创业投资基金以参股形式对金蝶公司进行投资后，折价入股，成为金蝶公司的股东之一，享有股东的权利，但它对金蝶公司不控股，不参与经营，只是不断地做些有益的辅助工作，帮助企业作决策咨询、提供开发方向的建议等方式来施加影响。但是在这看似宽松的合作之下，风险投资带给金蝶公司的风险意识和发展压力陡然增加。因为按照金蝶公司与 IDG 的合作协议，金蝶公司必须在获得第一笔投资后的一年间，达到双方规定的目标，即在 1997 年的基础上，1998 年取得 200% 的增长，才有资格获得 IDG 的第二笔 1 000 万元的投资。正是这种风险压力，促使金蝶公司迅速调整自己，达成协议的目标。

利用风险资本创业的高新技术企业，由于企业自身的快速增长，往往需要可持续性的及时的融资。这样，风险企业需要的常常不是一个融资对象，而是更为广阔的融资渠道，由此来保证融资的源源不断和及时有效。也只有这样做才能为后续的研究发展增强融资能力。当然风险投资企业最终还是要靠上市来实现价值。上市不仅为风险投资方的退出提供了可能，而且金蝶公司实行的员工持股计划的激励效果也将充分发挥出来，这有利于金蝶公司吸引和留住优势人才。2001 年 2 月，金蝶公司在香港创业板成功上市。

资料来源：张延波：《高级财务管理》（第二版），中央广播电视大学出版社 2001 年版。

九、要求

1. 根据金蝶公司的实际情况，阐明企业集团融资的质量标准应该包括哪些方面？
2. 试根据当时的情况，阐明 2001 年金蝶公司在香港创业板上市的理由何在？

实训 H002： 摩托罗拉公司在中国的投资策略

一、实训名称和性质

实训名称	摩托罗拉公司在中国的投资策略
面向专业或课程	财务管理专业《高级财务管理》课程
实训学时分配	3
实训性质	☐ 调查　☑ 案例　☐ 软件模拟
必做/选做	☑ 必做　☐ 选做

二、实训目的和要求

通过实验能掌握企业集团投资政策及相应的决策评价因素；熟悉企业集团投资决策的整个过程。

三、知识准备

前期要求掌握的知识：
学过企业集团投资政策和决策的相关知识。
实验流程：
企业集团投资政策的内容和标准；投资决策的整个过程及其影响因素。

四、实训组织和安排

课前教师布置具体任务及目标，要求形成实训研讨小组，要求学生利用业余时间查找摩托罗拉公司在中国投资的资料；课堂组织案例研讨，采用小组代表讲解、其他同学参与的形式交流；课后各实验小组提交个人分析报告及参与者平时成绩评分。

五、注意事项

搜集摩托罗拉公司的相关资料，分析其成功的经验，为中国企业提供有益的借鉴。

六、实训结果提交方式

要求学生实验分析前认真准备，写作和讨论中积极思考，完成后认真总结提高，并按要求上交分析报告及相关材料。

七、实训考核方式和标准

参见"高级财务管理"实训大纲——考评标准。

八、实训材料

摩托罗拉公司在中国的投资策略

摩托罗拉公司是总部设在美国的世界一流的电子设备生产及服务厂家，其业务范围遍布全球。

摩托罗拉最初在天津的投资，可以说是一种探索性尝试。1986 年，摩托罗拉公司开始在中国寻求投资机会，并与天津开发区接触，于 1988 年投资设立了一个总投资为 30 万美元的天津摩托罗拉电子试验有限公司。经过长达四年的市场评估和社会调研，摩托罗拉公司选定天津开发区为摩托罗拉在中国的生产基地。第一期投资 1.2 亿美元，注册成立摩托罗拉（中国）电子有限公司，成为当时中国最大的外商独资企业。1992 年 10 月，公司开始购置工业通用厂房进行生产。1995 年，摩托罗拉增资 7.2 亿美元，在天津建设新厂生产芯片及对讲机。1996 年，摩托罗拉位列中国最大外资企业 500 强中的第 2 位，在 18 000 家中国工商企业中经济效益排名第 7 位。目前摩托罗拉是中国最大的美国投资企业以及中国电子行业中最大的外国投资者，除在天津开发区建立独资企业外，它还注册了一个中国控股公司，下辖 7 家合资公司，并参与了 4 个合作项目和其他十几项重大投资。

摩托罗拉公司董事长盖瑞·托克表示："摩托罗拉之所以能在中国取得成功，是因为它采取了一整套正确的战略。"

资料来源：张延波：《高级财务管理》（第二版），中央广播电视大学出版社 2001 年版。

九、要求

根据上述资料，并查阅摩托罗拉中国公司目前的经营理财资料，从投资政策角度和其他角度分析摩托罗拉公司在中国投资经营成功的经验。

实训 H003：FPL 公司：在支付股利与企业成长中作取舍

一、实训名称和性质

实训名称	FPL 公司：在支付股利与企业成长中作取舍
面向专业或课程	财务管理专业《高级财务管理》课程
实训学时分配	3
实训性质	☐ 调查　☑ 案例　☐ 软件模拟
必做/选做	☑ 必做　☐ 选做

二、实训目的和要求

通过实验使学生熟悉企业集团股利政策决策方法和影响因素；了解企业集团股利政策的重要意义。

三、知识准备

前期要求掌握的知识：
学过企业集团股利政策方面的相关内容。
实验流程：
企业集团股利政策的制定步骤；制定股利政策的影响因素；如何判断大势。

四、实训组织和安排

课前教师布置具体任务及目标，要求形成实训研讨小组；课堂组织案例研讨，采用小组代表主讲、其他同学参与的形式交流；课后各实验小组提交个人分析报告及参与者平时成绩评分。

五、注意事项

股利政策与企业成长阶段的相关性。

六、实训结果提交方式

要求学生实验分析前认真准备，写作和讨论中积极思考，完成后认真总结提高，并按要求上交分析报告及相关材料。

七、实训考核方式和标准

参见"高级财务管理"实训大纲——考评标准。

八、实训材料

FPL 公司：在支付股利与企业成长中作取舍

FPL 公司为美国佛罗里达州最大、全美第四大信誉良好的电力公司。长期以来，FPL 公司经营利润一直稳定增长，经营现金流稳定，负债比率较低，资信等级长期维持在 A 级以上，公司现金红利支付率一直在 75% 以上。该公司是一个典型的价值型公司。

1994 年，面对电力市场日益加剧的竞争环境，FPL 公司决定采用扩张战略，并制定了未来 5 年 39 亿美元的投资计划。但公司需要减少非投资方面的现金流出，增强财务能力和流动性，增加留存收益和内部融资能力，降低财务风险，保持 A 级以上的资信等级。而公司的近期发展又不能大幅提高每股利润，因此继续维持高现金红利支付率的经营压力很大。为保证公司实现长远发展战略目标，1994 年 5 月初，FPL 公司考虑在其季报中宣布削减 30% 的现金红利，此举可以使公司减少 1.5 亿美元的现金支出，虽然相对于公司未来 5 年 39 亿美元的资本支出计划来说，这笔钱似乎杯水车薪，但有助于公司减轻今后的经营压力，增加股利政策的灵活性，使现金红利在今后几年有较大的上升空间。

但大幅度削减现金红利不可避免地会导致公司股票价格大幅下跌，动摇投资者的信心，进而影响公司与既有的稳定投资者的关系。后来的事实也证实了这种影响。大多数投资银行分析家相继调低了 FPL 公司股票等级，导致 FPL 公司尚未宣布红利政策，股票价格就下跌了 6%。

1994 年 5 月中旬 FPL 公司公布了最终的分红方案，把该季度现金红利削减了 32.3%。公司同时宣布了在以后三年内回购 1 000 万股普通股的计划，并且承诺以后每年的现金红利增长率不会低于 5%。

尽管在宣布削减红利的同时，FPL 公司在给股东的信中说明了调低现金红利的原因，并且作出回购和现金红利增长的承诺，但股票市场仍然视削减现金红利为利空信号。当天公司股价就下跌了 14%。反映了股票市场对 FPL 公司前景很不乐观的预期。但几个月后，FPL 公司的股价随大势上涨回升，并超过了宣布削减现金红利以前的价格。

1994 年以来，FPL 公司的扩张战略奏效，每股收益和股票市价继续保持了增长势头，基本上兑现了当初许给股东的诺言。公司股价大幅度增长，最高时比 1994 年翻了近 5 倍。

资料来源：张延波：《高级财务管理》（第二版），中央广播电视大学出版社 2001 年版。

九、要求

1. 股利政策的变动可能产生哪些不利影响？
2. FPL 公司股利政策变更取得成功的关键点何在？
3. 从 FPL 公司对股利政策的把握案例中你得到了什么启示？

《高级财务管理》（国际财务部分）实训指导书

实训 H004：德国奔驰汽车公司 在美国经营失败的教训

一、实训名称和性质

实训名称	德国奔驰汽车公司在美国经营失败的教训
面向专业或课程	财务管理专业《高级财务管理》课程
实训学时分配	2
实训性质	☐ 调查　☑ 案例　☐ 软件模拟
必做/选做	☑ 必做　☐ 选做

二、实训目的和要求

《高级财务管理》（国际财务）是一门实践性很强的学科，因此在本课程内容中进行实训等实践性教学是课程必不可少的重要环节。通过本实训，旨在使学生巩固、应用所学理论，理解经济环境对国际企业财务管理的影响及如何进行外汇风险管理。

三、知识准备

前期要求掌握的知识、相关理论：

熟练掌握企业外汇风险管理的一般财务管理知识，而且要求学生在事先掌握好与本课程相关的管理学、国际经济学、国际金融、相关经济法律等知识。

参考书：

1. 王建英、支晓强、袁淳：《国际财务管理学》，中国人民大学出版社 2007 年版。
2. 张延波：《高级财务管理》，中国广播电视大学出版社 2004 年版。

四、实训组织和安排

按照教学大纲要求，本次实训安排在外汇风险管理课堂教学内容全部结束后进行，是对外汇风险管理等相关知识体系的检查和整合。要求学生一人一组，实验分析前认真准备，写作报告和讨论中积极思考，完成后认真总结提高，并按要求上交案例分析报告及相关材料。

五、注意事项

正确理解马克的美元指数与马克的日元指数变化的含义。

六、实训结果提交方式

实训项目应按照要求写出规范的实训报告。每个实训项目的实训报告应填明课程名称、实训项目名称、班级、姓名、学号，根据实训项目具体内容不同，分别写明每个实训项目的实训目的、实训原理和步骤、实训内容及数据及实训结论、收获建议等。

七、实训考核方式和标准

参见"高级财务管理"实训大纲——考评标准。

八、实训材料

德国奔驰汽车公司在美国经营失败的教训

奔驰汽车公司为世界十大汽车公司之一，在德国按销售额为第一大汽车公司，按产量则居第二。该公司创立于1926年，创始人是卡尔·本茨和戈特利布·戴姆勒。它的前身是1886年成立的奔驰汽车厂和戴姆勒汽车厂。1926年两厂合并后，叫戴姆勒—奔驰汽车公司，中国翻译简称奔驰汽车公司。现在，奔驰汽车公司除以高质量、高性能豪华汽车闻名外，它也是世界上最著名的大客车和重型载重汽车的生产厂家。

奔驰是德国产的名牌赛车，以其车速快、售价昂贵、保险费高在美国被看做是一种身份和地位的象征。1981年比德·休兹出任奔驰美国销售总部总裁，将奔驰车的销售重心从欧洲转移到美国，并经过各种努力，建立起在美国的营销网络，将奔驰客车在美国的销售量从1980年的1万辆提高到1985年的3.5万辆，增长近3倍。但到1987年后，奔驰车在美国销售量逐渐下降，到1993年，在美国销售量跌至3 000辆，被迫关闭在美国的零配件批发储运中心。比德·休兹也被迫辞去其总裁而离开奔驰公司。奔驰车在美国的销售为什么会出现如此巨大的反差？

表8-4-1为1981～1993年的马克对美元、日元的汇价指数。

表8-4-1

年份	1981	1982	1983	1984	1985	1986	1987	1988	1989	1990	1991	1992	1993
马克的美元指数	100	105	95	88	83	104	126	129	120	140	136	145	137
马克的日元指数	100	93	89	79	77	80	82	75	75	92	83	83	69

资料来源：杨大楷：《国际投资学》（第三版），上海财经大学出版社2004年版。

相关链接：2005年7月1日，中国人民银行发布了《关于完善人民币汇率形成机制改革的公告》，宣布人民币汇率将实行以市场供求为基础，参考一篮子货币进行调节，有管理的浮动汇率制度。人民币不再盯住美元，形成更富弹性的人民币汇率机制。人民币汇率由此进入浮动时代，2005年7月21日，人民币汇率一次性升值2%，至2011年2月25日（1美元对人民币6.5757元）累计升值超过20%。

九、要求

1. 什么是外汇风险？外汇风险有哪几种类型？

2. 试结合表中的马克对美元、日元汇价指数，从汇率风险管理角度分析奔驰公司在美国受挫的原因，并提出事先防范的措施。

3. 2005 年以来的人民币升值对中国的出口企业有何影响？你认为中国的出口企业应该如何规避外汇风险？

实训 H005： 国美借壳　香港上市

一、实训名称和性质

实训名称	国美借壳　香港上市
面向专业或课程	财务管理专业《高级财务管理》课程
实训学时分配	2
实训性质	☐调查　☑案例　☐软件模拟
必做/选做	☑必做　☐选做

二、实训目的和要求

《高级财务管理》（国际财务）是一门实践性很强的学科，因此在本课程内容中进行实训等实践性教学是课程必不可少的重要环节。通过本实训，旨在使学生巩固、应用所学理论，理解国际股权融资的特殊方式即借壳上市。

三、知识准备

前期要求掌握的知识、相关理论：

熟练掌握企业国际股权融资的一般财务管理知识，而且要求学生在事先掌握好与本课程相关的管理学、国际经济学、国际金融、相关经济法律等知识。

参考书：

1. 王建英、支晓强、袁淳：《国际财务管理学》，中国人民大学出版社 2007 年版。
2. 张延波：《高级财务管理》，中国广播电视大学出版社 2004 年版。

四、实训组织和安排

按照教学大纲要求，本次实训安排在国际融资管理课堂教学内容全部结束后进行，是对国际融资管理等相关知识体系的检查和整合。要求学生一人一组，实验分析前认真准备，写作报告和讨论中积极思考，完成后认真总结提高，并按要求上交案例分析报告及相关材料。

五、注意事项

搜集相关资料，了解国美所处的行业环境，以正确理解国美上市之路。

六、实训结果提交方式

实训项目应按照要求写出规范的实训报告。每个实训项目的实训报告应填明课程名称、实训项目名称、班级、姓名、学号，根据实训项目具体内容不同，分别写明每个实训项目的实训目的、实训原理和步骤、实训内容及数据及实训结论、收获建议等。

七、实训考核方式和标准

参见"高级财务管理"实训大纲——考评标准。

八、实训材料

国美借壳　香港上市

国美电器有限公司于1987年在北京创立第一家家用电器专营店，依靠准确的市场定位和"薄利多销、服务当先"的经营理念，迅速得以蓬勃发展，在受到首都北京消费者信任和青睐的同时，逐步完善了全国家电连锁网络的建设，目前已成为全国最大的家电零售连锁企业之一，在北京、天津、上海、成都、重庆、郑州、西安、沈阳、济南、青岛、广州、深圳、武汉、杭州及河北省、山西省、浙江省、吉林省、江苏省拥有90余家大型连锁商城，5 000多名员工，年销售额达100多亿元，成为长虹、TCL、康佳、厦华、海信、东芝、索尼、松下、LG、飞利浦、夏普、三洋等众多厂家在中国的最大经销商。

2004年6月7日，中国鹏润集团有限公司（简称中国鹏润，HK0493）在香港联交所的复牌公告称，将斥资83亿港元收购持有国美电器65%股权的Ocean Town全部已发行股份。此次收购完成后，中国鹏润拟改名为国美电器控股有限公司，而国美电器也以借壳方式成功实现了在香港上市的计划。经历了A股上市的搁浅和H股上市的漫长等待，黄光裕要把国美电器送进资本市场的梦想终于成真。至此，国美电器艰难的3年上市之路最终通过资产重组画上句号。

早在20世纪90年代末期，国美电器掌门人黄光裕便意识到进入资本市场的重要性，开始在资本市场寻求IPO或买壳上市，并逐步打造了他自己的关联企业群：鹏润投资、鹏泰投资、国美集团、鹏润地产，但并没有染指一家国内的上市公司。2000年，国美开始将目光转向环境比较宽松的香港证券市场，此后多次传闻国美将在香港证券市场上市，但上市的时间表一拖再拖、一变再变。对此黄光裕等国美高层人士一贯采取"正在选择最佳时间"的统一对外说法予以解释。然而2004年4月26日，国美的老对手苏宁电器却先拔头筹，获得了国内A股上市资格，一时间，国美究竟何时才能顺利上市成为人们关注的焦点。

值得注意的是，就在2004年5月中旬，从国美传出的消息还是将采用IPO方式在港上市，且路演已在积极筹备中。而如今国美却最终选择了借壳兄弟公司中国鹏润登陆港股，个中原因究竟何在？

面对记者的疑问，黄光裕反问道："你觉得这两种方式所达到的最终结果有什么不一样吗？"而国美电器常务副总裁张志铭则表示："鹏润、国美两家企业的控股股东是重叠的，所以采用什么方法并不重要，关键是我们现在已经达到了上市的目的。"

虽然IPO与借壳两种方式的最终落脚点均是资金，但让国美经过长时间的IPO准备之后突然选择借壳上市，其根本原因是时间，这才是黄光裕最为关心的重点。

2004年4月，国内另一家电巨头苏宁电器的股票首发申请刚刚获得中国证监会股票发行审核委员会审核通过，成为国内首家获得"股票首发权"的家电商。此前，山东家电销售商三联商社（600898）通过"买壳"郑百文走上上市之路，国美也曾经尝试过"买壳"宁城老窖（600159）实现上市，但最终未果。上市声势一直极为浩大却久拖而未果的国美电器，又怎能不心急火燎？而近两年在业内迅速崛起的上海永乐，也从高层传出消息计划在2005年实现海外上市。实力更为雄厚的外资巨舰更早已等在门外，只等明年开闸放行之际就大举进军国内零售市场。内忧外患之时，如果依旧长时间徘徊于港股IPO门槛之外而不得入，其结果就只能在资本市场上被对手甩开。

但是，从操作程序来看，要从头走完IPO的全部审批程序，在非常理想、没有任何反复的情况下也至少需要9个月的时间。而如果在审批过程中，有关机构对拟上市公司过去3年资本、负债、营业额、税利和董事会架构等其中任何一项有质疑，半年内得不出结论的情况都有可能。届时，由于时效性，比如报表已经过时，拟上市公司只能把准备工作推倒重来。如此巨大的时间成本国美耗不起，于是借壳便浮出水面，成为一种最为简单便捷的途径。

而从国美内部传出的另外一些声音则表示，之所以放弃以H股形式登陆香港，主要是因为H股是法人股，流通性较差，且申请手续繁杂，每次发行新股都要大陆和香港特区政府审批；此外H股是在中国香港募集资金在中国大陆进行投资，不能直接交易，而且发行H股后，公司高管人员不能顺利实行期权制。因此经慎重考虑后国美选择以内部重组形式上市。

除此以外，采用借壳方式，以国美良好的盈利改变中国鹏润的财务状况，应该也是黄光裕考虑的因素之一。中国鹏润上市以后，经营业绩一直不甚理想。而将国美电器放入"中国鹏润"后，中国鹏润集团业务及收入来源将由原来的房地产和金融证券扩展至零售领域。拥有国美这一年均158%增长率的优质资产，自然为其获得强劲的盈利能力提供了保证。事实上，收购国美当日，鹏润股价即狂飙112.84%，由停牌前的每股0.148港元升至0.315港元，投资者的追捧由此可见一斑。

国美的借壳过程采用了国际通行的途径，先在百慕大或维尔京群岛设立海外离岸公司，通过其购买上市壳公司的股份，不断增大持有比例，主导该上市公司购买黄光裕自有的非上市公司资产，将业务注入上市公司，经过一系列操作后，壳公司无论从资产结构、主营业务甚至是公司名称都会变化，从而达到借壳上市的目的。让我们来透析国美电器的借壳过程：

第一步：寻找壳公司，锁定香港上市公司——京华自动化。2000年6月底，黄光裕通过一家海外离岸公司 A,以"独立的机构短期投资者"名义联合另一个中介人,以 1 920 万港元的现金收购了原大股东的小部分股份,开始染指京华自动化(0493)。一个月后又通过另一家离岸公司 B,再次通过供股方式,以现金 5 600 万港元购得原第一大股东的绝大多数股份,从而控制了上市公司——京华自动化,这家公司后来成为国美上市的壳公司。

第二步:增发"公众股",加强对壳公司的实际控制力度。2000 年 9 月,京华自动化发布公告,以增加公司运行资金的名义,以全数包销的方式,增发 3 100 万股新股,公司总发行股本增至 18 800 万股。本次配发的股份数量,折合公司已发行总股本的 19.7%,恰好低于 20%,因此,不需要停牌和经过股东大会决议过程,通过这种方式不知不觉中增加了股权比例。

第三步:京华自动化购入地产,悄然转型。2000 年 12 月 6 日,京华自动化(0493)停牌发布公告,理由是公司打算发展收入稳定和不间断的物业租赁业务。实际情况是从黄的手中把其持有的物业购买过来。支付的方式是:现金支付 1 200 万港元,余下的 1 368万港元以向卖方发行代价股的形式支付,每股价格定为停牌公告前一天的收盘价略微溢价后的 0.38 港元。这里需要注意的是,现金与代价股的比例为什么是 1 200:1 368?秘密在于,代价股 1 368 万港元合 36 003 500 股,折合公司已发行股份的 19.2%,恰好不超过20%。通过这次操作,代价股全部发行后,黄已持股 3 600 万股(占 16.1%),成为京华自动化的第二大股东。

第四步:明减暗增,逢低加注——不断增加股权。2001 年 9 月京华自动化再次公告,以增加公司运行资本金和等待投资机会的名义,全数包销配售 4 430 万新股,新股价格为公告停牌前一天的收盘价折让 10%,即 0.18 港元,募集资金 797.4 万港元。值得注意的是:本次配发的股份数量折合公司已发行总股本的 19.8%,因此,也不需要停牌和经过股东大会决议。

第五步:权衡利弊,先将地产装入壳中。2002 年 2 月 5 日,京华自动化发布公告,增发 13.5 亿股新股,每股 0.1 元,全部由黄光裕独资的公司 C 以现金认购。至此,黄光裕和其独资的 A 公司合计持有 85.6% 的股份,根据联交所收购守则,触发无条件收购。即要么全部收购剩余的 14.4% 的公众股份退市,要么为了维持上市地位,必须转让到个人持股比例 75% 以下。2002 年 4 月 26 日,黄转让 11.1% 的股份给机构投资者,使其个人的持股比例降到 74.5%,这个减持比例做到了一石三鸟,既保住了上市地位,又实现一股独大,同时套现减压。

第六步:壳公司更名为中国鹏润。2002 年 4 月 10 日,京华自动化出资现金加代价股合计 1.95 亿港元,收购了一家注册在百慕大的公司 D(由黄光裕持有)。2002 年 7 月,京华自动化发布公告正式更名为"中国鹏润",并在地产、物业等优质资产的带动下开始扭亏。

第七步:国美电器正式借壳上市。6 月 7 日,中国鹏润在香港交易所刊登公告,宣布现时持有鹏润 66.9% 股权的黄光裕,以 88 亿元人民币,将其持有的 Ocean Town 的 65% 股权注入鹏润,一旦收购获通过,国美余下的 35% 股权仍由黄光裕私人持有。鹏润为此要向黄光裕发行新股及可换股票据,将要大量发行相当于现有股本 10.54 倍的新股,黄光裕在完成交易后持股比例将达 97.2%，按规定要向公众配售股份，保持公众持股量不低于 25%。公告显示，中国鹏润在 5 月 24 日停牌前市值仅 4.2 亿港元，收购完成后，中国鹏润计划进行 40 股合 1 股的股份重组，并改名为"国美电器控股"。同时，收购计划也将分为两部分，包括向黄光裕发行 4 410 万股新股（以 40 股合 1 股），支付约 2.58 亿港元，以及向他分两次发行总值约 85.4 亿港元可换股票据。至此，国美电器的借壳之路完成。此次借壳交易过程可用图 8 - 5 - 1 表示：

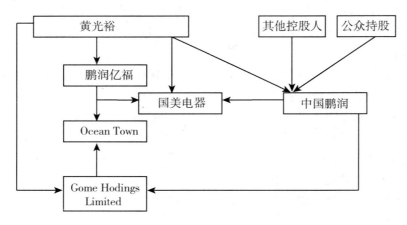

图 8 - 5 - 1　国美电器借壳交易过程

国美借壳上市的意义：此次收购不仅可以优化中国鹏润的资产，发行新股份及可换股票据将进一步扩大公司的股本基础，同时也是公司进军中国电器及消费电子产品业务的良机。国美借壳鹏润，可以使国美良好的赢利改变中国鹏润的财务状况。将经营良好的国美导入"中国鹏润"后，中国鹏润集团业务及收入来源将由原来房地产及金融证券扩展至零售领域。国美的优质资产势必为其获得强劲的赢利能力提供有力的保证。国美上市会采用收购或控股的形式，更多的是为了打知名度。让消费者成为股东，会增加他们的信赖感和依赖感，形成一个健康循环的链条。此外，上市也会使国美这个民营企业在政府心目中的地位得到提高，提高信任度。同时可以使国美本身的管理更透明化、正规化。

国美电器实现借壳上市的信息披露后，复牌交易的中国鹏润引发了投资者的追捧，股价在一天内实现了 112.84% 的涨幅，收市价达到 0.315 港元。香港证券界人士分析，尽管此次鹏润付出的 88 亿元人民币的收购价并不低，基本相当于 40 倍的市盈率，这种幅度在香港股市并不多见，但国美电器 2004 年第一财季同比增长了 2.3 倍的良好业绩也刺激了投资者。

资料来源：郑磊、熊凌：《国美上市技巧》，载于《经理人》2005 年第 6 期。

九、要求

1. 分析国美电器为何选择香港作为上市地？
2. 分析国美经过长时间的 IPO 准备之后，为何突然选择借壳上市？
3. 从融资角度分析，香港股票市场与国内股票市场相比有哪些优越之处？

4. 谈一谈你对"国美是左手倒右手的借壳"这句话的看法。

实训 H006：SPORTS 公司跨国投资案例

一、实训名称和性质

实训名称	SPORTS 公司跨国投资案例
面向专业或课程	财务管理专业《高级财务管理》课程
实训学时分配	2
实训性质	☐ 调查　☑ 案例　☐ 软件模拟
必做/选做	☑ 必做　☐ 选做

二、实训目的和要求

《高级财务管理》（国际财务）是一门实践性很强的学科，因此在本课程内容中进行实训等实践性教学是课程必不可少的重要环节。通过本实训，旨在使学生巩固、应用所学理论，掌握国际资本预算的方法和决策。

三、知识准备

前期要求掌握的知识、相关理论：

熟练掌握企业国际资本预算的一般财务管理知识，而且要求学生事先掌握好与本课程相关的管理学、国际经济学、国际金融、相关经济法律等知识。

参考书：

1. 王建英、支晓强、袁淳：《国际财务管理学》，中国人民大学出版社 2007 年版。
2. 张延波：《高级财务管理》，中国广播电视大学出版社 2004 年版。

四、实训组织和安排

按照教学大纲要求，本次实训安排在国际投资管理课堂教学内容全部结束后进行，是对国际投资管理等相关知识体系的检查和整合。要求学生一人一组，实验分析前认真准备，写作报告和讨论中积极思考，完成后认真总结提高，并按要求上交案例分析报告及相关材料。

五、注意事项

1. 国际资本预算的主体选择。
2. 母子公司现金流量不同的各个影响因素。

六、实训结果提交方式

实训项目应按照要求写出规范的实训报告。每个实训项目的实训报告应填明课程名称、实训项目名称、班级、姓名、学号，根据实训项目具体内容不同，分别写明每个实训项目的实训目的、实训原理和步骤、实训内容及数据及实训结论、收获建议等。

七、实训考核方式和标准

参见"高级财务管理"实训大纲——考评标准。

八、实训材料

SPORTS 公司跨国投资案例

跨国公司资本预算是指经营者面对错综复杂的国际环境和东道国环境，以实现企业价值最大化为目标，通过建立资本预算体系对可供选择的各项国际投资项目的收益能力进行评估，并对其所需资金进行筹措的过程。国内企业资本预算的基本原理也适用于跨国公司，但跨国公司的资本预算更加复杂，有更多的问题需要考虑。

SPORTS 公司为一设在 A 国的跨国公司，为开拓海外市场，准备在 B 国建立一独资企业，以便生产和销售 B 国市场上急需的电子设备。SPORTS 公司内各部门被要求为该项资本预算分析提供相应的信息，收集的相关信息如下：

（1）该项目的固定资产需投资 12 000 万 B 元，另需垫支营运资金 3 000 万 B 元。采用直线法计提折旧，项目使用寿命为 5 年，5 年后固定资产残值预计为 2 000 万 B 元。5 年中，每年的销售收入为 8 000 万 B 元，付现成本第 1 年为 3 000 万 B 元，以后随设备折旧，逐年将增加修理费 400 万 B 元。

（2）B 国企业所得税税率为 30%，A 国企业所得税税率为 34%。如果 B 国子公司把税后利润汇回 A 国，则在 B 国缴纳的所得税可以抵减 A 国的所得税。

（3）B 国投资项目产生的税后净利可全部汇回 A 国，但折旧不能汇回，只能留在 B 国补充有关的资金需求。但 A 国母公司每年可从 B 国子公司获得 1 500 万 B 元的特许费及原材料的销售利润。

（4）A 国母公司和 B 国子公司的资本成本均为 10%。

（5）投资项目第 5 年底时出售给当地投资者继续经营，估计售价 9 000 万 B 元。

（6）在投资项目开始时，汇率为 800B 元/A 元。预计 B 元相对 A 元每年将以 3% 的速度贬值。因此，各年末的汇率预计详见表 8-6-1。

表 8-6-1　　　　　　　　　　B 元/A 元的汇率预计

年	计算过程	汇率（B 元/A 元）
0	—	800.00
1	$800 \times (1 + 3\%)$	824.00

年	计算过程	汇率（B 元/A 元）
2	$800 \times (1 + 3\%)^2$	848.72
3	$800 \times (1 + 3\%)^3$	874.18
4	$800 \times (1 + 3\%)^4$	900.41
5	$800 \times (1 + 3\%)^5$	927.42

资料来源：王化成：《财务管理教学案例》，中国人民大学出版社 2010 年版。

九、要求

1. 从 B 国子公司的角度评价该项投资的可行性。

2. 从 A 国母公司的角度评价该项投资的可行性。

3. 为什么以 B 国子公司和 A 国母公司为主体进行评价得出的结论不一致？请列举出主要原因。

4. 如果你是一位中立的分析师，那么你认为这项投资决策是应该站在子公司的角度还是母公司的角度判断其可行性？为什么？

实训 H007：避税天堂——英属维尔京群岛

一、实训名称和性质

实训名称	避税天堂——英属维尔京群岛
面向专业或课程	财务管理专业《高级财务管理》课程
实训学时分配	2
实训性质	☐调查　☑案例　☐软件模拟
必做/选做	☑必做　☐选做

二、实训目的和要求

《高级财务管理》（国际财务）是一门实践性很强的学科，因此在本课程内容中进行实训等实践性教学是课程必不可少的重要环节。通过本实训，旨在使学生巩固、应用所学理论，掌握国际避税地避税的基本知识。

三、知识准备

前期要求掌握的知识、相关理论：

熟练掌握企业国际税收管理的一般财务管理知识，而且要求学生在事先掌握好与本课程相关的管理学、国际经济学、国际金融、相关经济法律等知识。

参考书：

1. 王建英、支晓强、袁淳：《国际财务管理学》，中国人民大学出版社 2007 年版。
2. 张延波：《高级财务管理》，中国广播电视大学出版社 2004 年版。

四、实训组织和安排

按照教学大纲要求，本次实训安排在国际税收管理课堂教学内容全部结束后进行，是对国际税收管理等相关知识体系的检查和整合。要求学生一人一组，实验分析前认真准备，写作报告和讨论中积极思考，完成后认真总结提高，并按要求上交案例分析报告及相关材料。

五、注意事项

分析如此多的中国企业选择到维尔京群岛注册时，需关注中国国内的税收政策。另需注意各国对避税地的态度。

六、实训结果提交方式

实训项目应按照要求写出规范的实训报告。每个实训项目的实训报告应填明课程名称、实训项目名称、班级、姓名、学号，根据实训项目具体内容不同，分别写明每个实训项目的实训目的、实训原理和步骤、实训内容及数据及实训结论、收获建议等。

七、实训考核方式和标准

参见"高级财务管理"实训大纲——考评标准。

八、实训材料

避税天堂——英属维尔京群岛

位于加勒比海上的英属维尔京群岛是个面积只有 153 平方公里、人口 2.2 万人的弹丸之地，但就是这个弹丸之地，2003 年初却汇集了 50 多万家公司。近年来却一跃成为包括中国在内的许多国家吸引外商直接投资的重要来源地。那么，为什么越来越多的境外投资来自英属维尔京群岛？这与这里作为国际著名的避税港，实行低税制，有着宽松的商业环境，跨国公司可以通过这里避税等密切相关。

有人做过统计，这个小岛平均每个居民拥有近 20 家企业，一个篮球场的面积上就有一家公司。中国 2002 年的外资来源地中，英属维尔京群岛仅次于中国香港地区名列第二，超过了美国和日本。之所以有那么多公司愿意到一个自然资源匮乏的小岛上注册，是因为这里是世界上著名的"避税天堂"。为发展当地经济，该岛政府 1984 年通过了《国际商业公司法》，允许外国企业在本地设立"离岸公司"，并提供极为优惠的政策：在当地设立的公司除每年缴纳营业执照续牌费外，免交所有当地税项；公司无注册资本最低限制，任何货币都可作为资本注册；注册公司只需一位股东和董事，公司人员中也不必有当地居民；无须申报管理者资料，账目和年报也不必公开。

随着经济全球化的发展，跨国集团控股母公司通过其全球跨国经营取得越来越多的海外收益，当这些海外巨额收益分回控股母公司所在国时，尽管国与国之间有避免双重征税协定，但控股母公司仍需在其本国缴纳巨额的公司所得税。为了减轻纳税负担，控股母公司于是先在英属维尔京群岛等避税港建立一个外国子公司，然后，通过控股母公司与这家子公司间的股票购买、股票置换、资产转移等方式，使其母子法律关系颠倒，即这家外国子公司取代原来的控股母公司成为跨国集团新的外国控股母公司，从而使跨国集团公司的巨额海外收益可在其所在国的公司层面上免于纳税，从而达到合法避税的目的，这种公司重组行为称为"公司倒置重组"（Corporate Inversion）。

在这里设立公司的费用也很便宜。纽约一家专门提供避税地公司注册业务的中介公司"OFFSHOREINC"介绍，在英属维尔京设立注册资本在 5 万美元以下的公司，最低注册费为 300 美元，加上牌照费、手续费，当地政府总共收取 980 美元，此后每年只要交 600 美元的营业执照续牌费就可以了。这些优惠条件吸引了世界各地的公司来这里注册，目前，该岛注册的离岸公司大约有 35 万家，而且还以每月 2 000 家的速度增加。投资者主要来源于中国香港特别行政区、中南美洲国家、美国、加拿大、欧盟国家等。

据香港殷诚国际公司统计，2003 年初，50 多万家已在英属维尔京群岛注册的企业中，大约近 20 万家与中国企业有各种关联。有的实际上就是民营企业，通过在此注册摇身变为外资公司，得以享受国家对外资企业的税收优惠；还有一些读者耳熟能详的著名企业通过在此注册达到海外上市目的；此外，一些台湾企业为摆脱当局阻挠，先把资金转移到在英属维尔京注册的离岸公司，再绕道流入祖国大陆。

但是，由于这些离岸金融中心没有外汇管制，保密程度高，资金转移不受任何限制，所以也成为国际"洗钱"活动最猖獗的地方。据估计，每年大约有 5 000 亿～1.5 万亿美元的资金在这里通过"洗钱"改头换面。难怪在"9.11"事件后，一些人士批评这些地方为恐怖分子帮了大忙。2000 年 6 月 26 日，经合组织发布题为《认定和消除有害税收行为的进程》的报告，将 35 个国家和地区列入了避税地黑名单，英属维尔京群岛榜上有名。在国际压力下，英属维尔京最近对公司法进行了修改。新规则的变化主要有两处：一是将股票无记名制度取消，无记名股票必须由托管机构集中保管，公司必须把最终受益人的资料提供给官方；二是如果政府认为某个公司或账户涉嫌"洗"黑钱，当地最高法院发出搜查令后，离岸公司的资料必须公开。

深谙税务安排的罗伯特律师认为，英属维尔京修改规定实际是迫于压力摆出的姿态，其修改部分"十分高明"，企业只要改为发行记名股票就可避开托管规定的限制。至于账户和公司信息公开的规定则是有条件的，即确定有洗钱的嫌疑，且必须有搜查令，所以对守法的公司也不会造成太大的干扰。但他同时也认为，英属维尔京修改投资规定确实给其竞争对手一个赶超的机会。

除英属维尔京之外，全球著名的"避税天堂"还有很多，这些避税天堂都是很小的国家和地区，自然资源稀缺、经济基础薄弱，因此只好以放松管制来吸引投资。它们之间的竞争也很激烈，现在萨摩亚和伯利兹的条件已更为优厚，在萨摩亚注册一间公司只要 960 美元，所以"OFFSHOREINC"在向客户推荐时，给萨摩亚打五星级，伯利兹打四星级，而维尔京只有三星级。

　　权威人士告诉记者，英属维尔京是我国第二大外资来源地，在修改规定后，或许会使来自该岛的外资减少，但这并不会对我国吸引外资造成冲击。我们的主要外资来源地可能会冒出个伯利兹或萨摩亚来，只要我国的投资环境不发生变化，吸引外资的总体形势就不会受大的影响。

　　资料来源：《环球时报》，2003 年 6 月 12 日。

九、要求

1. 什么是避税地？国际上有名的避税地有哪些？
2. 为什么会有这么多的中国企业选择到维尔京群岛注册？
3. 通过避税地避税的具体实现机制是什么？
4. 谈谈避税地的积极和消极作用？

第九章　《计算机财务管理》课程实验

I000：《计算机财务管理》实验教学大纲

课程代码：1102533009

开课学期：7

开课专业：财务管理

总学时/实验学时：48/24

总学分/实验学分：2.5/0.75

实验室名称：经济管理实验中心

一、课程简介

本课程是财务管理专业的一门专业方向课。通过本课程的学习，要求学生掌握 Excel 软件的 5 项高级功能，即数据处理、报表和图表、假设分析、统计分析和预测分析；同时通过对大量案例的分析，要求学生了解和熟悉 Excel 软件在财务预测、投资决策、融资决策、流动资金管理和控制财务预算、财务分析等方面的应用。

二、实验的地位、作用和目的

《计算机财务管理》是一门实践性很强的学科，因此 Excel 电子表格软件的实际操作运用是课程必不可少的重要环节。只有通过实践，才能巩固、应用所学理论。通过本实验，借助多媒体教学工具的教学演示和学生在实验室内的上机操作，学生应能够掌握Excel 电子表格软件的 5 项高级功能，即数据处理、报表和图表、假设分析、统计分析和预测分析，并初步运用相关功能较熟练地解决财务预测、投资决策、融资决策、流动资金管理和控制财务预算、财务分析等方面问题。

三、实验方式与基本要求

本实验应尽量利用现代先进教学手段，实验过程要求人手一机，按教学班级组织实验，通过准备、集中演示、个别辅导、阶段总结、实验报告、期末考核等方式，全部在管理综合实验室内完成相应的实验任务。并要求学生实验前认真准备，操作中积极思考，完成后认真总结提高，并按要求上交结果及相关材料。

四、报告与考核

本实验完成后由学生自主形成实验报告，由教师考核评价，课内实验考核成绩按30%

记入期末成绩，单列实验考核成绩单独计算。在考核过程中可也可采用考试系统进行考核，并兼顾每次实验的实验质量与实验效果。各实验项目成绩平均分布，各占 10%。

五、设备及器材材料配置

1. 实验过程要每位学生均配备计算机。
2. 安装 Excel 电子表格软件。
3. 实验资料。

六、实验指导书及主要参考书

1. 《财务管理专业实验（实训）指导书》。
2. 陈玉珍：《财务管理学实验》，科学出版社 2002 年版。
3. 肖淑芳、吴仁群：《Excel 财务量化分析》，中国人民大学出版社 2003 年版。
4. 王晓民：《Excel 高级应用——金融财务》，机械工业出版社 2003 年版。
5. 张瑞君：《计算机财务管理》，中国人民大学出版社 2007 年版。

七、实验项目与内容提要

序号	实验名称	目的要求、内容提要	每组人数	实验学时	实验类型	必做选做	评分权重	所在实验分室
1	创建工作簿和工作表	Excel 的各种功能和基本操作	1	2	验证	必做	10%	
2	Excel 函数	Excel 函数的运用	1	2	验证	必做	10%	
3	ABC 厂投资决策	财务函数在投资决策中的应用	1	2	验证	必做	10%	
4	风险投资决策	利用查找函数，熟悉风险投资决策中肯定当量法的运用	1	2	验证	必做	10%	
5	企业长期投资决策	利用财务决策指标进行投资项目可行性分析的方法	1	4	验证	必做	10%	
6	资金需要量的预测	掌握资金需要量预测的销售百分比法	1	2	验证	必做	10%	管理综合实验室
7	筹资决策综合分析	熟悉和掌握资本成本计算、各种筹资方式的优缺点，财务风险分析以及筹资决策的方法	1	2	验证	必做	10%	
8	全面预算	利用 Excel 电子表格，作出预算，提供理财效率	1	4	验证	必做	10%	
9	存货经济订货量决策	掌握经济订货量的计算；利用规划求解，掌握扩展的经济订货量—陆续供应模型的应用	1	2	综合	必做	10%	
10	企业并购决策分析	利用 Excel 对企业并购决策过程进行财务分析	1	2	验证	必做	10%	

实验 I001：创建工作簿和工作表

一、实验名称和性质

所属课程	计算机财务管理
实验名称	创建工作簿和工作表
实验学时	2
实验性质	☐ 验证　☐ 综合　☑ 设计
必做/选做	☑ 必做　☐ 选做

二、实验目的

电子表格编辑与运算是计算机财务管理的基础。通过该实验使学生掌握运用 Excel 的编辑与运算功能创建财务管理工作簿与工作表，为后续深度实验做准备。

三、实验的软硬件环境要求

硬件环境要求：

单机，不需要上 Internet 网。

使用的软件名称、版本号以及模块：

Windows Xp 操作系统，Excel 2003。

四、知识准备

前期要求掌握的知识：

1. 有关财务报表编制的基础知识。

2. Excel 基本操作。

实验相关理论或原理：

根据科目余额表编制资产负债表。

实验流程：

1. 新增一张"资产负债表"。

2. 根据科目余额表和利润表相关资料编制"ABC 公司资产负债表"。

五、实验材料和原始数据

表 9 - 1 - 1 　　　　　　　　　　ABC 公司科目余额表

2008 年 12 月 31 日 　　　　　　　　　单位：元

科目名称	借方余额	贷方余额	科目名称	借方余额	贷方余额
库存现金	12 217.08		原材料	140 784.67	
银行存款	337 912.30		产成品	179 314.92	
其他货币资金	2 816.00		长期投资	170 251.67	
短期投资	3 467.50		固定资产	3 190 650.79	
应收票据	137 501.93		累计折旧		818 262.27
应收账款	236 548.02		在建工程	179 013.41	
预付账款	1 637.34	3 250.00	无形资产	23 968.40	
其他应收款	66 922.06		短期借款		661 930.00
材料采购	15 781.57		应付账款	6 750.00	96 050.76
其他应付款		377 230.75	应付债券		64 037.15
应付职工薪酬		1 679.78	少数股东权益		492 882.20
应交税费		4 323.82	股本		782 687.50
其他应交款		4 533.24	资本公积		657 976.77
预提费用		849.5	盈余公积		107 548.86
长期借款	403 427.8		未分配利润		230 799.24
			生产成本	1 932.00	

六、实验要求和注意事项

1. 将资产负债表放在"利润表"之前。

2. 日期栏的单元格属性定义为"年月日"。

3. 表中各项目栏的单元格属性定义为"文本"。

4. 金额栏定义为"数值"型格式，要求使用千分位分隔符，保留两位小数，数据右对齐。

5. 资产负债表中的数据要求从实验一"科目余额表"中获取原始数据或计算填列。

6. 有关合计数要求用 SUM 函数计算。

七、实验成绩评价标准

1. 增加资产负债 10 分。

2. 日期栏的单元格属性 10 分。

3. 表中各项目栏的单元格属性 10 分。

4. 金额栏格式 10 分。

5. 从"科目余额表"中获取原始数据或计算填列资产负债表 40 分。

6. 用 SUM 函数计算有关合计数 20 分。

实验 I002：Excel 函数

一、实验名称和性质

所属课程	计算机财务管理		
实验名称	Excel 函数		
实验学时	2		
实验性质	☑ 验证	☐ 综合	☐ 设计
必做/选做	☑ 必做	☐ 选做	

二、实验目的

Excel 中提供的常用函数是应用电子报表软件从事财务管理的基础。熟练掌握常用函数才能顺利完成后续综合性实验项目的学习。

三、实验的软硬件环境要求

硬件环境要求：

单机，不需要上 Internet 网。

使用的软件名称、版本号以及模块：

Windows Xp 操作系统，Excel 2003。

四、知识准备

前期要求掌握的知识：

1. 资金时间价值。

2. 固定资产折旧。

3. 财务预测。

实验相关理论或原理：

1. 现值、终值、年金、期数和折现率之间存在密切的联系。

$$pmt \times (1 + rate \times type) \times \left[\frac{(1 + rate)^{nper} - 1}{rate} \right] + pv \times (1 + rate)^{nper} + fv = 0$$

2. 固定资产折旧方法有：年限平均法、年数总和法、双倍余额递减法等。

3. 财务预测的方法有：高低点法、最小二乘法、回归分析等。

实验流程：

1. 运用所学年金函数、折旧函数完成相关计算。

2. 销售收入预测。

五、实验材料和原始数据

1. 实验内容。

（1）某工厂购买了一台新设备，价值为 240 000 元，使用期限为 10 年，残值为 30 000 元。要求：用双倍余额递减法（DDB、VDB 函数）、年数总和法以及直线法计算各年折旧。（结果保留两位小数）

（2）保险公司业务员推销一项保险年金，该保险购买成本为 60 000 元，可以在今后 20 年内于每月末回报 500 元，假定现在银行存款利率为 8%，问这笔投资是否值得？假定银行存款利率预计要调整为 6%，问这笔投资是否值得？

（3）企业欲设立一项偿债基金，每月初存入 20 000 元，假设存款年利率为 5%，问 3 年后，该项基金应该有多少？

（4）企业欲投资 300 万元开办一家会员俱乐部，预计建设起为一年，建成后未来 5 年内各年的净收入分别为 50 万元、80 万元、100 万元、120 万元、80 万元。假定每年的贴现率是 6%。计算该项投资的净现值。

（5）某科研所计划开办一家信息咨询公司，估计需要 70 000 元的投资，并预计今后五年的净收益为：12 000 元、15 000 元、18 000 元、21 000 元和 2 200 元。计算该项投资的内部收益率。

2. 天天公司 2004~2010 年的销售额如表 9-2-1 所示。

表 9-2-1

年份	销售收入（万元）
2004	200
2005	220
2006	260
2007	320
2008	340
2009	360
2010	380

假定该公司的销售净利率约为 18%，请预测 2011 年的销售收入和净利润。

六、实验要求和注意事项

1. 熟练掌握年金函数、折旧函数。

2. 运用统计分析函数，进行销售收入预测。

（1）据预测方法对实验数据进行处理。

（2）用统计函数分别预测斜率和截距。

（3）形成一元线性回归方程。

七、实验成绩评价标准

1. 实验内容第一部分，每个项目 10 分。

2. 实验内容第二部分。

（1）据预测方法对实验数据进行处理 10 分。

（2）用统计函数分别预测斜率和截距 20 分。

（3）形成一元线性回归方程 20 分。

实验 I003： ABC 厂投资决策

一、实验名称和性质

所属课程	计算机财务管理
实验名称	ABC 厂投资决策
实验学时	2
实验性质	☑验证 □综合 □设计
必做/选做	☑必做 □选做

二、实验目的

进一步熟悉 Excel 提供的财务函数在投资决策中的应用。

三、实验的软硬件环境要求

硬件环境要求：

单机，不需要上 Internet 网。

使用的软件名称、版本号以及模块：

Windows Xp 操作系统，Excel 2003。

四、知识准备

前期要求掌握的知识：

1. NPV 和 IRR 函数。

2. 通货膨胀相关知识。

3. 投资决策。

实验相关理论或原理：

该实验根据原方案的预测值，在考虑通货膨胀因素后，重新计算其现金流量，再根据投资决策指标进行项目可行性评价。

实验流程：

1. 根据物价变动对各因素的影响，重新计算投资项目的现金流量。

2. 根据物价变动后的贴现率计算方案净现值和内含报酬率，对方案予以新的评价。

五、实验材料和原始数据

ABC 厂为扩大生产能力，准备新建一条生产线。经过调查研究后，得到如下有关资料：

该生产线的总投资额为 600 万元。其中，固定资产投资 500 万元，分两年投入。第一年年初投入 450 万元，第二年年初投入 50 万元。第二年年末项目完工可正式投产使用。投产后每年产量 20 000 件，平均售价为每件 400 元。每年可获得销售收入 800 万元。投资项目可使用 8 年。8 年后可获残值 20 万元。直线法计提折旧。项目经营期初需垫支流动资金 100 万元。

该项目生产的产品年生产成本构成为：材料费用 200 万元，人工费用 350 万元，制造费用 100 万元（其中：折旧 60 万元），共计 650 万元。该厂投资报酬率为 12%，所得税税率为 25%。初步的可行性分析见表 9 – 3 – 1、表 9 – 3 – 2。

表 9 – 3 – 1　　　　　　　　　　投资项目营业现金流量计算　　　　　　　　　单位：万元

时间 项目	1	2	3	4	5	6	7	8
销售收入	800	800	800	800	800	800	800	800
付现成本	590	590	590	590	590	590	590	590
折旧费用	60	60	60	60	60	60	60	60
税前利润	150	150	150	150	150	150	150	150
所得税（T＝25%）	37.5	37.5	37.5	37.5	37.5	37.5	37.5	37.5
净利润	112.5	112.5	112.5	112.5	112.5	112.5	112.5	112.5
现金流量	172.5	172.5	172.5	172.5	172.5	172.5	172.5	172.5

表 9 – 3 – 2　　　　　　　　　　投资项目现金流量计算　　　　　　　　　　单位：万元

时间 项目	建设期			投产期							
	0	1	2	3	4	5	6	7	8	9	10
初始投资	－450	－50									
垫支流动资金			－100								
营业现金流量				172.5	172.5	172.5	172.5	172.5	172.5	172.5	172.5
设备残值											20
收回流动资金											100
现金流量合计	－450	－50	－100	172.5	172.5	172.5	172.5	172.5	172.5	172.5	292.5

初步分析结果是方案可行。但在讨论可行性报告时，企业有关部门提出了以下意见：

（1）未来 10 年间将会发生通货膨胀，预计通货膨胀率为 10%。

（2）由于受物价变动的影响，初始投资将增加 10%。

（3）由于物价变动的影响，材料费用每年将增加 7%，人工费用也将每年增加 8%。

（4）扣除折旧后的制造费用，每年将增加 6%，设备残值将增加到 70 万元，可收回的流动资金预计为 120 万元。

（5）产品的销售价格预计每年可增加 8%。

改编自：陈玉珍：《财务管理学实验》，科学出版社 2002 年版。

六、实验要求和注意事项

根据提出的意见，对投资方案可行性重新予以评价。

七、实验成绩评价标准

1. 重新计算投资项目的现金流量，每年现金流量 5 分，共 40 分。
2. 各年通货膨胀贴水 5 分，共 40 分。
3. 计算方案净现值和内含报酬率 10 分。
4. 对方案予以新的评价 10 分。

实验 I004：风险投资决策

一、实验名称和性质

所属课程	计算机财务管理
实验名称	风险投资决策
实验学时	2
实验性质	☐验证　☐综合　☑设计
必做/选做	☑必做　☐选做

二、实验目的

利用 Excel 电子表格，熟悉风险投资决策中肯定当量法的运用。

三、实验的软硬件环境要求

硬件环境要求：
单机，不需要上 Internet 网。
使用的软件名称、版本号以及模块：
Windows Xp 操作系统，Excel 2003。

四、知识准备

前期要求掌握的知识：
1. 期望值、标准离差、标准离差率的计算。

2. 风险投资决策相关知识。

3. 风险调整现金流量法。

实验相关理论或原理：

肯定当量法是指在风险投资决策中，用一个当量系数把有风险的现金流量调整为无风险的现金流量，然后用净现值法或内含报酬率法进行方案评价。

实验流程：

1. 计算期望值。

2. 计算标准离差。

3. 计算标准离差率。

4. 选择肯定当量系数。

5. 计算无风险现金流量。

6. 根据无风险现金流量计算 NPV、IRR。

五、实验材料和原始数据

ABC 公司拟进行一项投资，根据市场调查，现有 A、B、C 三个投资方案可供选择。各方案的投资额、预计的现金流量及其概率分布如表 9 – 4 – 1 所示。

表 9 – 4 – 1

方案	T	CFAT	概率 Pi	CFAT	概率 Pi	CFAT	概率 Pi
A	0	– 5 000	1.00				
	1	3 000	0.25	2 000	0.50	1 000	0.25
	2	4 000	0.20	3 000	0.60	2 000	0.20
	3	2 500	0.30	2 000	0.40	1 500	0.30
B	0	– 10 000	1.00				
	1	6 000	0.5	3 500	0.3	2 500	0.2
	2	3 000	0.25	2 500	0.40	2 000	0.35
	3	6 000	0.20	4 000	0.60	3 000	0.20
C	0	– 8 000	1.00				
	1	6 000	0.40	2 500	0.30	2 000	0.30
	2	5 400	0.50	4 500	0.30	2 300	0.20
	3	3 000	0.10	4 000	0.80	5 000	0.10

其标准离差率与肯定当量系数经验关系如表 9 – 4 – 2 所示。

表 9－4－2　　　　　　　　　　　标准离差率与肯定当量系数经验关系

标准离差率	上限	0.00	0.08	0.16	0.24	0.33	0.43	0.55
	下限	0.07	0.15	0.23	0.32	0.42	0.54	0.70
肯定当量系数		1.00	0.90	0.80	0.70	0.60	0.50	0.4

六、实验要求和注意事项

根据上述资料对各投资项目的风险进行评估，选择最优项目。

七、实验成绩评价标准

1. 计算期望值 15 分。
2. 计算标准离差 15 分。
3. 计算标准离差率 15 分。
4. 选择肯定当量系数 15 分。
5. 计算无风险现金流量 15 分。
6. 根据无风险现金流量计算 NPV、IRR，并选择最优项目 25 分。

实验 I005：　企业长期投资决策

一、实验名称和性质

所属课程	计算机财务管理
实验名称	企业长期投资决策
实验学时	4
实验性质	☐验证　☐综合　☑设计
必做/选做	☑必做　☐选做

二、实验目的

掌握利用 Excel 提供的财务决策指标进行投资项目可行性分析的方法。

三、实验的软硬件环境要求

硬件环境要求：

单机，不需要上 Internet 网。

使用的软件名称、版本号以及模块：

Windows Xp 操作系统，Excel 2003。

四、知识准备

前期要求掌握的知识：

1. NPV、IRR 函数的运用。

2. 现金流量的基本原理、时间价值、风险、资金成本等财务管理理论。

3. 投资决策的方法、经济效益评价的方法。

实验相关理论或原理：

本实验将财务管理的筹资决策与投资决策两部分主要内容联系起来，分析过程中要运用现金流量的基本原理、时间价值、风险、资金成本等财务管理理论，除涉及投资决策的方法、经济效益评价的方法，还将宏观分析与微观分析方法相结合。

实验流程：

1. 填制车流量表。

2. 填制收入表。

3. 填制折旧表。

4. 填制成本表。

5. 填制还本付息表。

6. 填制利润表。

7. 填制现金流量表。

8. 填制国民经济效益流量表。

五、实验材料和原始数据

1. 项目概况。

拟建的广远路，西起新市的东花路，东止萧山市的朝阳路，为国内建设的收费城市主干道的经营项目，全路段长 30 公里，双向 6 车道，其中互通式立交桥 2 座，分离式立交桥 8 座，人行天桥 7 座。本项目其他工程及沿线设施包括交通安全设施、服务设施、环境保护设施、收费站、办公用房和生活用房等。其中，收费站（点）36 处，办公用房 4 500 平方米。本项目需征地 2 578 亩，拆迁房屋、建筑物 190 235 平方米，管线拆迁 96 686 米。

2. 基本资料。

（1）基础数据说明。

①本项目按一次建成投入运营进行各项财务指标计算。

②项目的建设期为 3 年，从第四年开始投入运营，运营期按 25 年计，项目分析计算期为 28 年。

（2）项目总投资估算如表 9 – 5 – 1 所示。

表 9 - 5 - 1　　　　　　　　　　项目总投资估算　　　　　　　　　单位：万元

投资估算总金额	160 858
其中：	
1. 固定资产投资	160 658
第一部分：建筑安装工程费用	70 790
第二部分：设备、工具、器具购置费	6 836
第三部分：工程建设其他费用	71 532
其中：建设期利息	11 050
第四部分：预留费用	11 500
2. 铺底流动资金	200
每公里造价	5 361.93

（3）资金筹措与运用。

①资金筹措。本项目为政府投资项目，通过组建国有公司经营。项目总投资为 160 858 万元，自有资金 60 718 万元，占项目总投资的 37.75%；借贷资金 100 140 万元，占项目总投资的 62.25%。其中，向国家开发银行贷款 60 000 万元，占总投资的 37.3%，借款年利率按 6.36% 计算；其余款项为商业银行贷款，计 40 140 万元，占总投资的 24.95%。商业银行贷款中包括：基建借款 40 000 万元，年利率 6.71%；流动资金借款 140 万元，贷款利率 4.36%。借款利息每年年末偿还。

②资金运用。本项目建设期为 3 年，根据建设内容，资金分年投入的比例分别为 20%、30% 和 50%。本金归还从税后利润及提取折旧基金偿还。投资计划与资金筹措如表 9 - 5 - 2 所示。

表 9 - 5 - 2　　　　　　　　　　　　资金筹措　　　　　　　　　　　单位：万元

序号	项　　目	合　计	建设期			运营期		
			1998	1999	2000	2001	2002	2003
	资金分年度使用计划（%）		20	30	50			
1	总投资	160 858	32 132	48 197	80 329	200		
1.1	固定资产投资	149 608	29 922	44 882	74 804			
1.2	固定资产投资方向调节税							
1.3	建设期利息	11 050						
1.4	流动资金	200				200		
2	资金筹措	160 858	32 132	48 197	80 329	200		
2.1	自有资金	60 718	11 222	18 132	31 304	60		
	其中：注册资金	12 000						

序号	项 目	合 计	建设期			运营期		
			1998	1999	2000	2001	2002	2003
2.1.1	用于固定资产投资	49 608	9 922	14 882	24 804			
2.1.2	流动资金	60				60		
2.1.3	偿还建设期利息	11 050						
2.2	借款	100 140	20 000	30 000	50 000	140		
2.2.1	长期借款	100 000	20 000	30 000	50 000			
2.2.2	流动资金借款	140				140		
2.2.3	其他短期借款							
2.3	其他							

　　3. 财务评价资料。

　　（1）运营收入及税金测算。财务收入来源只考虑车流量因素。其他如广告牌收入、加油站收入等由于收益较小且较难量化，故财务分析过程未予考虑。车流量预测结果见表9－5－3。车辆收费按每辆标准车（设当量系数等于1的车型为标准车）每公里0.8元计，营业税率为营业收入的3%，教育附加费按营业税额的3%计，城市维护建设税按营业税额的7%计。

表9－5－3　　　　　　　　　　　　　　车流量预测　　　　　　　　　　　单位：万辆/年

年份	小客车	摩托车	出租车	大、中客车	小货车	大货车	合计
2001	146	127	51	42.5	86.5	102	555
2002	153	125.5	53.5	44.5	91.5	103	571
2003	160	123.5	56.5	47	96.5	104.5	588
2004	167	121.5	59.5	49.5	101.5	105.5	604.5
2005	174.5	119	67	52	107	106.5	626
2006	183.5	117.5	66	55	113.5	108.5	644
2007	199	112.5	70	58.5	119	110	669
2008	215.5	107	74	61.5	124.5	112	694.5
2009	232	100.5	78	65	130	113.5	719
2010	249.5	84	82	68.5	135.5	115	734.5
2011	265.5	85.5	85.5	71.5	140	115	763
2012	278	78.5	89	73	144.5	116.5	779.5
2013	291	71.5	93	74.5	149.5	118	797.5

续表

年份	小客车	摩托车	出租车	大、中客车	小货车	大货车	合计
2014	304.5	64	96.5	76	154	119	814
2015	306	46	98	77.5	159	120.5	807
2016	333	47.5	104.5	79	164	122	850
2017	348	44.5	107	82.5	168	121	871
2018	363.5	41.5	109.5	86	171.5	119.5	891.5
2019	379.5	38.5	111.5	89.5	175.5	118.5	913
2020	359.5	33	112.5	93	179	117	894
2021	413.5	32	116.5	97	183	115.5	957.5
2022	427.5	30.5	119.5	99.5	189.5	115.5	982
2023	442	29	122	102	196	115.5	1006.5
2024	456	27	125	104	202	115	1029
2025	457	25.5	127	102.5	204.5	93	1009.5

（2）总成本估算。

①折旧与摊销费用估算。建筑安装工程折旧年限按 25 年计，残值率取 10%，机器设备及其他固定资产折旧按 10 年计，残值率取 5%。本项目没有无形资产和递延资产摊销。

②电力消耗费用根据供电局的标准按 0.8 元/千瓦计算，计 252 万元。

③本项目工程共需要人工 5 262 836 个工日，经测算营运起始年工资基数按每年 630 万元计。以后各年工资额按 3% 的幅度增长。

④维护保养费按 3 倍的公路养护成本计。

⑤计提大修理基金：按每 10 年进行一次大修，大修费用按路面造价的 1/4 计提。以后各年大修基金额随车流量的增减变化而变化。

⑥财务费用包括长期借款利息和流动资金借款利息。

根据以上基础数据和资料，对项目年总成本进行估算，结果如表 9 - 5 - 4 所示。

表 9 - 5 - 4　　　　　　　　　　　　成本预测　　　　　　　　　　　　单位：万元

年	月	1 电	2 工资和福利	3 维护保养费	4 大修理基金	5 折旧费	6 摊销费	7 财务费用	8 其他费用	9 总成本	10 经营成本
2001	4	252	630	106	478				306		
2002	5	252	649	111	488				315		
2003	6	252	668	116	497				325		
2004	7	252	688	121	507				334		

续表

年	月	1 电	2 工资和福利	3 维护保养费	4 大修理基金	5 折旧费	6 摊销费	7 财务费用	8 其他费用	9 总成本	10 经营成本
2005	8	252	709	126	517				344		
2006	9	252	730	131	528				355		
2007	10	252	752	136	538				365		
2008	11	252	775	141	549				376		
2009	12	252	798	146	560				388		
2010	13	252	822	151	571				399		
2011	14	252	847	156	583				411		
2012	15	252	872	161	594				424		
2013	16	252	898	166	606				436		
2014	17	252	925	171	618				449		
2015	18	252	953	176	631				463		
2016	19	252	982	181	643				477		
2017	20	252	1011	186	656				491		
2018	21	252	1041	191	669				506		
2019	22	252	1073	196	683				521		
2020	23	252	1105	201	696				537		
2021	24	252	1138	206	710				553		
2022	25	252	1172	211	724				569		
2023	26	252	1207	216	739				586		
2024	27	252	1243	221	754				604		
2025	28	252	1281	226	769				622		

（3）利润估算。根据总成本费用估算表和运营收入及税金估算表，编制本项目的利润表。本项目所得税率为25%，还款期间不提盈余公积金和公益金。贷款还完后可按税后利润的10%、5%提盈余公积金和公益金。

（4）本项目产生的社会效益如表9－5－5所示。

（5）其他有关资料。1年期存款利率为4.77%，按年付息的商业贷款利率为6.93%，1年期国债利率6.5%。

表 9 - 5 - 5　　　　　　　　　**国民经济效益流量预测**　　　　　　　单位：万元

序号		1	1.1	1.2	1.3	1.4	2	3
年份		项目间接效益	运输成本节约效益	乘客在途时间节约效益	货物在途时间节约效益	减少拥挤的效益	项目间接费用	净效益流量(1~2)
建设期	1998							
	1999							
	2000							
投产期	2001	8 456	2 122.79	2 834.64	3 490.38	7.92		8 455.7
	2002	9 296	2 323.35	2 959.92	4 004.28	8.28		9 295.8
	2003	10 183	2 535.03	3 088.62	4 550.94	8.64		10 183
	2004	11 171	2 770.15	3 221.28	5 170.68	9		11 171
	2005	12 202	3 015.36	3 357.72	5 819.4	9.54		12 202
	2006	13 298	3 298.27	3 524.22	6 465.96	9.9		13 298
	2007	14 604	3 610.22	3 701.34	7 282.44	10.44		14 604
	2008	16 042	3 952.8	3 883.5	8 195.04	10.98		16 042
	2009	17 515	4 303.75	4 071.06	9 129.24	11.34		17 515
	2010	19 125	4 686.44	4 264.02	10 162.8	11.88		19 125
	2011	21 248	5 199.44	4 539.42	11 496.24	12.6		21 248
	2012	23 604	5 767.52	4 821.66	13 001.58	13.5		23 604
	2013	26 068	6 361.47	5 121.18	14 570.64	14.58		26 068
	2014	28 812	7 021.35	5 439.24	16 335.72	15.66		28 812
	2015	31 874	7 755.91	5 777.28	18 324	16.74		31 874
	2016	33 449	8 119.33	5 892.12	19 420.2	17.1		33 449
	2017	35 334	8 554.41	6 005.7	20 756.88	17.1		35 334
	2018	37 319	9 012.44	6 118.38	22 170.96	17.1		37 319
	2019	39 114	9 426.67	6 230.34	23 439.78	17.1		39 114
	2020	40 982	9 857.86	6 341.22	24 766.2	17.1		40 982
	2021	43 065	10 338:6	6 446.88	26 262.9	17.1		43 065
	2022	44 695	10 714.7	6 549.48	27 413.82	17.28		44 695
	2023	46 365	11 100	6 649.38	28 598.04	17.46		46 365
	2024	48 074	11 494.4	6 746.58	29 815.74	17.46		48 074
	2025	49 825	11 898.5	6 841.08	31 067.82	17.64		49 825

资料来源：陈玉珍：《财务管理学实验》，科学出版社 2002 年版。

六、实验要求和注意事项

要求学生熟悉企业长期投资决策过程，利用案例提供的基本资料及 Excel 软件提供的财务函数（净现值和内部报酬率）对该项目的可行性进行评价。

七、实验成绩评价标准

1. 填制车流量表 10 分。
2. 填制收入表 10 分。
3. 填制折旧表 10 分。
4. 填制成本表 15 分。
5. 填制还本付息表 15 分。
6. 填制利润表 15 分。
7. 填制现金流量表 15 分。
8. 填制国民经济效益流量表 10 分。

实验 I006：资金需要量的预测

一、实验名称和性质

所属课程	计算机财务管理
实验名称	资金需要量的预测
实验学时	2
实验性质	☐验证 ☐综合 ☑设计
必做/选做	☑必做 ☐选做

二、实验目的

旨在使学生利用 Excel，掌握资金需要量预测的销售百分比法，并进一步巩固财务和会计中有关筹资和财务预测的知识。

三、实验的软硬件环境要求

硬件环境要求：
单机，不需要上 Internet 网。
使用的软件名称、版本号以及模块：
Windows Xp 操作系统，Excel 2003。

四、知识准备

前期要求掌握的知识：

1. 销售百分比法。

2. 筹资渠道。

实验相关理论或原理：

本实验主要涉及筹资渠道、销售百分比法等理论和方法，可采用如图 9 - 6 - 1 所示的流程。

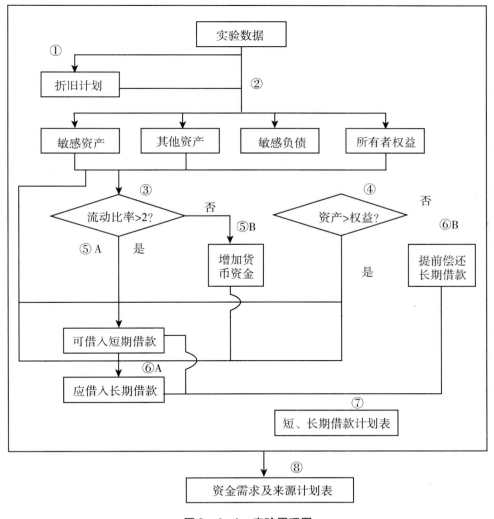

图 9 - 6 - 1　实验原理图

实验流程：

1. 编制折旧计算表。

2. 编制预计资产负债表。

3. 编制短、长期借款还款计划表。

4. 编制资金需求和来源计划情况表。

五、实验材料和原始数据

XYZ 集团公司拟采用销售百分比法确定 2005～2009 年的资金需要量计划，有关资料见表 9－6－1～表 9－6－3。

表 9－6－1　　　　　　　　　**XYZ 集团公司 2004 年年末资产负债表**　　　　　单位：万元

资　产	期末数	负债及所有者权益	期末数
流动资产：		流动负债：	
货币资金	18 000	短期借款	2 500
应收账款	5 000	应付账款	1 000
减：坏账准备	30	预收账款	600
应收账款净额	5 000	其他应付款	7 750
其他应收款	17 500	应付职工薪酬	6 000
存货	2 500	应交税费	300
流动资产合计	48 030	流动负债合计	18 150
长期投资：		长期负债：	
长期投资	35 000	长期借款	34 000
固定投资：		长期负债合计	34 000
固定资产原价	78 000	负债合计	52 150
减：累计折旧	11 000	所有者权益：	
固定资产净值	67 000	实收资本	23 000
固定资产清理	150	资本公积	73 230
在建工程		盈余公积	4 600
固定资产合计	67 150	未分配利润	1 200
无形及其他资产：		所有者权益合计	102 030
无形资产	1 000		
其他资产	3 000		
无形及其他资产合计	4 000		
资产总计	154 180	负债及所有者权益总计	154 180

表 9－6－2　　　　　　**XYZ 集团公司 2005～2009 年营业收入和净利计划**　　　　单位：万元

年　份	2005	2006	2007	2008	2009
营业收入	48 400	54 600	62 400	70 000	78 000
净利	1 680	3 020	3 800	4 400	5 200

表 9－6－3　　　　　　**XYZ 集团公司 2005～2009 年固定资产投资计划**　　　　单位：万元

年　份	2005	2006	2007	2008	2009
营业设备	1 000	1 000	1 000	1 000	1 000
房屋及建筑物	6 000	6 000	5 500	6 000	6 300
合计	7 000	7 000	6 500	7 000	7 300

假定：固定资产投资均为一次性投入，假定当年投资按全年计提折旧；房屋建筑物折旧率为 4%，营业设备折旧率为 6.5%。

其他资料有：

（1）该公司 2004 年实现营业收入 43 000 万元；

（2）计划期间的净利全部留用为未分配利润，计划期固定资产无报废情况；2004 年年末固定资产原值中房屋建筑物为 41 000 万元，营业设备为 37 000 万元；

（3）计划 2005 年和 2009 年对外长期投资各为 5 000 万元；

（4）2004 年年末其他应收款占用较多，其中部分为不合理占用，计划期间其他应收款占营业收入的比例在 2004 年年末的基础上逐年下降 5%；

（5）计划期间流动比率要求保持在 2∶1 以上；在流动比率能达到要求时，货币资金维持在 2004 年水平，若流动比率达不到要求，则要求增加货币资金；

（6）现有长期借款于 2007 年到期，可提前偿还。

改编自：陈玉珍：《财务管理学实验》，科学出版社 2002 年版。

六、实验要求和注意事项

1. 编制 YZ 集团公司 2001～2005 年预计资产负债表。
2. 编制 YZ 集团公司 2001～2005 年资金需求及来源表。
3. 讨论确定外部筹资额时为什么要考虑折旧的因素？
4. 如果每年的营业活动现金流入不正常，对外部筹资额有什么影响？

七、实验成绩评价标准

1. 编制折旧计算表 10 分。
2. 编制预计资产负债表 40 分。
3. 编制短、长期借款还款计划表 20 分。
4. 编制资金需求和来源计划情况表 30 分。

实验 I007：筹资决策综合分析

一、实验名称和性质

所属课程	计算机财务管理
实验名称	筹资决策综合分析
实验学时	2
实验性质	☐验证　☐综合　☑设计
必做/选做	☑必做　☐选做

二、实验目的

熟悉和掌握资本成本计算、各种筹资方式的优缺点，财务风险分析以及筹资决策的方法。

三、实验的软硬件环境要求

硬件环境要求：

单机，不需要上 Internet 网。

使用的软件名称、版本号以及模块：

Windows Xp 操作系统，Excel 2003。

四、知识准备

前期要求掌握的知识：

1. 偿债能力、获利能力、资本成本等相关财务指标的计算。

2. 筹资渠道。

3. 不同筹资方式的优缺点。

实验相关理论或原理：

筹资方式的选择是筹资决策的基本内容。决策时要从财务风险、资本成本、股东利益以及有关限制条件等诸多方面进行综合考虑、权衡利弊得失，最后作出决策。

实验流程：

1. 编制利息计算表——借款。

2. 编制利息计算表——股票筹资。

3. 编制预计利润表——借款。

4. 编制预计利润表——股票。

5. 编制预计资产负债表——借款。

6. 编制预计资产负债表——股票。

7. 编制有关财务指标表——借款。

8. 编制有关财务指标表——股票。

9. 编制资本成本和公司价值表——借款。

10. 编制资本成本和公司价值表——股票。

五、实验材料和原始数据

2010 年年初，天台公司管理层研究公司资金筹措问题，其有关情况如下：

1. 基本情况。

公司计划在今后 5 年中，使销售收入成倍增长。为了达到这一目标，公司必须扩大生产规模，计划新建一家分厂，到 2012 年年末，使生产能力翻一番。分厂直接投资需要 800 万元，其中，2011 年投资 500 万元，2012 年投资 300 万元。此外，需要 50 万元的资金整修和装备现有的厂房和设备，300 万元的流动资金弥补生产规模扩大而引起的流动资金的不足。这三项合计共需资金 1 150 万元。在未来几年中，通过公司内部留用利润和提高流动资金利用效果，可解决 350 万元资金，但此外的 800 万元资金必须从外部筹措。

2. 财务状况。

天台公司 2009 年年末有长期借款 85 万元，其中 10 万元在 1 年内到期，年利率为 5.5% 。每年年末偿还本金 10 万元。借款合约规定公司至少要保持 225 万元的流动资金。

目前公司发行在外的普通股共计 600 000 股，其股利政策保持不变，年股利支付率为 35% 。此外，公司 2010 年固定资产投资 30 万元。

公司 2009 年的资产负债表及利润表如表 9-7-1、表 9-7-2 所示。

表 9-7-1 天台公司资产负债表 单位：万元

项 目	2009 年	项 目	2009 年
资产		负债	
现金	24	应付账款	102
应收账款	273	短期借款	10
存货	255	应付股利	
其他流动资产	11	应付税款	26
流动资产合计	563	流动负债合计	138
固定资产原值	409	长期负债	85
减：累计折旧	178	所有者权益	
固定资产净值	231	股东权益	571
资产总计	794	负债及股东权益总计	794

表 9 - 7 - 2 天台公司利润表 单位：万元

项 目	2009 年
销售净额	1 620
销售成本	1 274
销售毛利	346
销售及管理费用	184
利息费用	5
税前利润	157
所得税	83
净收益	74
普通股每股收益	1. 23
每股现金股利	0. 30
折旧	22

3. 天台公司预计相关财务资料如表 9 - 7 - 3 所示。

表 9 - 7 - 3 天台公司预计息税前利润表 单位：万元

项 目	2010 年	2011 年	2012 年	2013 年	2014 年
销售净额	2 080	2 500	3 100	3 700	4 200
销售成本	1 574	1 890	2 347	2 800	3 179
销售毛利	506	610	753	900	1 021
销售及管理费用	223	270	335	400	454
息税前利润	283	340	418	500	567
折旧费	23	75	100	100	100

4. 筹资方式。

公司管理部门最初倾向于发行股票筹资，公司目前股价 21. 06 元，市盈率为 10 倍，扣除预计 5% 的发行费用，每股可筹资 20 元；发行股票 400 000 股，可筹集资金 800 万元。这种方案必须在董事会讨论决定后于 2011 年年初实施。

但投资银行建议通过借款方式筹资，他们认为借款筹资可以降低资本成本。借款的有关条件为：

（1）年利率 7% ，期限 10 年。

（2）从 2013 年年末开始还款，每年年末偿还本金 80 万元。

（3）借款的第一年，公司的流动资金必须保持在借款总额的 50% ，以后每年递增 10% ，直到达到未偿还借款的 80% 。

（4）股东权益总额至少为 600 万元。

（5）借款利息在每年年末支付。

（6）当前所得税税率 25% 。

改编自：陈王珍：《财务管理学实验》，科学出版社 2002 年版。

六、实验要求和注意事项

1. 计算两种筹资方式的资本成本。
2. 分析不同筹资方式对公司财务状况的影响。
3. 为该公司作出筹资决策并说明理由。

七、实验成绩评价标准

1. 编制利息计算表——借款 10 分。
2. 编制利息计算表——股票筹资 10 分。
3. 编制预计利润表——借款 10 分。
4. 编制预计利润表——股票 10 分。
5. 编制预计资产负债表——借款 10 分。
6. 编制预计资产负债表——股票 10 分。
7. 编制有关财务指标表——借款 10 分。
8. 编制有关财务指标表——股票 10 分。
9. 编制资本成本和公司价值表——借款 10 分。
10. 编制资本成本和公司价值表——股票 10 分。

实验 I008：全面预算

一、实验名称和性质

所属课程	计算机财务管理
实验名称	全面预算
实验学时	4
实验性质	☐验证　☐综合　☑设计
必做/选做	☑必做　☐选做

二、实验目的

全面预算是一整套预计的财务报表和其他附表。通过该实验，使学生掌握利用 Excel 电子表格，方便、快捷地做出预算，提高理财效率。

三、实验的软硬件环境要求

硬件环境要求：

单机，不需要上 Internet 网。

使用的软件名称、版本号以及模块：

Windows Xp 操作系统，Excel 2003。

四、知识准备

前期要求掌握的知识：

全面预算相关知识。

实验相关理论或原理：

全面预算是以企业目标利润为核心，按照"以销定产"的方式编制的一整套预计的财务报表和其他附表。

实验流程：

1. 编制年度销售预算表。

2. 编制年度预计现金收入计算表。

3. 编制年度生产预算。

4. 编制年度采购预算表。

5. 编制现金支出表。

6. 编制年度直接人工预算表。

7. 编制年度现金预算表。

8. 编制预计收益表。

五、实验材料和原始数据

通达公司目前只生产一种产品。该公司上年末的资产、负债情况如表 9 - 8 - 1 所示。

表 9 - 8 - 1　　　　　　　　　　　　　　　　　　　　　　　　　　　　单位：元

资　　产		负债及所有者权益	
1. 库存现金	100	8. 应付购货款	1 550
2. 应收账款	1 400		
3. 材料	651		
4. 产成品	990		
流动资产合计	3 141		
固定资产：		股东权益：	
5. 土地	2 400	9. 普通股股本	1 600
6. 房屋及设备	2 600	10. 留存收益	3 539
7. 累计折旧	- 1 452		
固定资产净值	3 548	股东权益合计	5 139
资产总计	6 689	负债及股东权益合计	6 689

其他资料如下：

1. 根据销售部门预测下年度各季度的销售量分别是：900 件、1 000 件、1 100 件、1 160件。单位售价 8 元/件，每季度的商品销售款在当季可收到 70%，其余在下季度收回。

2. 为满足扩大销售的需要，需增加设备两台。设备计划投资 1 450 元（二季度）和 1 250 元（四季度）。

3. 根据生产部门提供的资料，该产品材料的耗用量为 1.2 公斤/千克，人工 1.3 工时/件。

4. 根据材料采购部门提供的资料，该产品耗用材料的购买价格为 2 元/千克。每季度的购料款中 60% 在本季度付清，其余在下季度付清。

5. 根据人事部门提供的资料，该公司采用计时工资制，为 1.5 元/工时。

6. 根据库存商品及材料明细账中记录，至上年末，库存产品 165 件，生产成本 6 元/件，库存材料 325.5 公斤。计划年度第一、二、三季度末库存产品数量按下季度销售量的 15% 计算，四季度库存产品计划为 175 件。计划年度第一、二、三季度末库存材料数量按下季度材料需要量的 25% 计算，第四季度库存材料数量计划为 340 公斤。

7. 销售及管理部门预计下年度该部门全年现金支出总额约为 1 325 元（全年各季度均衡支出）。

8. 生产部门预计下年度该部门的制造费用全年现金支出总额约为 5 190 元（全年均衡支出），计提固定资产折旧 1 690.5 元。

9. 公司董事会计划各季度支付股东股利 400 元。

10. 预计计划年度各季度需缴纳的所得税为 500 元。

11. 公司规定现金的最低期末余额为 100 元。现金不足时可向银行借款。银行借、还款以百元为单位。借款利率 10%。

12. 期末资金节余可进行短期投资，以百元为单位。

六、实验要求和注意事项

根据以上资料，做出该公司下年各季度的以下各项预算。

1. 销售预算。

2. 生产预算。

3. 材料采购预算。

4. 人工费用预算。

5. 现金预算。

6. 该公司下年度预计资产负债表。

7. 该公司下年度预计利润表。

七、实验成绩评价标准

1. 编制年度销售预算表 10 分。

2. 编制年度预计现金收入计算表 10 分。

3. 编制年度生产预算 10 分。

4. 编制年度采购预算表 10 分。

5. 编制现金支出表 10 分。

6. 编制年度直接人工预算表 10 分。

7. 编制年度现金预算表 20 分。

8. 编制预计收益表 20 分。

实验 I009：存货经济订货量决策

一、实验名称和性质

所属课程	计算机财务管理
实验名称	存货经济订货量决策
实验学时	2
实验性质	☐验证　☐综合　☑设计
必做/选做	☑必做　☐选做

二、实验目的

利用 Excel 软件，建立财务函数，熟练账务存货控制中经济订货量的计算。

三、实验的软硬件环境要求

硬件环境要求：

单机，不需要上 Internet 网。

使用的软件名称、版本号以及模块：

Windows Xp 操作系统，Excel 2003。

四、知识准备

前期要求掌握的知识：

1. 存货经济订货量相关计算。

2. 规划求解工具。

实验相关理论或原理：

1. 经济订货模型。

$$T = F \times \frac{A}{Q} + \frac{Q}{2} \times C$$

2. 考虑在"存货陆续供应"情况下如何进行合理的存货决策，其模型为：

$$T = F \times \frac{A}{Q} + \left(1 - \frac{A}{B}\right) \times \frac{Q}{2} \times C + A \times P(1 - d_i)$$

实验流程：

1. 存货经济订货量决策——基本模型。

（1）计算。

（2）绘图。

2. 存货经济订货量决策——扩展模型。

（1）运用陆续供应模型求最优订货批量。

（2）规划求解。

（3）约束条件。

（4）具体操作。

五、实验材料和原始数据

1. 存货经济订货量决策——基本模型。

某公司从制造商那里购买配件，以 1 000 件为一基本订货单位，每次订货的成本是 40 元，每个月对配件的需求量是 20 000 件，每件配件月持有成本为 0.1 元。

实验要求：

（1）计算最优订货量。

（2）如果每件配件月持有成本为 0.05 元，则最优订货量是多少？

（3）如果每次订货成本是 10 元，则最优订货量是多少？

2. 存货经济订货量决策——扩展模型。

某企业生产耗用甲、乙、丙三种材料，各材料的耗用量及其储存成本等资料如表 9 - 9 - 1 所示。

表 9 - 9 - 1　　　　　　　　　　　　企业存货基本数据

存货名称	甲材料	乙材料	丙材料
全年需要量（kg）	1 200	3 600	2 400
材料月耗用量（kg）	100	300	200
一次采购成本（元/次）	500	600	400
单位储存成本（元/月）	0.4	1	0.81
每月到货量（件）	200	900	300
数量折扣率（%）	5.00	5.00	8.00
单价（元/kg）	50	40	80

六、实验要求和注意事项

1. 运用陆续供应模型求最优订货批量，并确定综合成本。

2. 运用规划求解，计算最低存货总成本。

七、实验成绩评价标准

1. 存货经济订货量决策——基本模型。

（1）计算 10 分。

（2）绘图 10 分。

2. 存货经济订货量决策——扩展模型。

（1）运用陆续供应模型求最优订货批量 20 分。

（2）规划求解 20 分。

（3）约束条件 20 分。

（4）具体操作 20 分。

实验 I010： 企业并购决策分析

一、实验名称和性质

所属课程	计算机财务管理		
实验名称	企业并购决策分析		
实验学时	2		
实验性质	☐ 验证	☐ 综合	☑ 设计
必做/选做	☑ 必做	☐ 选做	

二、实验目的

通过本实验，使学生掌握企业并购决策过程中财务分析的方法，主要包括企业财务状况的基本分析、净现值及现金流量的计算、综合资金成本的确定、筹资方式的选择等财务管理知识。

三、实验的软硬件环境要求

硬件环境要求：

单机，不需要上 Internet 网。

使用的软件名称、版本号以及模块：

Windows Xp 操作系统，Excel 2003。

四、知识准备

前期要求掌握的知识：

1. 存货经济订货量相关计算。

2. 规划求解工具。

实验相关理论或原理：

1. 计算相关指标，对目标公司的基本财务状况进行分析。

2. 采用现金流量分析法预测目标公司以后期间的现金流量。

3. 采用净现值法计算目标公司的可接受价格。

4. 通过保守型、可能型、乐观型三种方案比较，进行敏感性分析，确定可接受的目标公司价值区间。

5. 评估目标公司的资产价值。

6. 比较借款购买形式和增发股票形式对企业每股收益的影响，确定并购的方式。

实验流程：

1. 分析财务状况。

2. 对未来价值进行评估。

（1）现金流量规划。

（2）计算现金流量。

（3）计算加权平均的资金成本。

（4）敏感性分析。

3. 对现有资产进行评估。

4. 选择并购方式。

五、实验材料和原始数据

1. 案例背景。

纳尔公司是一家具有法人资格的大型企业集团，主要从事化工产品的生产和销售，兼营化妆品和个人护理用品，公司总资产达到 40 多亿元。为适应市场对化妆品和个人护理用品急剧增加的需求，抢占市场份额，经董事会研究决定，采用兼并方式扩大规模。

西梅公司是一家日用化学品生产企业，产品以中、低档化妆品的生产、销售为主，随着该公司的"樱香"牌化妆品的逐渐走红，公司的销售额逐年增加，销售利润率在同行业中居于先进水平。但由于管理水平不能满足企业快速增长的需要，公司内部的矛盾也越来越突出。纳尔公司看准这一时机，详细分析了西梅公司的财务状况和未来的发展趋势，决定购买其 50% 以上的股权，实现绝对控股（见表 9 – 10 – 1 至表 9 – 10 – 5）。

2. 实验数据。

表 9 – 10 – 1　　　　　　　　**西梅股份有限公司资产负债表**　　　　　　单位：万元

项目＼时间	1998 年	1999 年	2000 年
资产			
流动资产：			
货币资金	678	599	630
应收账款	6 564	6 953	7 705

时间 项目	1998 年	1999 年	2000 年
其他应收款	1 450	2 064	1 876
存货	2 328	2 051	1 673
待摊费用			
流动资产合计	11 020	11 667	11 884
长期资产：			
长期股权投资			
长期债权投资	92	92	97
长期投资合计	92	92	97
固定资产：			
固定资产原价	3 697	7 190	7 169
减：累计折旧	710	1 054	1 622
固定资产净值	2 987	6 136	5 547
在建工程	268		
固定资产合计	3 255	6 136	5 547
无形资产及其他资产			
无形资产			
其他长期资产			
递延税项			
资产合计	14 367	17 895	17 528
负债及所有者权益			
流动负债：			
短期借款	1 883	2 837	3 305
应付中长期	587	618	926
其他应付款	583	1 180	518
应付职工薪酬	134	152	103
预提费用	1 423	1 696	1 448
预计负债			
其他流动负债			
流动负债合计	4 610	6 483	6 300
长期负债：			
长期借款	1 040	2 670	2 680

续表

时间　项目	1998 年	1999 年	2000 年
应付债券			
长期负债合计	1 040	2 670	2 680
负债合计	5 650	9 153	8 980
实收资本	6 840	6 840	6 840
资本公积	558	56	137
盈余公积	59	128	217
未分配利润	1 260	1 718	1 354
所有者权益合计	8 717	8 742	8 548
负债者权益合计	14 367	17 895	17 528

表 9 – 10 – 2　　　　　　　　　西梅股份有限公司利润表　　　　　　　单位：万元

时间　项目	1998 年	1999 年	2000 年
一、营业收入	16 622	19 053	20 361
减：营业成本	11 332	11 843	12 190
营业税金及附加	1 038	1 175	1 242
减：销售费用	998	2 212	2 792
管理费用	809	905	988
财务费用	234	385	478
二、营业利润			
营业外收入	79	318	107
减：营业外支出	38	95	55
三、利润总额			
减：所得税费用	1 015	1 128	1 224
四、净利润			

表 9 - 10 - 3　　　　　　　　　　　**可能型方案下未来 10 年经营预测**

项目　　　时间	1	2	3	4	5	6	7	8	9	10
销售额增长率（%）	0.15	0.15	0.14	0.14	0.13	0.13	0.13	0.1	0.1	0.1
销售利润率（%）	0.2	0.2	0.18	0.18	0.18	0.15	0.15	0.12	0.12	0.12
所得税税率（%）	0	0	0.17	0.17	0.17	0.33	0.33	0.33	0.33	0.33
折旧（万元）	528	581	639	703	844	1 012	1 214	1 335	1 466	1 539
追加固定资本投资（万元）	0	310	341	375	394	433	455	478	502	552
追加流动资本投资（万元）	0	315	347	382	428	479	536	617	709	816

表 9 - 10 - 4　　　　　　　　　　　**保守型方案下未来 10 年经营预测**

项目　　　时间	1	2	3	4	5	6	7	8	9	10
销售额增长率（%）	0.12	0.12	0.12	0.12	0.12	0.12	0.12	0.12	0.12	0.12
销售利润率（%）	0.18	0.18	0.15	0.15	0.15	0.12	0.12	0.1	0.14	0.14
所得税税率（%）	0	0	0.165	0.165	0.165	0.33	0.33	0.33	0.33	0.33
折旧（万元）	528	554	582	611	672	739	813	894	981	1 082
追加固定资本投资（万元）	215	241	270	302	338	379	424	475	532	596
追加流动资本投资（万元）	215	237	260	286	315	346	381	419	461	507

表 9 - 10 - 5　　　　　　　　　　　**乐观型方案下未来 10 年经营预测**

项目　　　时间	1	2	3	4	5	6	7	8	9	10
销售额增长率（%）	0.18	0.18	0.17	0.17	0.16	0.16	0.16	0.13	0.13	0.13
销售利润率（%）	0.22	0.22	0.2	0.2	0.17	0.17	0.17	0.14	0.14	0.14
所得税税率（%）	0	0	0.165	0.165	0.165	0.33	0.33	0.33	0.33	0.33
折旧（万元）	528	554	582	611	672	739	813	894	981	1 082
追加固定资本投资（万元）	215	237	260	299	359	430	517	646	808	1 050
追加流动资本投资（万元）	215	241	270	305	344	393	448	510	587	681

资料来源：陈玉珍：《财务管理学实验》，科学出版社 2002 年版。

六、实验要求和注意事项

1. 根据上述资料对西梅公司的基本财务状况进行分析，并对其未来价值进行评估，确定该公司的可接受价格；分析不同的筹资方式对企业每股收益的影响，确定并购的方式。并就本案例的相关问题进行讨论。

①在并购过程中，该采用怎样的方法选择并购对象？

②在确定并购对象后，该如何展开工作？

③筹资方式有哪些？在本案例中应选择一种方式还是多种方式相结合？

④何谓资本成本？包括哪些方面的成本？

⑤个别资本成本如何计算？综合资本成本如何计算？

⑥在资产评估中有哪些方面应该注意？

2. 根据实验结果，写出实验报告，并就上述问题做出分析。

七、实验成绩评价标准

1. 分析财务状况 10 分。

2. 对未来价值进行评估。

（1）现金流量规划 10 分。

（2）计算现金流量 20 分。

（3）计算加权平均的资金成本 10 分。

（4）敏感性分析 10 分。

3. 对现有资产进行评估 20 分。

4. 选择并购方式 20 分。

第十章 《财务管理学》课程实训

J000：《财务管理学》实训大纲

课程代码：1102522004

开课学期：第 4 学期

开课专业：会计学

总学时/实训学时：64 学时/8 学时

总学分/实训学分：3.5/0.25

参考指导书：《财务管理专业实验（实训）指导书》

实训形式：案例分析讨论、财务分析报告撰写。

实训目的和要求：《财务管理学》是一门实践性较强的学科，因此在本课程的筹资、投资、财务分析等内容进行实验等实践性教学是课程必不可少的重要环节。只有通过实践，才能巩固、应用所学理论，培养学生参加实际财务管理的基本技能；培养学生的财务管理实践意识；培养学生认真负责的专业态度和严谨细致的工作作风。要求学生实验分析前认真准备，写作和讨论中积极思考，完成后认真总结提高，并按要求上交分析报告及相关材料。

实训形式安排：总学时 8 学时，其中企业筹资决策内容 2 学时，长期项目投资决策评价 2 学时，流动资产管理中应收账款管理内容 2 学时，撰写财务分析报告 2 学时。

实训项目与主要内容：

序号	项目名称	主要内容	课时	评分权重	选开/必开
1	可口公司各筹资方案的决策选择	企业筹资决策	2	25%	必开
2	嘉华快餐公司项目决策分析	长期项目投资决策评价	2	25%	必开
3	金杯汽车公司巨额应收账款案例	流动资产应收账款管理	2	25%	必开
4	公司债券、股票投资决策分析	证券投资决策	—	—	选开
5	海虹公司年度财务分析报告	财务分析	2	25%	必开

考评标准：财务管理学课程的实验（实训）形式主要是案例分析，具体采用学生个人分别完成和小组讨论的形式。

实验（实训）报告成绩分为优秀、良好、中等、及格、不及格五个等级。实验（实训）报告成绩由事先确定的各指导教师依据学生的实验（实训）态度和实验（实训）结果等确定。

1. **优秀（A）**

案例分析结论正确；

实验（实训）报告格式规范、实验（实训）目的明确、实验（实训）原理与步骤正确、实验（实训）内容数据记录全面、能熟练地综合运用本专业的基本理论和基本技能、实验（实训）体会体现财务管理专业特征。

2. **良好（B）**

案例分析结论正确；

实验（实训）报告格式规范、实验（实训）目的明确、实验（实训）原理与步骤正确、实验（实训）内容数据记录全面、能比较熟练地运用本专业的基本理论和基本技能、有一定的实验（实训）体会。

3. **中等（C）**

案例分析结论基本正确；

实验（实训）报告基本格式规范、实验（实训）目的明确、实验（实训）原理与步骤正确、实验（实训）内容数据记录较全面、能较好地运用有关基本理论、有一定的实验（实训）体会。

4. **及格（D）**

案例分析结论有缺陷，但有些方面正确；

实验（实训）报告基本格式基本规范、实验（实训）目的基本明确、实验（实训）原理与步骤基本正确、实验（实训）内容数据记录比较全面、能基本掌握和运用有关基本理论知识、有一定的实验（实训）体会。

5. **不及格（E）**

实验（实训）结论不正确；报告有抄袭现象。

实验（实训）报告基本格式不规范、实验（实训）目的不明确、实验（实训）原理与步骤不正确、实验（实训）内容数据记录不全、没有体会或体会不符合财务管理专业特征。

实训报告写作要求：为统一格式及写作要求，对财务管理学课程实训报告的写作提出具体要求如下：

1. 每个实训项目均应按照要求写出规范的实训报告。如果实训项目是以分组形式进行的，还要求提交每个小组的报告。

2. 每个实训项目的实训报告应填明课程名称、实训项目名称、班级、姓名、学号，根据实训项目具体内容不同，分别写明每个实训项目的实训目的、实训原理和步骤、实训内容及数据及实训结论、收获建议等。

3. 具体报告的内容根据不同项目的具体内容写作，但要求独立思考，充分发挥主观能动性，计算数据必须准确，管理和决策方法可以灵活。

4. 欢迎新观点、新思路、新方法的提出。

5. 成绩考核：如果课程实训用 4 个案例，那么每个案例分析报告的质量各占 20%，讨论表现 20%。如果课程实训用的是 5 个案例，那么案例分析报告的质量各 15%，讨论表现 25%。

实验案例资料均主要参考荆新、王化成、刘俊彦主编：《财务管理学》（第五版），中国人民大学出版社 2009 年版。

实训 J001： 可口公司各筹资方案的决策选择

一、实训名称和性质

实训名称	可口公司各筹资方案的决策选择		
面向专业或课程	财务管理		
实训学时分配	2 或 3		
实训性质	☐ 调查	☑ 案例	☐ 软件模拟
必做/选做	☑ 必做	☐ 选做	

二、实训目的和要求

了解净负债率的计算、净债率管理目标；熟悉公司价值比较法；掌握筹资方案决策选择的方法。

三、知识准备

前期要求掌握的知识：
学过了筹资管理的相关知识。

实验流程：
本实验主要涉及净债率的计算、净债率管理目标；用公司价值比较法进行筹资方案决策选择的方法。

四、实训组织和安排

课前教师布置具体任务及目标，要求形成实验研讨小组；课堂组织案例研讨，采用小组代表讲解形式交流；课后各实验小组提交小组分析报告、个人分析报告及参与者平时成绩评分。

五、注意事项

可口公司净债率计算公式的理解与计算。

六、实训结果提交方式

实训项目应按照要求写出规范的实训报告。每个实训项目的实训报告应填明课程名称、实训项目名称、班级、姓名、学号，根据实训项目具体内容不同，分别写明每个实训项目的实训目的、实训原理和步骤、实训内容及数据及实训结论、收获建议等。

七、实训考核方式和标准

参见"财务管理学"课程实验（实训）报告评分标准。

八、实训材料

可口公司主营快餐和饮料，在全国拥有三个连锁店。该公司根据经营特点和实际情况，经过多年探索，创建了所谓"净债率"的资本结构管理目标，并力图使净债率保持在20%～25%之间。

可口公司的净债率是以市场价值为基础计算的。计算公式如下：

$$NDR = \frac{L + S - (C + M)}{N \times P + L + S - (C + M)}$$

式中：NDR——净债率；

　　　L——长期负债的市场价值；

　　　S——短期负债的市场价值；

　　　C——现金和银行存款；

　　　M——有价证券的价值；

　　　N——普通股股份数；

　　　P——普通股每股市价。

可口公司 2009 年度财务报告提供的有关资料整理如表 10 - 1 - 1 所示。

表 10 - 1 - 1

项　　　目	账面价值（万元）	市场价值（万元）
长期负债	4 200	4 500
短期负债	800	900
现金和银行存款	500	500
有价证券的价值	500	450
普通股股份数（万股）	2 000	
普通股每股市价（元）		5

另外，可口公司 2009 年及以后每年的息税前利润为 2 000 万元、长期负债年利息 300 万元。股权资本成本率为 12%，未来净收益的折现率为 8%，公司所得税税率假定为 40%。

九、要求

1. 计算可口公司 2009 年年末的净债率，并说明其是否符合公司规定的净债率管理目标。

2. 运用公司价值比较法计算可口公司未来净收益的折现价值，并与2009年年末公司的市场价值进行比较评价。

3. 运用公司价值比较法计算可口公司股票的折现价值和公司总的折现价值（假设公司长期负债的折现价值等于其市场价值），并与2009年年末公司的市场价值进行比较评价。

4. 你认为可口公司以净债率作为资本结构管理目标是否合理？如果不尽合理，请提出你的建议。

实训 J002： 嘉华快餐公司项目决策分析

一、实训名称和性质

实训名称	嘉华快餐公司项目决策分析		
面向专业或课程	财务管理		
实训学时分配	2 或 4		
实训性质	☐ 调查	☑ 案例	☐ 软件模拟
必做/选做	☑ 必做	☐ 选做	

二、实训目的和要求

通过实验，掌握公司内部长期投资项目决策评价的投资回收期法、净现值法和内含报酬率法的基本计算、决策标准以及方法的优缺点。熟悉公司内部长期投资项目决策评价的整个过程。

三、知识准备

前期要求掌握的知识：
学过公司内部长期投资项目决策评价的相关知识。

实验流程：
公司内部长期投资项目决策评价的投资回收期法、净现值法和内含报酬率法的基本计算、决策标准以及方法的优缺点；公司内部长期投资项目决策评价的整个过程。

四、实训组织和安排

课前教师布置具体任务及目标，要求形成实训研讨小组；课堂组织案例研讨，采用小组代表讲解形式交流；课后各实验小组提交小组分析报告、个人分析报告及参与者平时成绩评分。

五、注意事项

长期投资项目决策评价各种方法的异同。

六、实训结果提交方式

实训项目应按照要求写出规范的实训报告。每个实训项目的实训报告应填明课程名称、实训项目名称、班级、姓名、学号，根据实训项目具体内容不同，分别写明每个实训项目的实训目的、实训原理和步骤、实训内容及数据及实训结论、收获建议等。

七、实训考核方式和标准

参见"财务管理学"课程实验（实训）报告评分标准。

八、实训材料

嘉华快餐公司在一家公园内租用了一间售货亭向游人出售快餐。快餐公司签订的租赁合同的期限为 3 年，3 年后售货亭作为临时建筑将被拆除。经过一个月的试营业后，快餐公司发现，每天的午饭和晚饭时间买快餐的游客很多，但因为售货亭很小，只有一个售货窗口，所以顾客不得不排起长队，有些顾客因此而离开。为了解决这一问题，嘉华快餐公司设计了四种不同的方案，试图增加销售量，从而增加利润。

方案一：改装售货亭，增加窗口。这一方案要求对现有售货亭进行大幅度的改造，所以初始投资较多，但是因为增加窗口吸引了更多的顾客，所以收入增加也相应较多。

方案二：在现有售货窗口的基础上，更新设备，提高每份快餐的供应速度，缩短供应时间。

以上两个方案并不互相排斥，可以同时选择。但是，以下两个方案则要放弃现有的售货亭。

方案三：建造一个新的售货亭。此方案需要将现有的售货亭拆掉，在原来的地方建一个面积更大、售货窗口更多的新的售货亭。此方案的投资需求最大，预计增加的收入也最多。

方案四：在公园内租一间更大的售货亭。此方案的初始支出是新售货亭的装修费用，以后每年的增量现金流出是当年的租金支出净额。

嘉华快餐公司可用于这项投资的资金需要从银行借入，资金成本为 12%，与各方案有关的现金流量预计如表 10-2-1 所示。

表 10-2-1　　　　　　　　　四个方案的预计现金流量　　　　　　　　　单位：元

方案	投资额	第一年	第二年	第三年
增加新的售货窗口	-75 000	44 000	44 000	44 000
更新现有设备	-50 000	23 000	23 000	23 000
建造新的售货亭	-125 000	70 000	70 000	70 000
租赁更大的售货亭	-10 000	12 000	13 000	14 000

九、要求

1. 如果采用投资回收期法，假设基准投资回收期为 2 年，说明哪些方案是可行的？
2. 如果运用内含报酬率指标，嘉华快餐公司应该选择哪个方案？
3. 如果运用净现值指标，嘉华快餐公司应该选择哪个方案？
4. 如何解释用内含报酬率指标和净现值指标进行决策时所得到的不同结论？哪个指标更好？

实训 J003：金杯汽车公司巨额应收账款案例

一、实训名称和性质

实训名称	金杯汽车公司巨额应收账款案例
面向专业或课程	财务管理
实训学时分配	2 或 3
实训性质	☐调查　☑案例　☐软件模拟
必做/选做	☑必做　☐选做

二、实训目的和要求

通过实验，使学生熟悉企业应收账款形成的原因、应收账款投资的功能与成本；掌握应收账款管理中各项信用政策的决策和管理方法。

三、知识准备

前期要求掌握的知识：
学过流动资产管理中关于应收账款管理的相关内容。
实验流程：
企业应收账款形成的原因、应收账款投资的功能与成本；应收账款管理中各项信用政策的决策和管理方法。

四、实训组织和安排

课前教师布置具体任务及目标，要求形成实验研讨小组，形成小组分析报告；课堂组织案例研讨，采用小组选派代表进行讲解的形式交流；课后各实验小组提交小组分析报告、个人分析报告及参与者平时成绩评分。

五、注意事项

课前查阅有关上市公司金杯汽车的财务报告资料，了解该公司的生产经营和财务管理等相关情况。

六、实训结果提交方式

实训项目应按照要求写出规范的实训报告。每个实训项目的实训报告应填明课程名称、实训项目名称、班级、姓名、学号，根据实训项目具体内容不同，分别写明每个实训项目的实训目的、实训原理和步骤、实训内容及数据及实训结论、收获建议等。

七、实训考核方式和标准

参见"财务管理学"课程实验（实训）报告评分标准。

八、实训材料

金杯汽车公司曾是一家在我国证券市场闯荡多年的著名公司。2002 年 4 月 13 日，金杯汽车发布了业绩预亏公告：金杯汽车 2001 年度业绩将出现巨额亏损。随后，该公司又发布了 2001 年度经营业绩预亏的补充公告，公告中解释道，造成巨额亏损是由于公司变更会计政策，计提坏账准备产生的。在公布了预亏公告及补充公告之后，直到 4 月底，金杯汽车才公布了 2001 年度的财务报告。

最终金杯汽车 2001 年度财报显示：主营业务收入 64 846.90 万元，同比减少 18%；净利润 – 82 503.87 万元，同比减少 420%；调整后的每股净资产 1.252 元，同比减少 27%；股东权益 155 085.29 万元，同比减少 34%；每股收益 – 0.7551 元，净资产收益率 – 53.2%，均有大幅度下滑。

通过分析，可以发现造成金杯汽车 2001 年巨额亏损的主要原因是，在公司的资产构成中，充斥着大量的应收账款。截至报告期期末，该公司的应收账款高达 19.87 亿元，其中 5 年以上的应收账款达 7.88 亿元，占应收账款总额的 39.6%。按账龄分析法金杯汽车需要计提的坏账准备金高达 9.47 亿元，占应收账款总额的 47.6%。正是巨额的坏账，导致金杯汽车的巨额亏损，这说明公司在应收账款管理中存在着很多问题。

九、要求

1. 你认为金杯汽车公司在应收账款管理方面可能存在着哪些主要问题？
2. 你认为像金杯汽车这样的公司应该从哪几个方面加强应收账款的管理？

实训 J004：公司债券、股票投资决策分析

一、实训名称和性质

实训名称	公司债券、股票投资决策分析
面向专业或课程	财务管理
实训学时分配	2 或 3
实训性质	☐调查 ☑案例 ☐软件模拟
必做/选做	☑必做 ☐选做

二、实训目的和要求

通过本次实验，学生能掌握对公司债券、股票内在投资价值的估价，并作出是否购买该债券或股票进行投资的决策；掌握不同情况下的计算该投资者的投资收益率的方法。

三、知识准备

前期要求掌握的知识：

学过证券投资管理相关知识。

实验流程：

公司债券、股票内在投资价值的估价，购买债券或股票的投资决策；不同情况下的计算该投资者的投资收益率的方法。

四、实训组织和安排

课前教师布置具体任务及目标，要求形成实验研讨小组，形成小组分析报告；课堂组织案例研讨，采用小组代表讲解形式进行交流；课后各实验小组提交小组分析报告、个人分析报告及参与者平时成绩评分。

五、注意事项

不同情况下计算该投资者的投资收益率的方法。

六、实训结果提交方式

实训项目应按照要求写出规范的实训报告。每个实训项目的实训报告应填明课程名称、实训项目名称、班级、姓名、学号，根据实训项目具体内容不同，分别写明每个实训项目的实训目的、实训原理和步骤、实训内容及数据及实训结论、收获建议等。

七、实训考核方式和标准

参见"财务管理学"课程实验（实训）报告评分标准。

八、实训材料

1. 甲公司 2007 年 4 月 1 日发行的 5 年期限公司债券，面值为 1 000 元，票面利率为 8%，每年 3 月 31 日付息一次。某投资者于 2009 年 4 月 1 日准备购买该公司债券，当时的市场价格为 1 040 元。该投资者要求的必要投资收益率为 6%。

2. 某投资者欲购买东方公司股票进行长期投资。预计购买东方公司股票的前三年中，每年每股可分得现金股利 2 元，从第四年开始，股利将以 4% 的增长率增长。已知无风险收益率为 3%，证券市场的平均收益率为 13%，东方公司股票的 β 系数为 1.5。该股票的现行市场价格为 14 元。

九、要求

针对实训材料 1，要求：

1. 试对该公司债券进行估价，并作出是否购买该债券进行投资的决策。

2. 如果该投资者按当时市场价格购买债券，并持有到期，计算该投资者的投资收益率。

针对实训材料 2，要求：

1. 计算东方公司股票的必要投资收益率。

2. 对东方公司股票进行估价，并作出投资决策；如果该投资者按现行市价购买乙公司股票，计算其投资收益率。

实训 J005： 海虹公司年度财务分析报告

一、实训名称和性质

实训名称	海虹公司年度财务分析报告
面向专业或课程	财务管理
实训学时分配	2 或 3
实训性质	☐ 调查　☑ 案例　☐ 软件模拟
必做/选做	☑ 必做　☐ 选做

二、实训目的和要求

1. 熟悉公司财务分析的内容和方法。

2. 掌握财务比率分析法的主要指标的计算。

3. 掌握公司财务分析报告撰写和制作的一般技巧。

三、知识准备

前期要求掌握的知识：

学过公司财务分析的相关知识。

实验相关理论或原理：

学过公司财务分析的相关知识后，根据实际单位的财务报告等资料，亲自动手编制财务分析报告，进行这方面的训练。

实验流程：

公司财务分析的内容和方法；财务比率分析法的主要指标计算；掌握公司财务分析报告撰写和制作。

四、实训组织和安排

课前教师布置具体任务及目标，要求形成实验研讨小组，形成小组分析报告；课堂组织案例研讨，采用小组代表以 PPT 方式和讲解形式交流；课后各实验小组提交小组分析报告、个人分析报告及参与者平时成绩评分。

五、注意事项

财务比率分析法的运用和公司财务分析报告撰写的一般技巧。

六、实训结果提交方式

实训项目应按照要求写出规范的实训报告。每个实训项目的实训报告应填明课程名称、实训项目名称、班级、姓名、学号，根据实训项目具体内容不同，分别写明每个实训项目的实训目的、实训原理和步骤、实训内容及数据及实训结论、收获建议等。

七、实训考核方式和标准

参见"财务管理学"课程实验（实训）报告评分标准。

八、实训材料

海虹公司 2009 年的资产负债表和利润表如表 10 - 5 - 1、表 10 - 5 - 2 所示。

表 10 - 5 - 1　　　　海虹公司 2009 年 12 月 31 日资产负债表　　　　　单位：万元

资　　产	年初数	年末数	负债及所有者权益	年初数	年末数
货币资金	110	116	短期借款	180	200
交易性金融资产	80	100	应付账款	182	285

续表

资　　产	年初数	年末数	负债及所有者权益	年初数	年末数
应收账款	350	472	应付职工薪酬	60	65
存货	304	332	应交税费	48	60
流动资产合计	844	1 020	流动负债合计	470	610
			长期借款	280	440
固定资产	470	640	应付债券	140	260
长期股权投资	82	180	长期应付款	44	50
无形资产	18	20	负债合计	934	1 360
			股本	300	300
			资本公积	50	70
			盈余公积	84	92
			未分配利润	46	38
			股东权益合计	480	500
资产合计	1 414	1 860	负债及所有者权益	1 414	1 860

表 10 - 5 - 2　　　　　　　　　海虹公司 2009 年利润表　　　　　　　　单位：万元

项　　　目	本年累积数
营业收入	5 680
减：营业成本	3 480
营业税金及附加	454
销售费用	366
管理费用	568
财务费用	82
加：投资收益	54
营业利润	784
加：营业外收入	32
减：营业外支出	48
利润总额	768
减：所得税费用	192
净利润	576

其他资料：

（1）该公司 2009 年年末有一项未决诉讼，如果败诉预计要赔偿对方 50 万元。

（2）2009 年是该公司享受税收优惠的最后一年，从 2010 年起不再享受税收优惠政策，预计营业税金的综合税率将从现行的 8% 上升到同行业的平均税率 12%。

（3）该公司所处行业的财务比率平均值如表 10 - 5 - 3 所示。

表 10 - 5 - 3   行业财务比率

财务比率	行业均值
流动比率	2
速动比率	1.2
资产负债率	0.42
应收账款周转率（次）	16
存货周转率（次）	8.5
总资产周转率（次）	2.65
资产净利率（%）	19.88
销售净利率（%）	7.5
净资产收益率（%）	34.21

九、要求

1. 计算海虹公司的主要财务比率。

2. 撰写一份有关海虹公司的 2009 年度财务分析报告。

第二篇　财务管理专业的综合性实践环节教学指导

第十一章 《财务管理专业实习技能训练》课程实训

K000：《财务管理专业实习技能训练》教学大纲

课程代码：1102519035 – 1
课程名称：财务管理专业实习技能训练（财务管理模拟实习）
学分：1
时间：1.5 周

一、目的与任务

财务管理模拟实习作为实现本专业培养规格的重要途径，是财务管理专业教学计划中规定的重要教学环节，它是学生综合运用已掌握的专业理论和实务知识，在教师的指导下，独立处理企业单位财务活动，锤炼财务管理专业的一项实习教学活动。学生通过模拟实习，经受一次专业理论研究和实践操作技能的训练，从而培养提高学生运用专业理论知识去分析、解决实际问题的能力。

二、基本要求

1. 指导思想：理论联系实际，发挥学生主体性，教师主导性，通过财务管理模拟实习培养锻炼学生的分析解决问题能力。
2. 原则要求：要求学生自觉、自律，参加模拟实习；指导老师加强指导、督促，保证实习教学质量。

通过财务管理模拟实习，要求学生能够把在此前学过的财务管理专业课程的知识串联起来，从感性上理解财务管理中筹资、投资、利润分配和财务分析等基本内容的实务做法，更深刻地了解和学会如何利用财务管理专业知识去分析解决实际问题的本领。

三、内容

专业实习将统一使用几个在财务管理方面内含比较复杂的潜在问题的公司作为案例，内容涉及筹资、投资、利润分配、会计、管理、纳税、资产重组等。由学生在阅读案例、准备材料的基础上，综合利用学到的专业理论知识和专业技术方法，通过独立思考，站在一个财务分析师比较超脱的角度，将案例中的各公司在财务、会计、管理等方面需要解决的问题尽可能地详细罗列出来，并独立提出解决各问题的综合对策，撰写案例实验报告，进行分组研讨，最后由指导老师进行总结，从而提高学生分析、解决具体复杂问题的能力。案例来源将选用某几个公司公开的年报等资料，结合教师的调研所得资料合成而得。

实训报告写作要求：

为统一格式及写作要求，对《财务管理专业实习技能训练》课程实训报告的写作提出具体要求如下：

1. 每个实训项目均应按照要求写出规范的实训报告。如果实训项目是以分组形式进行的，还要求提交每个小组的报告。

2. 每个实训项目的实训报告应填明课程名称、实训项目名称、班级、姓名、学号，根据实训项目具体内容不同，分别写明每个实训项目的实训目的、实训原理和步骤、实训内容及数据及实训结论、收获建议等。

3. 具体报告的内容根据不同项目的具体内容写作，但要求独立思考，充分发挥主观能动性，计算数据必须准确，管理和决策方法可以灵活。

4. 欢迎新观点、新思路、新方法的提出。

附：实验项目与主要内容：

序号	项目名称	主要内容（限20字）	课时	评分权重	选开/必开
1	四川长虹与深圳康佳年度财务报告分析案例	公司年度财务报告分析	4	20%	必开
2	嘉兴交通投资公司筹资案例	企业发行债券筹资分析	4	20%	必开
3	欧洲隧道项目评价案例	投资项目评价	4	20%	必开
4	你愿意将资金投向海宁皮城吗	财务分析、投资决策	4	20%	必开
5	五粮液的股利分配政策案例	上市公司股利分配决策	4	20%	必开

四、考核方式与评分办法

财务管理模拟实习的成绩，将采用综合测评的方法加以评定。

1. 实习结束后，学生根据实习指导书的内容及要求，提交实验报告，方可参加考核。

2. 指导教师根据学生在实习期间的表现、态度、任务完成情况、实验报告、答辩或其他有效方式进行综合评分，按优、良、中、及格、不及格五级记分制记分。

（1）**优秀**（A）：案例分析结论正确；实验（实训）报告格式规范、实验（实训）目的明确、实验（实训）原理与步骤正确、实验（实训）内容数据记录全面、能熟练地综合运用本专业的基本理论和基本技能、实验（实训）体会体现财务管理专业特征。

（2）**良好（B）**：案例分析结论正确；实验实训报告格式规范、实验实训目的明确、实验实训原理与步骤正确、实验实训内容数据记录全面、能比较熟练地运用本专业的基本理论和基本技能、有一定的实验实训体会。

（3）**中等（C）**：案例分析结论基本正确；实验实训报告基本格式规范、实验实训目的明确、实验实训原理与步骤正确、实验实训内容数据记录较全面、能较好地运用有关基本理论、有一定的实验实训体会。

（4）**及格（D）**：案例分析结论有缺陷，但有些方面正确；实验实训报告基本格式基本规范、实验实训目的基本明确、实验实训原理与步骤基本正确、实验实训内容数据记录比较全面、能基本掌握和运用有关基本理论知识、有一定的实验实训体会。

（5）**不及格（E）**：实验实训结论不正确；报告有抄袭现象。实验实训报告基本格式不规范、实验实训目的不明确、实验实训原理与步骤不正确、实验实训内容数据记录不全、没有体会或体会不符合财务管理专业特征。

3. 对未能达到实习大纲的基本要求、实习期间请假、缺席超过全部实习时间的 1/3 以上者、实验报告马虎潦草、内容有明显错误、考核时不能回答主要问题或有原则性错误的学生，做不及格处理，随下一年级重修。

实训 K001： 四川长虹与深圳康佳年度 财务报告分析案例

一、实训名称和性质

实训名称	四川长虹与深圳康佳年度财务报告分析案例
面向专业或课程	财务管理专业《财务管理专业实习技能训练》课程
实训学时分配	4
实训性质	☐调查　☑案例　☐软件模拟
必做/选做	☑必做　☐选做

二、实训目的和要求

《财务管理专业实习技能训练》是一门实践性很强的学科，因此在本课程内容中进行实训等实践性教学是课程必不可少的重要环节。通过本实训，旨在使学生巩固、应用所学理论，掌握年度财务报告分析的基本方法。

三、知识准备

前期要求掌握的知识、相关理论：

熟练掌握企业财务分析的一般财务管理知识，而且要求学生事先搜集四川长虹与深圳康佳相关的资料，掌握好与本课程相关的财务、会计、证券等相关经济法律等知识。

参考书：

1. 会计中级职称考试教材：《财务管理》，中国财政经济出版社 2010 年版。

2. 注册会计师全国考试指定辅导教材：《财务成本管理》，经济科学出版社 2010 年版。

3. 荆新、王化成、刘俊彦：《财务管理学》（第五版），中国人民大学出版社 2009 年版。

四、实训组织和安排

本案例是对公司财务分析等相关知识体系的检查和整合。要求学生一人一组，实验分析前认真准备，写作报告和讨论中积极思考，完成后认真总结提高，并按要求上交案例分析报告及相关材料。

五、注意事项

随着内外部环境的变化，四川长虹与深圳康佳的财务状况、经营成果、现金流量状况会发生很大变化，因此，分析时应关注两家公司当时面临的环境和近几年环境变化对其财务状况和经营成果的影响。

六、实训结果提交方式

实训项目应按照要求写出规范的实训报告。每个实训项目的实训报告应填明课程名称、实训项目名称、班级、姓名、学号，根据实训项目具体内容不同，分别写明每个实训项目的实训目的、实训原理和步骤、实训内容及数据及实训结论、收获建议等。

七、实训考核方式和标准

参见"财务管理专业实习技能训练"课程实验（实训）报告评分标准。

八、实训材料

四川长虹与深圳康佳年度财务报告分析案例

经过 20 多年的快速发展，我国家电业已成为制造业中最具有国际竞争力的行业之一，巨大的市场规模和出口规模奠定了中国家电大国的地位。但是，近年来，低价格劣势的显现、贸易壁垒的加剧、国内外市场环境日益严峻，都给我国家电产业发出了警示。

1. 竞争激烈。我国电视市场经过多年的高速发展，逐渐形成了国产品牌几分天下的局面，属于垄断竞争阶段，由于技术含量不高，竞争十分激烈。

2. 市场需求增长日趋减缓。对彩电的需求已从原来"有的满足"上升到"质的满足"，有技术创新能力的企业将取得优势。

3. 行业利润率下降。随着市场和竞争两方面的因素，电视行业已从高额利润阶段发展到微利阶段，在微利阶段企业将面临严峻的挑战。

4. WTO 的影响。加入 WTO 将对我国电视生产企业带来一定影响，总的来说是利大于弊，有利于国产品牌进入国际市场。

四川长虹电器股份有限公司（以下简称"四川长虹"）和深圳康佳集团股份有限公司（以下简称"深康佳"）是国内两个最大的电视机制造企业，都立足于家用电器的生产和销售，在公司的主营业务中，彩电的生产和销售占据重要位置。20 世纪 90 年代，四川长虹和深康佳曾是中国民族产业的骄傲，沪深股市的龙头股、蓝筹股，众多投资者追随的对象。进入新世纪后，两家公司更是不断通过股本扩张、兼并收购、多元化等一系列战略力图保持和扩展其竞争优势，力争成为世界级企业。

（一） 四川长虹

公司名称：四川长虹电器股份有限公司

证券简称：四川长虹（600839）

上市地点：上海证券交易所

上市日期：1994 年 3 月 11 日

板块类别：工业类　上证 30 指数股

行业类别：电子产品——家用电器

主营业务范围：视频产品、网络产品、激光读写系列产品、数字通讯产品、电池系列产品、通讯传输设备、电子部品。

长虹始创于 1958 年，公司前身国营长虹机器厂是我国"一五"期间的 156 项重点工程之一，是当时国内唯一的机载火控雷达生产基地。四川长虹电器股份有限公司是 1988 年经绵阳市人民政府（绵府发〔1988〕33 号）批准进行股份制企业改革试点而设立的股份有限公司，同年原人民银行绵阳市分行（绵人行金〔1988〕字第 47 号）批准公司向社会公开发行个人股股票。1993 年公司按《股份有限公司规范意见》等有关规定进行规范后，原国家体改委（体改生〔1993〕54 号）批准公司继续进行规范化的股份制企业试点。1994 年 3 月 11 日，经中国证券监督管理委员会（以下简称中国证监会）（证监发审字〔1994〕7 号）批准，公司的社会公众股 4 997.37 万股在上海证券交易所上市流通。2005 年末股本总额为 2 164 211 422 股，1 元/股。2006 年公司实行股权分置改革，股权分置改革的主要内容是公司向四川长虹电子集团有限公司（以下简称长虹集团公司）定向回购 266 000 000 股，同时注销股本 266 000 000 股；国家持有的股份和社会法人股为取得流通权而向原流通股股东支付对价 323 476 797 股等。经过 2006 年股权分置改革后，公司股本全为流通股。截至 2006 年年末，公司注册资本和股本均为 1 898 211 418 股。截至 2008 年 12 月 31 日，公司总股本为 1 898 211 418 股，流通 A 股 1 407 035 578 股，限售 A 股 491 175 840 股。历经多年的发展，长虹完成由单一的军品生产到军民结合的战略转变，成为集电视、空调、冰箱、IT、通信、网络、数码、芯片、能源、商用电子、电子部品、生活家电及新型平板显示器件等产业研发、生产、销售、服务为一体的多元化、综合型跨国企业集团，逐步成为全球具有竞争力和影响力的 3C 信息家电综合产品与服务提供商。2005 年，长虹跨入世界品牌 500 强。目前，长虹品牌价值 655.89 亿元。长虹现有员工 7 万余人，其中拥有包括博士后、博士在内的专业人才 15 000 余人，拥有现代化的培训中心、国家级技术中心和博士后科研流动工作站，被列为全国重点扶持企业、技术创新试点企业和创新型企业。

植根中国，长虹在广东、江苏、长春、合肥、景德镇等地建立数字工业园，在北京、上海、深圳、成都设立研发基地，在中国 30 多个省市区设立 200 余个营销分支机构，拥有遍及全国的 30 000 余个营销网络和 12 000 余个服务网点；融入全球，长虹在印度尼西亚、澳大利亚、捷克、韩国等国投资设厂，在美国、法国、俄罗斯、印度等 10 多个国家和地区设立分支机构，为全球 100 多个国家和地区提供产品与服务。

长虹推出"快乐创造 C 生活"的品牌主张，打造科技、时尚、快乐的国际化品牌形象。长虹致力于提供 3C 信息家电，为消费者创造聪明（Clever）、舒适（Comfort）、酷（Cool）的生活，矢志成为 C 生活的创领者。秉承"员工满意、顾客满意、股东满意"的企业宗旨，恪守"韧性、信心、开放"的创新观念，凭借品牌、技术、人才、市场、服务等强大实力，长虹努力成为全球值得尊敬与信赖的企业。

从长虹上市公司这几年的财报情况中可看出其销售收入快速增长的苗头：

2005 年，四川长虹实现主营业务（彩电）收入 150.61 亿元，同比增长 30.53%；实现净利润 2.85 亿元，同比增长 107.74%。不过统计显示电视占长虹总营业收入的比例仍高达 65.95%，长虹命系彩电的状况依旧没有得到改观。

2006 年，四川长虹实现主营业务收入 187.57 亿元，同比增长 24.54%。电视业务所占比重进一步下降，徘徊在 55% 左右，IT、通信等 3C 业务出现良好的增长态势。

2007 年上半年，四川长虹实现营业总收入 106.43 亿元，同比增长 35.97%。

自长虹现任董事长赵勇 2004 年 7 月上任以来，就确定了沿着"传统家电——信息家电——IT"，即主张传统家电信息化、信息产品家电化的产品发展路线，并且大举涉足 IT、网络和"白色家电"业务。长虹近来的财报也显示，这几年传统家电业务在长虹集团所有业务中的比例下降迅速，从 70% 的占比下降至 2007 年的 49%，而 IT、通信、网络等业务的比例则上升至 39%。

具体来说，在手机方面，继长虹手机千万部产能基地落成后，长虹手机业务在 2007 年获得突飞猛进的发展，2007 年 12 月单月的销售量突破 100 万部，从手机新兵跃升至国产手机三强行列。IT 产业方面，2007 年长虹佳华的销售业绩突破 33 亿元，长虹佳华在存储产品分销业务上位居国内第一，笔记本、消费电子、网络等产品分销也稳居前列。在海量分销方面，长虹佳华在成为东芝笔记本产品中国区总代理后，陆续引进了迈克菲、罗技等世界知名品牌；在增值分销方面，长虹佳华存储分销业务销售额超过 4 亿元，成为国内专业存储领域最大的分销商。此外机顶盒业务也做到了市场占有率第一。白色家电方面，被长虹收购后的美菱销售收入从 2005 年的 20 亿元上升到了 2007 年的近 40 亿元，翻了一番；国内冰箱销量由 2005 年的 102 万台上升到 2007 年的超过 200 万台，翻了一番。按照长虹自己的判断，2008 年才是长虹质变的真正"拐点"。这主要有两点原因：一方面，随着等离子屏工厂投产，长虹等离子业务将出现本质变化；另一方面，2008 年恰逢长虹建业

50 周年，这对长虹乃至行业来说也具有深刻意义。熟悉中国彩电行业的人都知道，2007年 4 月下旬长虹投资几十亿元建立的等离子面板工厂的正式动工，在中国彩电业集体被动的平板时代具有历史性意义，而 2008 年下半年长虹等离子面板工厂的投产，将是长虹和中国彩电业竞争格局发生本质改变的关键年。而另一方面，借助长虹建业 50 周年契机，长虹自身也做好了一些准备。长虹企业策划部部长何克思就表示，2007 年长虹研发总投入较上年增加超过 5%，其中国家支持研发项目经费比重较上年增加超过 20%，研发经费支出占产品销售收入比重较上年增长超过 5%。2007 年研发费用超过 15 亿元，2008 年还将有所提升。当然长虹还值得人们期待的是，通过自主技术创新，长虹继续完善和健全其国际化的创新体系，建成具有国际竞争力的世界级创新研发体系，并在标准建设方面不断研发。在长虹 3C 战略转型取得阶段性成果，"黑 + 白"的大家电格局成型并取得不俗成绩的同时，长虹"大公司架构"初见雏形。在大公司架构下，长虹集团确立电子电器、军工和房地产作为三大产业板块。而这三大产业板块将成为长虹新的"三驾马车"。

表 11 - 1 - 1 ~ 表 11 - 1 - 3 是四川长虹 2008 年度的合并资产负债表、合并利润表和合并现金流量表。

表 11 - 1 - 1 　　　　　合并资产负债表

编制单位：四川长虹电器股份有限公司　2008 年 12 月 31 日　　　　　单位：（人民币）元

项　　目	期末余额	年初余额
流动资产：		
货币资金	5 229 826 055.50	2 198 367 309.80
结算备付金		
拆出资金		
交易性金融资产	96 648 015.22	99 674 475.47
应收票据	2 060 814 504.11	3 926 421 762.23
应收账款	2 533 366 271.49	2 290 906 175.42
预付款项	625 904 495.30	516 818 671.58
应收保费		
应收分保账款		
应收分保合同准备金		
应收利息	7 181 608.48	516 471.80
应收股利		
其他应收款	489 386 448.92	1 473 982 812.96
买入返售金融资产		
存货	6 007 823 173.18	6 645 096 382.20
一年内到期的非流动资产	33 430 358.93	37 990 272.00

项 目	期末余额	年初余额
其他流动资产		
流动资产合计	17 084 380 931.13	17 189 774 333.46
非流动资产：		
发放贷款及垫款		
可供出售金融资产	166 422 608.00	
持有至到期投资		
长期应收款	192 905 056.23	171 671 189.38
长期股权投资	490 333 114.49	627 042 265.55
投资性房地产	96 879 662.76	56 612 898.59
固定资产	3 502 249 927.53	2 689 930 641.96
在建工程	3 628 294 096.56	769 224 641.46
工程物资		1 752 178.31
固定资产清理	358 013 123.80	288 302 478.67
生产性生物资产		
油气资产		
无形资产	2 747 099 607.71	2 426 285 465.27
开发支出	90 190 471.63	65 522 518.46
商誉	140 742 981.03	28 738 012.26
长期待摊费用	6 724 659.17	25 646 583.41
递延所得税资产	220 904 557.34	211 351 572.80
其他非流动资产		
非流动资产合计	11 640 759 866.25	7 362 080 446.12
资产总计	28 725 140 797.38	24 551 854 779.58
流动负债：		
短期借款	5 224 731 360.68	3 042 452 634.48
向中央银行借款		
吸收存款及同业存放		
拆入资金		
交易性金融负债		

项　　目	期末余额	年初余额
应付票据	3 726 044 353.02	3 361 725 871.19
应付账款	4 386 594 334.78	3 733 812 586.61
预收款项	709 284 975.18	698 313 754.83
卖出回购金融资产款		
应付手续费及佣金		
应付职工薪酬	297 678 151.34	273 872 958.79
应交税费	−218 229 144.55	−490 524 832.06
应付利息	6 585 802.73	30 158 333.33
应付股利		
其他应付款	553 114 362.35	1 024 164 603.83
应付分保账款		
保险合同准备金		
代理买卖证券款		
代理承销证券款		
一年内到期的非流动负债	170 000 000.00	20 000 000.00
其他流动负债	36 558 494.09	1 004 410 235.98
流动负债合计	14 892 362 689.62	12 698 386 146.98
非流动负债：		
长期借款	784 198 200.00	186 849 100.00
应付债券		
长期应付款		
专项应付款		
预计负债	238 827 440.77	269 620 817.32
递延所得税负债	57 103 714.87	18 406 290.99
其他非流动负债	131 210 008.98	34 512 800.00
非流动负债合计	1 211 339 364.62	509 389 008.31
负债合计	16 103 702 054.24	13 207 775 155.29
股东权益：		
股本	1 898 211 418.00	1 898 211 418.00

项　　目	期末余额	年初余额
资本公积	3 025 667 811.15	3 222 632 787.04
减：库存股		
盈余公积	3 522 356 858.03	3 522 356 858.03
一般风险准备		
未分配利润	566 222 761.85	686 963 157.81
外币报表折算差额	− 25 888 683.04	− 3 344 484.30
归属于母公司所有者权益合计	8 986 570 165.99	9 326 819 736.58
少数股东权益	3 634 868 577.15	2 017 259 887.71
股东权益合计	2 621 438 743.14	11 344 079 624.29
负债和股东权益合计	28 725 140 797.38	24 551 854 779.58

表 11 − 1 − 2　　　　　　　　　　合并利润表

编制单位：四川长虹电器股份有限公司　　　　2008 年 12 月　　　　　　　　单位：（人民币）元

项　　目	本期金额	上期金额
一、营业总收入	27 930 220 901.41	23 248 587 310.53
其中：营业收入	27 930 220 901.41	23 248 587 310.53
利息收入		
已赚保费		
手续费及佣金收入		
二、营业总成本	27 692 332 986.80	23 173 218 141.40
其中：营业成本	23 046 526 292.29	19 594 057 569.05
利息支出		
手续费及佣金支出		
退保金		
赔付支出净额		
提取保险合同准备金净额		
保单红利支出		
分保费用		
营业税金及附加	96 448 361.89	35 028 759.29
销售费用	2 985 539 050.96	2 289 895 907.62

项　目	本期金额	上期金额
管理费用	1 148 006 178.49	882 346 679.55
财务费用	174 033 725.68	201 733 456.27
资产减值损失	241 779 377.49	170 155 769.62
加：公允价值变动收益（损失以"－"号填列）	－65 085 822.93	123 805 926.62
投资收益（损失以"－"号填列）	117 150 413.23	246 585 349.81
其中：对联营企业和合营企业的投资收益	24 048 025.45	1 836 787.44
汇兑收益（损失以"－"号填列）		
三、营业利润（亏损以"－"号填列）	289 952 504.91	445 760 445.56
加：营业外收入	193 402 680.55	100 046 587.87
减：营业外支出	192 748 376.93	20 300 173.27
其中：非流动资产处置净损失	30 555 239.45	15 478 468.32
四、利润总额（亏损总额以"－"号填列）	290 606 808.53	525 506 860.16
减：所得税费用	27 957 113.73	71 302 194.59
五、净利润（净亏损以"－"号填列）	262 649 694.80	454 204 665.57
归属于母公司所有者的净利润	31 116 517.48	370 176 733.30
少数股东损益	231 533 177.32	84 027 932.27
六、每股收益：		
（一）基本每股收益	0.0164	0.1950
（二）稀释每股收益	0.0164	0.1950

表 11－1－3　　　　　合并现金流量表

2008 年 12 月　　　　　单位：（人民币）元

项　目	本期金额	上期金额
一、经营活动产生的现金流量：		
销售商品、提供劳务收到的现金	28 912 241 630.97	23 060 670 498.06
客户存款和同业存放款项净增加额		
向中央银行借款净增加额		
向其他金融机构拆入资金净增加额		
收到原保险合同保费取得的现金		
收到再保险业务现金净额		

续表

项　目	本期金额	上期金额
保户储金及投资款净增加额		
处置交易性金融资产净增加额		
收取利息、手续费及佣金的现金		
拆入资金净增加额		
回购业务资金净增加额		
收到的税费返还	210 738 457.64	137 260 156.44
收到其他与经营活动有关的现金	164 476 120.73	186 236 973.00
经营活动现金流入小计	29 287 456 209.34	23 384 167 627.50
购买商品、接受劳务支付的现金	21 162 688 986.07	20 434 341 620.00
客户贷款及垫款净增加额		
存放中央银行和同业款项净增加额		
支付原保险合同赔付款项的现金		
支付利息、手续费及佣金的现金		
支付保单红利的现金		
支付给职工以及为职工支付的现金	1 738 067 118.92	1 086 780 698.85
支付的各项税费	797 384 693.22	562 160 700.01
支付其他与经营活动有关的现金	2 023 819 902.60	1 694 079 514.13
经营活动现金流出小计	25 721 960 700.81	23 777 362 532.99
经营活动产生的现金流量净额	3 565 495 508.53	-393 194 905.49
二、投资活动产生的现金流量：		
收回投资收到的现金	82 895 275.33	200 236 208.91
取得投资收益收到的现金	65 760 016.81	274 623 934.62
处置固定资产、无形资产和其他长期资产收回的现金净额	476 219 900.24	16 473 062.96
处置子公司及其他营业单位收到的现金净额	7 989 095.51	1 232 307.97
收到其他与投资活动有关的现金	1 690 498 114.50	456 257 023.90
投资活动现金流入小计	2 323 362 402.39	948 822 538.36
购建固定资产、无形资产和其他长期资产支付的现金	2 673 063 122.54	1 142 911 591.02

项　　目	本期金额	上期金额
投资支付的现金	156 086 747.40	1 240 021 250.31
质押贷款净增加额		
取得子公司及其他营业单位支付的现金净额	227 665 427.73	
支付其他与投资活动有关的现金	877 535 479.66	1 022 326 622.01
投资活动现金流出小计	3 934 350 777.33	3 405 259 463.34
投资活动产生的现金流量净额	− 1 610 988 374.94	− 2 456 436 924.98
三、筹资活动产生的现金流量：		
吸收投资收到的现金	891 680 000.00	1 352 028 000.00
其中：子公司吸收少数股东投资收到的现金	891 680 000.00	
取得借款收到的现金	9 639 217 115.33	6 135 907 890.40
发行债券收到的现金		
收到其他与筹资活动有关的现金		674 000 000.00
筹资活动现金流入小计	10 530 897 115.33	8 161 935 890.40
偿还债务支付的现金	8 922 423 957.00	4 844 157 970.78
分配股利、利润或偿付利息支付的现金	487 533 240.66	270 257 339.37
其中：子公司支付给少数股东的股利、利润	6 294 434.54	
支付其他与筹资活动有关的现金	923 878 262.31	273 784 500.00
筹资活动现金流出小计	10 333 835 459.97	5 388 199 810.15
筹资活动产生的现金流量净额	197 061 655.36	2 773 736 080.25
四、汇率变动对现金及现金等价物的影响	− 22 608 942.28	− 22 563 911.45
五、现金及现金等价物净增加额	2 128 959 846.67	− 98 459 661.67
加：期初现金及现金等价物余额	2 043 582 809.80	2 142 042 471.47
六、期末现金及现金等价物余额	4 172 542 656.47	2 043 582 809.80

（二）　深康佳

公司名称：康佳集团股份有限公司

证券简称：深康佳 A（000016）

板块类别：工业类　深圳成份指数股

行业类别：电子产品——家用电器

上市地点：深圳证券交易所

上市日期：1992 年 3 月 27 日

主营业务范围：电视机、收录机、音响组合、激光唱机、传真机、对讲机、数字通信设备。

康佳集团成立于 1980 年 5 月 21 日，前身是"广东光明华侨电子工业公司"，是中国改革开放后诞生的第一家中外合资电子企业，初始投资 4 300 万港元。1991 年，康佳集团改组为中外公众股份制公司。1992 年，康佳 A、B 股股票同时在深圳证券交易所上市，现有总资产近百亿元、净资产近 40 亿元、总股本 12.04 亿股，华侨城集团为第一大股东。截至 2008 年 12 月 31 日，公司总股本为 120 397 万股，流通 A 股 59 991 万股，限售 A 股 19 839 万股，流通 B 股 40 568 万股。

康佳集团主要从事彩色电视机、手机、白色家电、生活电器、LED、机顶盒及相关产品的研发、制造和销售，兼及精密模具、注塑件、高频头、印制板、变压器及手机电池等配套业务，是中国领先的电子信息企业。康佳集团始终坚持"科技兴企"的发展思路，致力于成为国际化的高科技企业，全面推行集成化产品研发管理体制，建立了研究院——开发中心——专业设计所的三级研发体系，拥有国家认定企业技术中心和博士后科研工作站，产品研发水平达到世界先进水平。康佳集团着力于实施"卓越制造工程"，通过资本运营方式，在海内外构建了布局合理的生产经营格局，年总生产能力达 2 500 万台。康佳建立了一流的质量测试系统和环保控制体系，在全国彩电行业中首家获得 ISO9001 质量管理体系和 ISO14001 环境管理体系国际、国内双重认证，康佳彩电多次被评为"中国名牌产品"，彩电和冰箱也被国家质量技术监督局列为首批免检产品，并荣获了 2006 年度深圳市市长质量奖。康佳集团拥有覆盖面广、服务完善的营销服务网络，在国内建立了 50 多个营销分公司、数百个销售经营部及 3 000 多个维修服务网点，海外业务也已拓展到世界 100 多个国家和地区。康佳彩电国内零售市场占有率连续六年位居第一，手机也进入国产品牌三甲行列，"KONKA 康佳"商标被国家认定为"中国驰名商标"，并入选"中国最有价值品牌"，品牌价值达 150 多亿元。

面向未来，康佳集团正以崭新的形象，以创新为动力，以市场为导向，向现代化的高科技企业目标前进，努力打造一个世界级的中国品牌。康佳集团始终以发展和提升为经营主旋律，不断进行管理创新，率先实现了低成本扩张的成功探索，构建了布局合理的生产经营战略格局，推行了价值经营与三大工程的竞争策略，实行业务单元事业部运作制，实施内部交易，全面推进企业的向前发展。

价值经营：以企业利润和品牌增值为导向，以差异化竞争为基础，以价值增值为目的，来统领采购、制造、研发、品质、营销等各项工作的竞争策略。

三大工程：质量工程、精品工程、创新工程。

2008 年，公司主业保持强劲增长，内销彩电业务实现销售收入 83.65 亿元，同比增长 3.7%。数据显示，2008 年年底，公司彩电产品总体市场占有率排名第一；CRT 电视占有率量、额保持双第一，最高达 23.34%，领先于竞争对手近 7 个百分点；平板电视占有率也不断攀升，市场排名也由国内外全品牌的第五位跃居到 2008 年年底的第二位。

深康佳彩电业绩的高速增长主要是抓住奥运商机，以"运动高清"平板为拳头产品迅速占领市场。此外，"家电下乡"也成为拉升康佳整体业务增长的新助力，2008 年康佳深耕三、四级市场，完成了近 2 000 家二、三级市场渠道终端门店的平板化改造，使一级城市和地、县市场联动发展。自 2008 年 12 月"家电下乡"推广工程开展以来，深康佳在地县农村市场销售收入接近 6 亿元，同比增长幅度超过 20%。除了彩电业务的放量增长，康佳手机、白色家电、LED、数网等多元化业务也取得突破增长。康佳手机在国内市场推出了"双卡双待"、"精钢"等系列，在双卡双待市场上实现了行业领先。

2008 年 8 月，康佳集团宣布投资 8.86 亿元，在江苏昆山建设 8 条液晶模组生产线。该厂是目前中国最大的液晶模组基地，建成后将大大提高康佳对液晶电视产业链的掌控程度。行业分析人士表示，在金融危机之中，康佳 2008 年业绩依旧保持稳定增长，显示企业发展战略布局正日趋成熟。

下面是深康佳 2008 年度的合并资产负债表、合并利润表和合并现金流量表。

表 11-1-4 　　　　　　　　　　　合并资产负债表

编制单位：康佳集团股份有限公司　　　2008 年 12 月 31 日　　　　　　　　单位：（人民币）元

项　　目	期末余额	年初余额
流动资产：		
货币资金	2 066 252 494.08	1 784 793 554.02
结算备付金		
拆出资金		
交易性金融资产		22 840 195.08
应收票据	2 602 862 135.40	2 916 377 359.85
应收账款	1 326 261 316.54	1 040 182 919.53
预付款项	258 992 334.73	151 396 359.00
应收保费		
应收分保账款		
应收分保合同准备金		
应收利息	19 905 867.09	12 477 951.79
应收股利		
其他应收款	81 299 762.88	132 318 283.67
买入返售金融资产		
存货	2 573 776 867.13	2 934 629 182.87

续表

项　目	期末余额	年初余额
一年内到期的非流动资产		
其他流动资产		
流动资产合计	8 929 350 777.85	8 995 015 805.81
非流动资产：		
发放贷款及垫款		
可供出售金融资产	9 756 649.50	60 721 570.37
持有至到期投资		
长期应收款		
长期股权投资	21 610 338.75	51 645 230.53
投资性房地产		
固定资产	1 344 177 898.16	1 275 584 101.48
在建工程	27 331 613.11	45 048 689.75
工程物资		
固定资产清理		
生产性生物资产		
油气资产		
无形资产	69 223 899.60	80 732 491.66
开发支出		
商誉	3 943 671.53	3 943 671.53
长期待摊费用	19 897 124.12	23 849 638.87
递延所得税资产	91 993 543.01	63 408 491.10
其他非流动资产		
非流动资产合计	1 587 934 737.78	1 604 933 885.29
资产总计	10 517 285 515.63	10 599 949 691.10
流动负债：		
短期借款	1 346 375 610.78	1 281 269 907.72
向中央银行借款		
吸收存款及同业存放		
拆入资金		

项　　目	期末余额	年初余额
交易性金融负债	12 481 880.16	40 089 820.00
应付票据	2 637 681 947.36	3 415 401 298.67
应付账款	1 571 761 341.98	995 897 141.52
预收款项	179 376 510.50	223 289 431.96
卖出回购金融资产款		
应付手续费及佣金		
应付职工薪酬	168 838 494.96	162 790 579.83
应交税费	14 263 975.12	16 023 708.56
应付利息	8 247 223.62	22 422 410.53
应付股利	7 108 659.46	3 336 538.97
其他应付款	527 535 236.31	626 548 059.95
应付分保账款		
保险合同准备金		
代理买卖证券款		
代理承销证券款		
一年内到期的非流动负债		
其他流动负债		
流动负债合计	6 473 670 880.25	6 787 068 897.71
非流动负债：		
长期借款		
应付债券		
长期应付款		
专项应付款		
递延收益	43 578 369.62	29 826 225.37
预计负债		
递延所得税负债	563 067.21	3 783 805.52
其他非流动负债		
非流动负债合计	44 141 436.83	33 610 030.89
负债合计	6 517 812 317.08	6 820 678 928.60

项　　目	期末余额	年初余额
所有者权益（或股东权益）：		
实收资本（或股本）	1 203 972 704.00	601 986 352.00
资本公积	1 256 138 295.21	1 876 606 062.32
减：库存股		
盈余公积	804 896 533.82	781 670 420.36
一般风险准备		
未分配利润	500 638 125.11	273 047 084.22
外币报表折算差额	9 397 273.34	7 799 216.25
归属于母公司所有者权益合计	3 775 042 931.48	3 541 109 135.15
少数股东权益	224 430 267.07	238 161 627.35
所有者权益合计	3 999 473 198.55	3 779 270 762.50
负债和所有者权益总计	10 517 285 515.63	10 599 949 691.10

表 11 - 1 - 5　　　　　　　　　　　　合并利润表

编制单位：康佳集团股份有限公司　　　2008 年 12 月　　　单位：（人民币）元

项　　目	本期金额	上期金额
一、营业总收入	12 205 292 227.57	12 169 078 369.50
其中：营业收入	12 205 292 227.57	12 169 078 369.50
利息收入		
已赚保费		
手续费及佣金收入		
二、营业总成本	11 923 227 894.81	11 904 966 339.71
其中：营业成本	9 883 102 555.52	9 804 186 357.31
利息支出		
手续费及佣金支出		
退保金		
赔付支出净额		
提取保险合同		
准备金净额		
保单红利支出		
分保费用		

项　目	本期金额	上期金额
营业税金及附加	4 170 880.39	3 166 505.49
销售费用	1 520 386 793.94	1 592 452 280.71
管理费用	432 537 982.69	418 146 607.17
财务费用	1 318 507.81	15 050 936.06
资产减值损失	81 711 174.46	71 963 652.97
加：公允价值变动收益（损失以"－"号填列）	－12 481 880.16	－17 249 624.92
投资收益（损失以"－"号填列）	－3 708 539.71	8 642 402.90
其中：对联营企业和合营企业的投资收益	－690 035.55	－621 235.60
汇兑收益（损失以"－"号填列）		
三、营业利润（亏损以"－"号填列）	265 873 912.89	255 504 807.77
加：营业外收入	27 884 850.52	12 004 715.77
减：营业外支出	12 912 868.89	11 059 138.99
其中：非流动资产处置损失	6 652 412.36	4 022 131.66
四、利润总额（亏损总额以"－"号填列）	280 845 894.52	256 450 384.55
减：所得税费用	22 521 423.18	44 526 238.06
五、净利润（净亏损以"－"号填列）	258 324 471.34	211 924 146.49
归属于母公司所有者的净利润	250 817 154.35	207 091 715.42
少数股东损益	7 507 316.99	4 832 431.07
六、每股收益：		
（一）基本每股收益	0.2083	0.1720
（二）稀释每股收益	0.2083	0.1720

表 11－1－6　　　　　　　合并现金流量表

编制单位：康佳集团股份有限公司　　2008 年 12 月　　　　单位：（人民币）元

项　目	本期金额	上期金额
一、经营活动产生的现金流量：		
销售商品、提供劳务收到的现金	13 416 342 914.29	13 386 374 956.57
客户存款和同业存放款项净增加额		
向中央银行借款净增加额		

项　　目	本期金额	上期金额
向其他金融机构拆入资金净增加额		
收到原保险合同保费取得的现金		
收到再保险业务现金净额		
保户储金及投资款净增加额		
处置交易性金融资产净增加额		
收取利息、手续费及佣金的现金		
拆入资金净增加额		
回购业务资金净增加额		
收到的税费返还	77 849 353.60	78 634 125.53
收到其他与经营活动有关的现金	103 203 885.47	140 214 264.67
经营活动现金流入小计	13 597 396 153.36	13 605 223 346.77
购买商品、接受劳务支付的现金	10 236 431 232.19	10 775 320 718.69
客户贷款及垫款净增加额		
存放中央银行和同业款项净增加额		
支付原保险合同赔付款项的现金		
支付利息、手续费及佣金的现金		
支付保单红利的现金		
支付给职工以及为职工支付的现金	850 940 738.59	756 984 289.09
支付的各项税费	1 025 589 614.95	875 665 140.84
支付其他与经营活动有关的现金	1 121 792 489.34	1 162 113 699.30
经营活动现金流出小计	13 234 754 075.07	13 570 083 847.92
经营活动产生的现金流量净额	362 642 078.29	35 139 498.85
二、投资活动产生的现金流量：		
收回投资收到的现金	47 065 893.48	30 977 811.00
取得投资收益收到的现金	5 460 641.00	8 773 933.59
处置固定资产、无形资产和其他长期资产收回的现金净额	40 466 824.25	4 327 896.35
处置子公司及其他营业单位收到的现金净额	24 150.00	
收到其他与投资活动有关的现金	29 198 806.33	2 056 103 685.21

续表

项　　目	本期金额	上期金额
投资活动现金流入小计	122 216 315.06	2 100 183 326.15
购建固定资产、无形资产和其他长期资产支付的现金	160 001 413.50	167 387 122.20
投资支付的现金	84 360.00	37 714 728.60
质押贷款净增加额		
取得子公司及其他营业单位支付的现金净额		
支付其他与投资活动有关的现金	20 269 150.00	2 056 005 544.03
投资活动现金流出小计	180 354 923.50	2 261 107 394.83
投资活动产生的现金流量净额	− 58 138 608.44	− 160 924 068.68
三、筹资活动产生的现金流量：		
吸收投资收到的现金		
其中：子公司吸收少数股东投资收到的现金		
取得借款收到的现金	2 449 996 862.25	1 320 311 139.55
发行债券收到的现金		
收到其他与筹资活动有关的现金	1 036 141 024.71	
筹资活动现金流入小计	3 486 137 886.96	1 320 311 139.55
偿还债务支付的现金	2 375 918 008.59	15 000 000.00
分配股利、利润或偿付利息支付的现金	108 561 447.16	69 482 554.53
其中：子公司支付给少数股东的股利、利润		
支付其他与筹资活动有关的现金	1 204 946 154.12	1 032 235 139.55
筹资活动现金流出小计	3 689 425 609.87	1 116 717 694.08
筹资活动产生的现金流量净额	− 203 287 722.91	203 593 445.47
四、汇率变动对现金及现金等价物的影响	− 8 747 294.35	− 3 490 286.99
五、现金及现金等价物净增加额	92 468 452.59	74 318 588.65
加：期初现金及现金等价物余额	752 558 414.47	678 239 825.82
六、期末现金及现金等价物余额	845 026 867.06	752 558 414.47

资料来源：www. cnstock. com，中国证券网等。

九、要求

1. 根据年度报告的有关资料，对比计算并解释两个公司 2007 年度、2008 年度的反映偿债能力、营运能力、盈利能力的财务指标。

2. 综合评价两个公司2008年度的财务状况和经营成果，并阐述应该从哪些方面及采用何种措施改善企业的财务状况。

3. 运用杜邦分析法分析四川长虹2007年度、2008年度净资产收益率变动情况及其变动原因。

4. 撰写一份2008年度四川长虹的年度财务分析报告。

5. 搜集与上述两家公司近年来相关的其他资料，对两家公司的经营和财务状况进行评价。你会选择哪一家公司进行投资，为什么？

实训 K002：嘉兴交通投资公司筹资案例

一、实训名称和性质

实训名称	嘉兴交通投资公司筹资案例
面向专业或课程	财务管理专业《财务管理专业实习技能训练》课程
实训学时分配	4
实训性质	☐调查　☑案例　☐软件模拟
必做/选做	☑必做　☐选做

二、实训目的和要求

《财务管理专业实习技能训练》是一门实践性很强的学科，因此在本课程内容中进行实训等实践性教学是课程必不可少的重要环节。通过本实训，旨在使学生巩固、应用所学理论，理解债券筹资对企业财务管理的影响。

三、知识准备

前期要求掌握的知识、相关理论：

熟练掌握企业筹资的一般财务管理知识，而且要求学生事先搜集嘉兴交通投资公司相关的资料，掌握好与本课程相关的经济法、金融等相关经济法律等知识。

参考书：

1.《财务管理》（会计中级职称考试教材），中国财政经济出版社2010年版。

2.《财务成本管理》（注册会计师全国考试指定辅导教材），经济科学出版社2010年版。

3. 荆新、王化成、刘俊彦：《财务管理学》（第五版），中国人民大学出版社2009年版。

四、实训组织和安排

本案例是对企业筹资等相关知识体系的检查和整合。要求学生一人一组，实验分析前认真准备，写作报告和讨论中积极思考，完成后认真总结提高，并按要求上交案例分析报告及相关材料。

五、注意事项

嘉兴交通投资公司发行债券有其特殊的历史背景，分析时应关注。

六、实训结果提交方式

实训项目应按照要求写出规范的实训报告。每个实训项目的实训报告应填明课程名称、实训项目名称、班级、姓名、学号，根据实训项目具体内容不同，分别写明每个实训项目的实训目的、实训原理和步骤、实训内容及数据及实训结论、收获建议等。

七、实训考核方式和标准

参见"财务管理专业实习技能训练"课程实验（实训）报告评分标准。

八、实训材料

嘉兴交通投资公司筹资案例

发行公路债券是美国州政府和地方各级政府自公路建设之始至今最常采用的融资方式。美国公路债券分全面责任债券、有限责任债券和收入债券三种。全面责任债券完全依靠发券机构的名誉和信用作为担保，由于公路债券数额巨大，仅凭发券机构的名誉和信用无法保证持券人有安全感，因此这种债券较少采用；有限责任债券是以州和地方政府的燃油税等道路使用者税收作担保（1992 年《联邦公路法案》进一步规定允许州和地方政府拨款偿还贷款本息）；收入债券是以收费公路预期费作为担保。后两种债券由于担保牢靠，又加之公路债券利率高于一般金融市场存款利率，并且联邦政府规定公路债券所获利息收入免交联邦所得税，取得了较好的融资效果。美国州政府和地方政府是公路债券的主要发行者。美国地方政府 1994 年发行公路债券筹资 32.2 亿美元，占全国地方政府同期公路总资金投入的 9.1%；美国州政府 1995 年发行公路债券 46.7 亿美元，占全国州政府同期公路总资金投入的 6.8%。

嘉兴交通投资公司是于 1998 年 5 月 8 日经嘉兴市人民政府嘉政发〔1998〕57 号文批准成立的国有企业。公司主要从事高等级公路及其配套项目的投资开发和沿线房地产及土地开发等业务。发行人拥有嘉兴市杭州湾大桥投资开发有限责任公司、浙江苏嘉国际贸易股份有限公司、浙江苏嘉房地产实业股份有限公司、浙江省苏嘉园林发展股份有限公司等16 家控股或参股子公司。自成立以来，发行人先后出资组建了多家子公司作为项目法人投资建设乍嘉苏高速公路、嘉盐公路、07省道改建工程、南湖大道等工程项目。截至2004年12月31日，发行人资产总额99.58亿元，净资产64.94亿元，2004年度实现净利润2.36亿元。

"十一五"发展规划，给我们描绘了嘉兴美好的蓝图。在未来的五年中，嘉兴将建设成为长三角经济强市、杭州湾滨海新市和江南水乡文化大市，为了实现这些目标，嘉兴市扎实开展"项目推进年"活动，重点推出一批事关经济社会发展全局的重大项目，如高速公路、城市交通、社会事业、开发区路网建设项目等。由于这些基础设施和社会事业类项目基本都由市级国资营运公司承担。要如期开工建设重点项目，完成政府指令性任务，使国资营运公司真正成为政府提供公共服务、创造发展环境的平台和载体，建设资金的严重缺口成为建设开发的瓶颈制约。对此，嘉兴市国资系统发挥职能优势，坚持监管与服务并重，将监管工作寓服务之中，拓宽视野，不断探索，在巩固扩大银行借贷规模的同时，整合国资营运公司优势资源，创新融资方式、拓展融资渠道，整个融资工作取得了明显成效，有效地缓解了资金紧张的局势，为开发建设注入了新的活力。

1. 成功发行企业债券——抢喝头口水。

企业债券作为一种融资工具，因其具有融资成本相对较低、杠杆效应、节税效应、不分散企业控制权等优势，是西方发达国家企业融资的重要手段，在国际成熟的证券市场上占据重要地位。而我国长期以来企业利用债券融资的规模相对于股票市场而言显得微不足道，企业债券市场与股票市场的发展比例很不协调。2004年1月，国务院在《关于推进资本市场改革开放和稳定发展的若干意见》中明确提出积极稳妥发展债券市场，鼓励符合条件的企业通过发行企业债券筹集资金，改变债券融资相对滞后的状况。

嘉兴市交通投资集团以其控股公司——嘉兴市高等级公路投资有限公司为发行人，经国家发展和改革委员会批准，于2006年2月6日公开发售25亿元、10年期的交通建设债券。"06嘉交通债"的成功发行，改变了以往嘉兴市重大基础设施建设向银行贷款的单一间接融资模式，是嘉兴市首次尝试通过资本市场筹措重大基础设施建设资金，也是我国第一家获准在全国发行企业债券的地级市国有企业。整个融资成本比一般银行贷款，可节约财务成本4亿元。嘉兴市交投集团公司成功发行企业债券，除了成功破解高速公路建设中的融资"瓶颈"外，还标志着国资营运公司主动出击，学会用全新的融资理念寻求突围，是一个显示竞争实力的明证，是一种信心的彰显。嘉兴交投公司25亿债券起息日为2006/02/06，兑付日为2016/02/06，债券年利率为4.35%。

嘉兴交投公司债券发行符合的条件：

（1）嘉兴交投公司所筹资金用来建设杭甬高速公路及杭州湾跨海大桥，此用途符合国家产业政策和行业发展规划。

（2）有限责任公司的净资产额不低于人民币6 000万元，发行时嘉兴交投公司净资产为770 833万元，符合条件。

（3）嘉兴交投公司的资产负债率 = 负债总额÷资产总额 = 674 051÷1 444 884 = 46.65%，资产负债率偏低，其偿债有保证。产权比率 = 负债总额÷所有者权益 = 674 051÷770 833 =

87.44%。其比率小于1，负债偿还保证程度好，有较强的到期偿债能力。

（4）企业发行债券余额不得超过其净资产的40%。该企业为第一次发行企业债券，累计发行额为250 000万元，而净资产的40%即770 833×40% = 308 333.2万元，未超过，所以符合条件。

（5）累计发行额不得超过该项目总投资的20%。该项目的总投资为1 151 600万元，累计发行额为250 000万元，250 000÷1 151 600 = 21.7%，基本符合。

2. 启动信托融资——信誉为本、合作共赢。

信托融资是指通过有关投资信托公司，采用集合信托方式向社会投资者筹资，获得的资金用于城市基础设施建设。

嘉兴市交通投资集团有限责任公司继公开发行25亿元交通建设债券后，又委托新华信托投资股份有限公司发行期限为4～9年的12亿元信托资金，所融资金全部注入嘉兴市的交通建设事业。嘉兴优越的区位条件，日益增长的经济社会发展势头，高速增长的交通运输需求和广阔的高速公路发展前景，使嘉兴吸引了越来越多的像新华信托这样的外地资本。有力的资金支持将保证各工程项目顺利完工，促进嘉兴乃至长三角高速公路网络的完善，为嘉兴市全面接轨大上海、融入长三角做好交通基础设施保障。

资料来源：应丽斋、徐行翔：《嘉兴突围融资困境》，载于《嘉兴日报》2006年2月8日。

九、要求

1. 结合案例分析发行债券筹资的优缺点？

2. 试用一种现代资本结构理论解释嘉兴市交通投资集团有限责任公司债券筹资的必要性。

3. 分析嘉兴市交通投资集团有限责任公司发行债券筹资的风险及其防范。

实训 K003：欧洲隧道项目评价案例

一、实训名称和性质

实训名称	欧洲隧道项目评价案例
面向专业或课程	财务管理专业《财务管理专业实习技能训练》课程
实训学时分配	4
实训性质	☐ 调查　☑ 案例　☐ 软件模拟
必做/选做	☑ 必做　☐ 选做

二、实训目的和要求

《财务管理专业实习技能训练》是一门实践性很强的学科，因此在本课程内容中进行实训等实践性教学是课程必不可少的重要环节。通过本实训，旨在使学生巩固、应用所学理论，熟练运用投资项目评价的基本做法。

三、知识准备

前期要求掌握的知识、相关理论：

熟练掌握企业投资、项目评估的一般财务管理知识，而且要求学生事先搜集欧洲隧道项目的资料，掌握好与本课程相关的投资、筹资、项目评价等经济法律知识。

参考书：

1.《财务管理》（会计中级职称考试教材），中国财政经济出版社 2010 年版。

2.《财务成本管理》（注册会计师全国考试指定辅导教材），经济科学出版社 2010年版。

3. 荆新、王化成、刘俊彦：《财务管理学》（第五版），中国人民大学出版社 2009年版。

四、实训组织和安排

本案例是对企业投资、项目评估等相关知识体系的检查和整合。要求学生一人一组，实验分析前认真准备，写作报告和讨论中积极思考，完成后认真总结提高，并按要求上交案例分析报告及相关材料。

五、注意事项

因年限较长，计算工作量大，可充分利用计算机工具进行有关的计算和分析。

六、实训结果提交方式

实训项目应按照要求写出规范的实训报告。每个实训项目的实训报告应填明课程名称、实训项目名称、班级、姓名、学号，根据实训项目具体内容不同，分别写明每个实训项目的实训目的、实训原理和步骤、实训内容及数据及实训结论、收获建议等。

七、实训考核方式和标准

参见"财务管理专业实习技能训练"课程实验（实训）报告评分标准。

八、实训材料

欧洲隧道项目评价案例

欧洲隧道（Eurotunnel）连接英国多佛和法国加莱地区，又称英法海峡隧道，可以说是 20 世纪最伟大的土木工程项目之一。其项目的复杂性，所使用技术的先进性，所涉及领域的广阔性使其在世界隧道建筑史中占据重要地位。这样一个宏伟的工程项目却是由私人资本所兴建的，更使其在项目融资、投资上的经验和教训足以成为投资学教科书中的经典案例，在该项目已经竣工运营后仍然值得我们对该项目深入分析研究。

欧洲隧道项目开始于 1984 年，并于 1994 年竣工。整个工程包括双向铁路隧道、底层结构、铁路机车和终点站。它把英国的铁路系统与法国及其他欧洲大陆国家的铁路系统连接在一起。该工程可提供舒适、快捷、频率高及可靠的铁路服务并对伦敦和巴黎之间的空运形成威胁。

隧道的开通填补了欧洲铁路网中短缺的一环，大大方便了欧洲各大城市之间的来往。英、法、比利时三国铁路部门联营的"欧洲之星"列车车速达 300km/h；平均旅行时间，在伦敦与巴黎之间为 3 个小时，在伦敦和布鲁塞尔之间为 3 小时 10 分。如果把从市区到机场的时间算在内，乘飞机还不如乘"欧洲之星"快。欧洲隧道还专门设计了一种运送公路车辆的区间列车，称"乐谢拖"。各种大小汽车都可以全天候地通过英吉利海峡，从而使欧洲公路网也连成了一体。人们称誉这项工程为一梦 200 年海峡变通途。

从工程学的角度来看，该项目在技术上很简单。最初估计项目的成本将达到 48 亿英镑，后来又增加到 60 亿英镑。1986～1993 年期间，建筑成本每年的开销比较平稳。工程的赞助商为它提供了 10 亿英镑的权益资金和 50 亿英镑的债务资金。大部分债务为浮动利率（利率根据当前市场利率定期调整）。

赞助商得到的回报是：从竣工起到 2041 年止，他们有权经营这个项目。项目产生的所有收入归他们所有，但所有成本也由他们支付。到 2041 年末，英法政府将成为本项目的所有者并且不再给赞助商任何补偿。

表 11 – 3 – 1 给出了项目的一系列预测值。

表 11 – 3 – 1　　　　　　　　欧洲隧道项目现金流量预测　　　　　　　　单位：百万英镑

年份	1994	1995	1996	1997	1998	1999	2000	2001	2002	2003	2013	2023	2033	2041
收入														
运输工具	384	423	463	505	551	599	652	709	770	836	1763	3 527	6 682	10 650
铁路	314	341	368	396	430	459	493	530	569	612	1191	2 105	3 641	5 526
辅助设备	64	71	77	85	91	100	109	117	127	138	282	552	1 033	1 648
总收入	762	835	908	986	1 072	1 158	1 254	1 356	1 466	1 586	3 236	6 184	11 356	17 824
营业成本														
固定费用	88	92	99	107	117	126	137	148	161	174	314	562	1 006	1 604
变动费用	57	63	69	76	89	90	98	107	116	130	317	645	1 240	2 000
营业成本合计	145	155	168	183	206	216	235	255	277	304	631	1 207	2 246	3 604
折旧	158	159	160	162	167	169	171	173	176	184	234	271	328	383
利息净支出	351	322	307	291	277	265	234	212	190	171	39	173	370	616
税前利润	108	199	273	350	422	508	614	716	823	927	2 410	4 879	9 152	14 453
所得税	18	38	53	69	88	198	240	279	321	361	934	1 893	3 547	5 573
税后利润	90	161	220	281	334	310	374	437	502	566	1 476	2 986	5 605	8 880

资料来源：Eurotunnel P. L. A/Eurotunnel S. A. Offer for Sate of 220 000 000 Unite with New Warrants（November 16，1987），54 – 55.

九、要求

1. 假设 2003～2013 年之间，表 11 – 3 – 1 中每一项的各年增长额相等，计算该项目 2004～2012 年间各年的预测值。

2. 上题中的假设也同样适用于 2013～2023 年、2023～2033 年以及 2033～2041 年，预测 1994～2041 年间各年的税后现金流量。

3. 假设年均利息成本为每年 10%，权益资金的期望报酬率为 18%，边际所得税税率为 40%。从赞助商的角度，要求：

（1）计算项目的加权平均资本成本。
（2）计算项目的净现值。
（3）计算项目的内含报酬率。
（4）该项目能创造价值吗？

4. 欧洲隧道项目在项目融资、投资上的经验和教训对我国有何借鉴意义？

实训 K004： 你愿意将资金投向海宁皮城吗

一、实训名称和性质

实训名称	你愿意将资金投向海宁皮城吗
面向专业或课程	财务管理专业《财务管理专业实习技能训练》课程
实训学时分配	4
实训性质	☐ 调查　☑ 案例　☐ 软件模拟
必做/选做	☑ 必做　☐ 选做

二、实训目的和要求

《财务管理专业实习技能训练》是一门实践性很强的学科，因此在本课程内容中进行实训等实践性教学是课程必不可少的重要环节。通过本实训，旨在使学生巩固、应用所学理论，理解投资决策和财务分析的基本做法。

三、知识准备

前期要求掌握的知识、相关理论：

熟练掌握证券投资、财务分析的一般财务管理知识，而且要求学生事先搜集海宁皮城上市公司的资料，掌握好与本课程相关的管理学、金融等相关经济法律等知识。

参考书：

1. 《财务管理》（会计中级职称考试教材），中国财政经济出版社 2010 年版。

2. 《财务成本管理》（注册会计师全国考试指定辅导教材），经济科学出版社 2010 年版。

3. 荆新、王化成、刘俊彦：《财务管理学》（第五版），中国人民大学出版社 2009 年版。

四、实训组织和安排

本案例是对证券投资等相关知识体系的检查和整合。要求学生一人一组，实验分析前认真准备，写作报告和讨论中积极思考，完成后认真总结提高，并按要求上交案例分析报告及相关材料。

五、注意事项

上市公司的经营状况变化较快，分析时需关注近年来海宁皮城公司的财务状况、经营成果和现金流量状况，以便作进一步的对比分析。

六、实训结果提交方式

实训项目应按照要求写出规范的实训报告。每个实训项目的实训报告应填明课程名称、实训项目名称、班级、姓名、学号，根据实训项目具体内容不同，分别写明每个实训项目的实训目的、实训原理和步骤、实训内容和数据以及实训结论、收获建议等。

七、实训考核方式和标准

参见"财务管理专业实习技能训练"课程实验（实训）报告评分标准。

八、实训材料

你愿意将资金投向海宁皮城吗

（一）　海宁皮城（002344）股票发行情况

1. 发行数量。

本次公开发行总股数为 7 000 万股，其中，网下向配售对象询价配售股票数量为1 400 万股，占本次发行总量的 20%；网上向社会公众投资者定价发行股票数量为 5 600 万股，占本次发行总量的 80%。

2. 发行价格。

本次公开发行的价格为 20.00 元/股。

3. 发行市盈率。

发行市盈率 69.33 倍（每股收益按照经会计师事务所遵照中国会计准则审核的扣除非经常性损益前后孰低的 2008 年净利润除以本次发行后的总股数计算）。

4. 发行方式及认购情况。

本次发行采用网下向配售对象询价配售和网上向社会公众投资者定价发行相结合的方式。其中，网下向配售对象询价配售股票数量为 1 400 万股，有效申购数量为 183 090 万股，有效申购获得配售的比例为 0.76 465 126%，认购倍数为 130.78 倍；网上定价发行股票数量为 5 600 万股，中签率为 0.5 273 365 872%，认购倍数为 190 倍。本次网下发行与网上发行均不存在余股。

5. 募集资金总额及注册会计师对资金到位的验证情况。

本次发行募集资金总额为 1 400 000 000.00 元。天健会计师事务所有限公司对公司首次公开发行股票的资金到位情况实施了验证，出具了天健验〔2010〕10 号《验资报告》。

6. 发行费用。

本次发行费用总额为 55 795 000.00 元，具体情况如下：

（1）承销及保荐费用 4 665.00 万元。

（2）审计验资费用 321.5 万元。

（3）律师费用 87 万元。

（4）信息披露、路演推介、股份登记、上市初费等 506 万元。

合计 5，579.50 万元。

每股发行费用 0.80 元/股（每股发行费用＝发行费用总额÷本次发行股数）。

7. 募集资金净额。

本次发行募集资金净额为 1 344 205 000.00 元，超募资金额为 883 205 000.00 元。

8. 发行后每股净资产。

本次发行后每股净资产为 6.56 元（按 2009 年 6 月 30 日经审计的归属于母公司所有者权益加上本次发行募集资金净额之和除以本次发行后总股本计算）。

9. 发行后每股收益。

本次发行后每股收益为 0.29 元（按 2008 年度经审计的扣除非经常性损益前后孰低的归属于母公司股东的净利润除以本次发行后总股本计算）。

表 11 - 4 - 1　　　　　　　　海宁皮城的经营业绩和财务状况

变更时间	2009 年 9 月 30 日	2009 年 6 月 30 日	2008 年 12 月 31 日	2007 年 12 月 31 日	2006 年 12 月 31 日
变动原因	季报	中报	年报	年报	年报
流动资产（万元）	94 814.29	92 917.00	52 165.06	65 522.05	87 131.05
总资产（万元）	182 778.66	181 664.58	139 754.59	130 315.92	124 524.66
股东权益（万元）	50 548.42	51 560.29	46 334.96	36 589.75	14 329.59
股本总额（万元）	21 000.00	21 000.00	21 000.00	21 000.00	4 760.78
流动负债（万元）	98 669.24	84 604.29	65 819.64	78 854.17	102 795.07
长期负债（万元）	33 561.00	45 500.00	27 600.00	14 872.00	7 400.00
主营业务收入（万元）	37 506.57	26 978.95	64 585.64	64 734.00	43 572.69
营业利润（万元）	6 064.65	5 631.74	12 941.62	11 818.83	5 410.38
利润总额（万元）	7 642.04	7 210.18	13 415.10	12 427.58	5 863.90
净利润（万元）	5 664.18	5 128.68	8 462.89	8 089.80	3 548.08
每股收益（元）	0.27	0.24	0.40	0.39	
每股净资产（元）	2.40	2.34	2.10	1.69	2.84
净资产收益率（%）	11.25	10.43	19.22	22.74	26.27
股东权益比例	0.28	0.28	0.33	0.28	0.12

截止到 2009 年 9 月 30 日，公司流动资产、流动负债和总资产分别为 948 142 926.26 元、986 692 405.85 元和 1 827 786 564.94 元，较上年末分别增长 81.76%、49.91% 及 30.79%。流动资产增长较快主要是货币资金、存货增加，流动负债增长主要是预收款项

增加。

　　商铺及配套物业的销售业务随着公司各项物业的开发及销售时间不同而具有一定的波动性。2009 年前三季度，部分预售物业未达到收入确认条件，使得 2009 年 1～9 月公司营业收入较 2008 年同期减少 10.54%、利润总额及归属于发行人股东的净利润较 2008 年同期略有下降。

　　由于皮都东方艺墅及综合商务楼的预售，使得 2009 年 1～9 月经营活动现金流净额较 2008 年同期大幅增长。

　　公司报告期内经营状况良好，财务状况稳定，本报告期没有对财务数据和指标产生重大影响的其他重要事项。

　　2008 年度，归属于母公司的净利润为 8 462.89 万元。由于当期符合销售收入确认条件的物业较少，使得 2009 年营业收入有所下降，但毛利率较高的租赁业务收入增长较快，2009 年度利润总额较 2008 年度基本持平。由于少数股东权益减少，预计 2009 年度归属于母公司净利润较 2008 年度增长 10%～20%。

（二）　本次募集资金运用

1. 募集资金投资项目的安排计划。

公司拟向社会公开发行人民币普通股（A 股）7 000 万股，募集资金总额为 140 000 万元。本次募集资金将用于海宁中国皮革城三期工程项目除土地出让金之外的其余投资。

2. 本次募集资金投资项目概况。

针对皮革产业集群升级和皮革企业发展的实际需要，海宁中国皮革城三期工程"品牌时尚广场"的功能将定位突出以下几个方面：

（1）个性化展示功能。

皮革企业在做大做强，特别是其品牌和时尚度受到大多数消费者认可之后，会逐步希望区别于一般品牌和传统企业，渴求有产品系列化发展的空间和个性化展示的平台。品牌时尚广场顺应企业这一要求，突出品牌和时尚主题，突破公司现有市场每间商铺只准经营一类产品的限制，以品牌作分类，以时尚作门槛，提供个性化、系列化的展示平台，同时与公司现有的市场客源实现共享，提供批发和直销窗口。品牌时尚广场以皮革知名品牌和时尚前沿企业为目标客户，与公司现有市场定位分工明确，相辅相成，进一步拓宽公司客户和消费者的覆盖面。

（2）区域营销中心功能。

营销将在产品价值最大化过程中发挥越来越重要的作用。作为一个需要围着市场转的部门，随着专业分工的日益细化，有着与行政总部和加工环节相分离的趋势。皮革品牌时尚广场，依托海宁中国皮革城的知名度和影响力，依托年平均 300 万人次以上的专业客商和消费者，将对皮革企业有着强大的吸引力。通过吸引国外企业在此设立办事处，使海宁中国皮革城成为其进入中国市场的桥梁；通过吸引国内企业在此设立区域营销总部，巩固海宁的皮革之都地位；通过吸引当地企业在此设立营销总部乃至建立集团总部，进一步提高行业集聚度，推动产业集群发展。

（3）设计师创业园功能。

消费者对皮革制品特别是皮革服装、箱包等产品的设计、款式要求较高。这类产品的流行趋势通常也变化较快。因此，成熟的皮革产业集群需要集聚起一批皮革设计领域的创业者。成功的设计师需要在市场中把握趋势，在相互交流中激发灵感。皮革品牌时尚广场，将以各类设计工作室的形式，吸引来自国内外的皮革设计师在此实现信息共享，共同发挥创造，并为其设计成果的市场推广提供空间，以加快改变目前皮革产品在设计创新、流行趋势引导等方面的不足。

（4）商务服务功能。

设计、营销、展示、销售都需要相应的商务服务机构与其配套。在二期市场已经设立的国家级皮革质检中心、浙江省皮革研究院、海宁—哥本哈根皮草学院等研发、培训机构的基础上，品牌时尚广场将通过吸引其他商务服务机构为入驻企业和设计师等提供高端服务。这些商务机构既作为皮革产业集群培育的重要支撑，也通过相关行业标准的建立和规范带动皮革配套服务的完善，重点包括知识产权机构、质检认证机构、行业协会、中介咨询机构、金融保险机构等。

（5）高档休闲区。

该功能区的设置主要为入驻企业的高管、研发设计人员以及高端商务人员提供休闲、交流的空间。

除募投项目外，海宁皮城的皮革城四期工程和佟二堡海宁皮革城项目都已动工，海宁皮城决定使用超募资金 5.61 亿元，以保证新上马的皮革专业市场开发项目的顺利实施。其中，超募资金中的 3.63 亿元计划用于佟二堡海宁皮革城项目后续建设。佟二堡海宁皮革城计划总投资 4.42 亿元，截至 2009 年 12 月 31 日，该项目实际已投入 7 851.83 万元。公告还显示，海宁皮城拟将超募资金中的 7 082.5 万元购买灯塔市佟二堡金茂物业有限公司名下"佟二堡中国裘皮皮装城"2.19 万平方米房产。海宁皮城表示，该项收购将有利于公司在佟二堡皮革产业的整体布局，与正在建设中的佟二堡海宁皮革城项目形成互补，有利于佟二堡海宁皮革城的招商和培育工作，有利于市场快速繁荣。

海宁皮城还拟将超募资金中的 1.27 亿元用于收购浙江森桥实业集团有限公司所持有的皮革城商贸 51% 的股权，收购完成后海宁皮城将持有皮革城商贸 100% 股权，将有利于业绩的提升。公告显示，此举将便于统一经营皮革城各期市场。现皮革城 1~3 期市场均由海宁皮城单独开发经营，四期项目如能全资控制，则对各期市场的统一培育管理更为有利。根据皮革城四期工程项目研究报告，项目在计算期内经营收入为 5.73 亿元，可实现净利润为 2.2 亿元。所得税后财务内部收益率为 26.88%，投资回收期为 3.6 年（税后）。

此外，海宁皮城董事会决定调整四期项目市场交易区商品定位，由沙发城改为裘皮城，经营商品由沙发调整为以裘皮服装为主的皮革服装。随着人民生活水平的不断提高，消费者对裘皮产品由原来的不敢问津到现在呈普及之势，需求十分旺盛。特别是 2009 年冬季，裘皮服装销售呈现翻倍式增长。预计未来几年里，裘皮服装的市场需求将继续保持快速增长。与此同时，皮革城现有裘皮商铺严重供不应求，商铺扩容十分迫切。相较于沙发，裘皮服装市场成熟、需求稳定，预计商铺租赁单价也会较大提高。

海宁皮城董事会还同意注销海宁淘皮文化娱乐有限责任公司,注销后对公司经营目标和盈利水平无重大影响。该项目于2009年6月营业,但营收水平与预期有较大出入。由于来皮革城的购物者目的性非常强,无暇光顾淘皮娱乐城,因此淘皮娱乐城客源大大低于预期,作为皮革市场配套服务功能作用发挥不明显。同时,淘皮公司出现亏损,审计报告显示2008年度净利润为19.41万元,2009年度1~6月净利润为-43.31万元,项目前景不乐观。

海宁皮城的2009年年报显示,2009年1~12月,公司实现营业收入5.60亿元,同比下降13.35%,营业利润1.10亿元,同比下降14.94%,实现归属母公司净利润9 736万元,同比增长15.04%,实现每股收益0.46元,高于预期。2009年度分配预案为:每10股派送现金红利3元(含税)。

资料来源:www. cnstock. com,中国证券网等。

九、要求

1. 评价海宁皮城近年来的经营和财务情况。
2. 在调查研究和广泛收集相关资料的基础上,判断海宁皮城的股票价值。

实训K005:　五粮液的股利分配政策案例

一、实训名称和性质

实训名称	五粮液的股利分配政策案例
面向专业或课程	财务管理专业《财务管理专业实习技能训练》课程
实训学时分配	4
实训性质	☐调查　✓案例　☐软件模拟
必做/选做	✓必做　☐选做

二、实训目的和要求

《财务管理专业实习技能训练》是一门实践性很强的学科,因此在本课程内容中进行实训等实践性教学是课程必不可少的重要环节。通过本实训,旨在使学生巩固、应用所学理论,理解股利分配决策的方法。

三、知识准备

前期要求掌握的知识、相关理论:

熟练掌握企业利润分配的一般财务管理知识,而且要求学生事先搜集五粮液、贵州茅台等相关上市公司的资料,掌握好与本课程相关的会计学、管理学、金融学等相关经济法律等知识。

参考书：

1. 《财务管理》（会计中级职称考试教材），中国财政经济出版社 2010 年版。

2. 《财务成本管理》（注册会计师全国考试指定辅导教材），经济科学出版社 2010 年版。

3. 荆新、王化成、刘俊彦：《财务管理学》（第五版），中国人民大学出版社 2009 年版。

四、实训组织和安排

本案例是对公司股利分配等知识体系的检查和整合。

要求学生一人一组，实验分析前认真准备，写作报告和讨论中积极思考，完成后认真总结提高，并按要求上交案例分析报告及相关材料。

五、注意事项

五粮液和贵州茅台同属于酒类上市公司的代表，但公司股利分配决策需综合考虑各种因素，分析时应考虑相关公司的特殊性。同时学生应充分发挥主观能动性，不要局限于所提供资料范围进行分析判断。

六、实训结果提交方式

实训项目应按照要求写出规范的实训报告。每个实训项目的实训报告应填明课程名称、实训项目名称、班级、姓名、学号，根据实训项目具体内容不同，分别写明每个实训项目的实训目的、实训原理和步骤、实训内容及数据及实训结论、收获建议等。

七、实训考核方式和标准

参见"财务管理专业实习技能训练"课程实验（实训）报告评分标准。

八、实训材料

五粮液的股利分配政策案例

宜宾五粮液股份有限公司（000858）是 1997 年 8 月 19 日经四川省人民政府批准，由四川省宜宾五粮液酒厂独家发起，采取募集方式设立的股份有限公司。主要从事"五粮液"及其系列白酒的生产和销售，注册资本 379 596.672 万元。公司于 1998 年 3 月 27 日在深圳证券交易所上网定价发行人民币普通股 8 000 万股。

五粮液酒的直接前身是明朝宜宾"温德丰"糟坊所酿的"杂粮酒"，在晚清，"杂粮酒"正式命名为五粮液，它的成功秘诀首推经不断完善沿用至今的"温德丰"糟坊第一代老板陈氏创造的"陈氏秘方"，使得五粮液酒具有香气、悠久、味醇厚、入口甘美、入喉净爽、各味调谐、恰到好处、酒味全面的独特风格，成为我国浓香型曲酒的典型代表。

自 1915 年五粮液荣获巴拿马国际博览会金奖后，从 1988 年开始，五粮液及其系列酒曾 20 次获得国际金奖、特别、特级、唯一金奖，计国际金牌 32 枚。在全国品酒会上五粮液五次荣获"中国名酒"称号并获国家颁发的"优质产品金质奖章",名列浓香型曲酒第一。1991 年被评为首届中国"十大驰名商标",1995 年在第 13 届巴拿马博览会再次荣登金奖。

而五粮液酒在可以预计的将来是不可替代的,其"陈氏秘方"和宜宾独有的生态环境决定了只有五粮液股份公司才能生产该品位的酒,当然也不存在利润平均化的可能!中华文化历史在延续,人们对名优白酒的消费也将延续。从天时、地利角度看,酿酒行业受制于"天",国内有些地区由于温度、湿度、水质等原因,不利于酿酒微生物生产,而五粮液地处长江、岷江、金沙江三江汇合处,天时、地利、人和、交通、运输应有尽有,得天独厚。

公司发展的主要战略目标是:逐步提高高、中价位品牌的市场占有率,逐步降低低价位品牌的市场占有率,实施"1 + 9 + 8"品牌战略(即 1 个世界性品牌、9 个全国性品牌、8 个区域性品牌),在 70 余个品牌中打造出 18 个重点品牌,承载 40 万吨商品酒的销售量规模,把五粮液公司建设成为集规模化、现代化、集团化、国际化于一身的特大型企业。

近年来,五粮液的行业龙头地位逐渐体现:

(1)酒业生产增势明显,销售势头强劲。公司生产系统进一步理顺和完善管理机制,不断强化生产管理,严格过程控制管理,取消繁杂的中间环节,实施扁平化管理,建立机构精简、责任落实、反应灵敏、执行短平快有效的管理模式,酿酒生产优质品率创历史新高。市场营销方面,公司"五粮液"酒市场价格有所提高,仍然得到了整体销售体系支持和消费者认可,保持了销售淡季不淡、旺季更旺的大好局面。高端产品市场表现良好,在"五粮液"的珍藏型、精品型、豪华型、饮用型四个层面产品中,侧重加强了五粮液珍藏型、精品型、豪华型的营销,增大其销售量和市场占有率,维护并提升五粮液高端定位形象,进一步巩固和彰显其第一品牌地位。68 度五粮液、五粮液年份酒、60 度金奖五粮液、45 度五粮液、VIP 专供酒和五粮液金玉满堂上市,实现了高端市场的整体扩容,丰富了高端产品链,体现了五粮液强大的市场号召力和品牌价值,满足了不同层次顾客的需求,持续旺销的趋势明显。

(2)质量管理体系建设再上新台阶,运转绩效显著。公司系列酒产品的设计、原材料采购、生产过程、售后服务全面处于高度受控状态,保障了酿酒优质品率的大幅提升,确保了系列酒出厂产品零缺陷,顾客满意度指数高达 92.16%,稳居同行业榜首。公司还相继荣获"中国食品工业质量效益卓越奖"和"四川省实施卓越绩效模式先进企业、质量管理先进企业、2006 ~ 2008 年四川省企业质量信誉及 AAA 级企业"等荣誉称号。

(3)无形资产继续升值,五粮液品牌影响力持续增强。2006 年 12 月 5 日,R&F 睿富全球排行榜资讯集团有限公司、北京名牌资产评估有限公司评估,"五粮液"品牌在 2006 年中国最有价值品牌评价中,品牌价值 358.26 亿元,居全国白酒制造业第一位,居全国最有价值品牌第四位。在中国最有价值品牌行列中,继续稳居中国食品行业第一名,成为行业的领头品牌。2006 年 12 月 5 日,R&F 睿富全球排行榜资讯集团有限公司、北京名牌资产评估有限公司评估,"五粮春"品牌在 2006 年中国最有价值品牌评价中,品牌价值 31.49 亿元。企业及品牌的知名度、美誉度不断深入人心,公司在业界和社会各界的影响力持续增强。五粮液和五粮春成功申报"中国畅销名酒"。公司还相继获得"中华老字号、中国浓香型白酒典型代表、中国网友喜爱的十大名牌·领袖品牌"等 10 多项殊荣。在"中国酿酒大师"评选中，白酒行业共评选出 18 名酿酒大师，公司占据 3 名，在业界人数最多，独占鳌头。

白酒行业在未来几年内将持续高速增长，以满足我国不断增长的消费需求，可见白酒行业具有很高的投资价值，作为行业龙头的五粮液依靠其优秀的管理架构，人才资源优势，以及深入人心的品牌形象将成为引领行业发展的龙头，公司也将成为白酒行业的最大受益者。

五粮液从上市至 2009 年已有 12 年历史，12 年中的股利分配情况见表 11 - 5 - 1：

表 11 - 5 - 1 　　　　　　　　　　五粮液上市以来的股利分配情况

分红年度	分红方案（每10股）		
	送股（股）	转增（股）	派息（税前）（元）
2009			1.50
2008			0.50
2007			—
2006	4		0.6
2005			1.00
2004			
2003	8.00	2.00	2.00
2002		2.00	
2001	1.00	2.00	0.25
2001（中期）	4.00	3.00	1.00
2000			—
1999			—
1999（中期）		5.00	
1998			12.50

表 11 - 5 - 2 　　　　　　　　　　五粮液 2000 年配股情况

配　股									
公告日期	配股方案（每10股配股数）	配股价格（元）	基准股本（万股）	除权日	股权登记日	缴款起始日	缴款终止日	配股上市日	募集资金合计（元）
2001.03.21	2.00	25	48 000	2001.02.19	2001.02.16	2001.02.20	2001.03.05	2001.03.23	780 000 000

贵州茅台酒股份有限公司（600519）是由中国贵州茅台酒厂有限责任公司、贵州茅台酒厂技术开发公司、贵州省轻纺集体工业联社、深圳清华大学研究院、中国食品发酵工业研究所、北京糖业烟酒公司、江苏省糖烟酒总公司、上海捷强烟草糖酒（集团）有限公司

等八家公司共同发起，并经过贵州省人民政府黔府函字〔1999〕291 号文件批准设立的股份有限公司，注册资本为 1.85 亿元。经中国证监会证监发行字〔2001〕41 号文核准并按照财政部企〔2001〕56 号文件的批复，公司于 2001 年 7 月 31 日在上海证券交易所公开发行 7 150 万股（其中，国有股存量发行 650 万股）A 股股票，公司股本总额增至 25 000 万股。

　　公司主营贵州茅台酒系列产品的生产和销售，同时进行饮料、食品、包装材料的生产和销售，防伪技术开发，信息产业相关产品的研制开发。

　　目前，贵州茅台酒股份有限公司茅台酒年生产量已突破 1 万吨；43°、38°、33°茅台酒拓展了茅台酒家族低度酒的发展空间；茅台王子酒、茅台迎宾酒满足了中低档消费者的需求；15 年、30 年、50 年、80 年陈年茅台酒填补了我国极品酒、年份酒、陈年老窖的空白；在国内独创年代梯级式的产品开发模式，形成了低度、高中低档、极品三大系列 70 多个规格品种，全方位跻身市场，从而占据了白酒市场制高点，称雄于中国极品酒市场。

　　贵州茅台从上市至 2009 年已有 9 年历史，9 年中的股利分配情况见表 11 - 5 - 3：

表 11 - 5 - 3　　　　　　　　　贵州茅台上市以来的股利分配情况

分红年度	分红方案（每 10 股）		
	送股（股）	转增（股）	派息（税前）（元）
2009			11.85
2008			11.56
2007			8.36
2006			7
2005		10	3
2004		2	5
2003		3	3
2002	1		2
2001		1	6

　　资料来源：www. cnstock. com，中国证券网等。

九、要求

　　1. 分析公司股利政策的影响因素有哪些？

　　2. 五粮液 2003 年度的股利分配方案为每 10 股送 8 股转 2 股派 2 元，搜集相关资料分析影响 2003 年度五粮液股利分配的因素有哪些？

　　3. 对比五粮液和贵州茅台从上市至今的股利分配情况，你认为两家公司的股利分配各有什么特点？

　　4. 你对五粮液和贵州茅台历年的股利政策有何评价？

第三篇　附　　录

附录一 财务管理专业人才培养方案

一、培养目标

培养德、智、体全面发展，满足社会多元化需求的适应 21 世纪经济建设和社会和谐发展需要的，具备较高的政治素养，良好的道德修养，基础扎实、知识面宽，身心健康、有较强学习能力、沟通能力、实践能力和创新创业精神；掌握必要的财务管理基础理论及操作技能，具备现代管理、经济、金融、会计、法律等方面的知识及相关能力，能够运用现代化企业管理手段，在各类企业（包括金融机构）、行政事业单位从事财务管理和会计工作的应用型高级专门人才。

二、培养规格

（一）基本要求

1. 具备较高的政治素养和良好的身心素质；具有较强的自信心、进取心、事业心和社会责任感；具备良好的道德修养和敬业精神、团队协作精神和一定的创新创业能力。

2. 具有较强的自主学习能力、语言与文字表达能力、沟通协调能力以及社会适应能力、信息获取能力。具有进一步深造的潜力；基本掌握一门外语。

3. 初步形成科学的思维方法，具备创新意识、创新精神；具备具有吃苦耐劳、顽强拼搏的意志，具有良好的人文修养。

（二）业务规格要求

1. 了解本学科、本专业的发展动态和趋势；比较系统地掌握理财、会计的基本理论和基本方法；掌握经济、金融、管理、统计和法律等方面的基本知识；熟悉管理学的分析方法；具备一定的人文社会科学与自然科学等方面的基本知识；具有较强的财务预测、决策、计划、控制、分析能力，能够参与企业等单位的筹资决策、投资决策和经营决策；善于结合单位和经济管理工作的实际，运用政策、法规，分析和解决财务管理和会计实际问题；并具有一定的专业创新能力。

2. 具有运用计算机软件、网络技术处理财务、会计事务的能力。

3. 熟悉国内外与财务管理、会计业务相关的方针、政策、法规以及相关的国际惯例。

三、财务管理专业"知识—素质—能力"培养模式

根据财务管理专业人才培养目标和人才培养规格要求，适应当前高等教育大众化形势发展现状，结合地方经济发展的需要，财务管理专业旨在通过系统的专业知识教学，提升学生综合素质，着力培养学生满足各类企业（包括金融机构）、行政事业单位财务管理工作和会计工作就业要求的相关能力，构架起"知识—素质—能力"三位一体的复合型人才培养模式见附图 1。

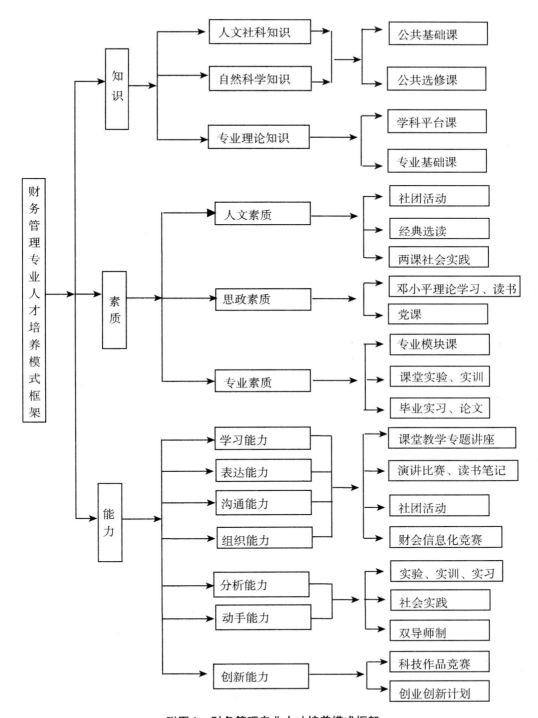

附图1　财务管理专业人才培养模式框架

四、财务管理专业教学实施方案

附表 1－1 　　　　　　　**财务管理专业教学计划（1）**

课程要求	课程类别	课程名称	学分	总学时	理论教学	实验/实训	上机	考试考查	1	2	短	3	4	短	5	6	短	7	8
						实践教学			第一学年			第二学年			第三学年			第四学年	
必修课	公共基础课	马克思主义基本原理概论	2.5	40	40			查					3						
		毛泽东思想和中国特色社会主义理论概论	5	80	80			试				5							
		思想道德修养与法律基础	2.5	40	40			查	3										
		中国近现代史纲要	2	32	32			查		2									
		体育（Ⅰ－Ⅳ）	4	128	128			查	2	2		2	2						
		高等数学（B1－B2）	8	128	128			试	4	4									
		大学英语精读（Ⅰ－Ⅲ）	8	128	128			试	3	3		2							
		大学英语综合（A－D）	2	32	32			查											
		大学英语听力（Ⅰ－Ⅱ）	2	64		64		试	2	2									
		大学英语口语	1	32		32		查		2									
		计算机应用基础（B）	2.5	56	24		32	查	4										
		VFP 数据库系统	3	64	32		32	试		4									
		线性代数 B	3	48	48			试	3										
		概率统计 B	4	64	64			试		4									
		应用文写作	2	32	32			查							2				
		小计	51.5	968	808	96	64	0	18	20	0	15	7	0	2	0	0	0	0
	学科平台课	政治经济学	4	64	64			试	4										
		西方经济学Ⅰ	3	48	48			试		3									
		西方经济学Ⅱ	3	48	48			试				3							
		会计学基础	4	72	56	16		试		5									
		统计学	3	56	48		8	试				4							
		管理学	4	64	64			查		4									
		小计	21	352	328	16	8	0	4	8	0	7	4	0	0	0	0	0	0
	专业基础课	经济法	3	48	48			查				3							
		管理信息系统 A	2.5	48	32		16	查							3				
		市场营销学 B	3	48	48			查							3				
		中级财务会计学	5.5	96	80	16		试					6						
		财务管理原理	3	48	48			试				3							
		成本会计实务	2	40	32	8		查				3							
		金融学 B	3	48	48			试				3							
		财政学 B	2	32	32			试				2							
		管理会计（英）	3	48	48			试							3				
		税务筹划	2	40	32			试							3				
		国际金融	2	32	28	4		查							2				
		项目评估财务	1.5	32	24	8		查								2			
		小计	32.5	560	500	44	16					6	14		14	2			

毕业实习、毕业论文（设计）、毕业教育

附表 1-2 财务管理专业教学计划（2）

课程要求	课程类别	课程名称	学分	总学时	理论教学	实验/实训	上机	考试考查	1	2	短	3	4	短	5	6	短	7	8
选修课	专业模块课（专业必修课）	企业筹资财务	2.5	48	40	8		试							3				毕业实习、毕业论文（设计）、毕业教育
		企业投资财务	2.5	48	40	8		试								3			
		公司收益分配、公司财务分析评价	2.5	48	40	8		试								3			
		高级财务管理	4	72	56	16		试										5	
		计算机财务管理	2.5	48	24		24	查										3	
		小计	14	264	200	40	24								3	6.0		8	
	专业方向选修课（选足7学分）	审计学	2	32	28	4		查								2			
		公司战略与风险管理	2	32	28	4		查										2	
		投资银行学	2	32	32			查								2			
		资产评估	2.5	48	40	8		查										3	
		计算机会计学	2.5	48	24		24	查							3				
		高级财务会计学	2	32				查								2			
		财务理论研究	2	32	32			查								2			
		商业银行管理	2	32	28	4		查								2			
		ERP沙盘模拟实验	1	32		32		查								2			
		家庭理财规划	2	32	32			查								2			
		小计	20	352	276	52	24								3	10		9	
		专业选修课程合计	7	102															
课程安排汇总		每学期考试课程总计							4	7		5	4		3	2		1	
		每学期周学时（预计周学时数/实际周学时数）							22	28		28	25		22	18		17	
		每学期应开课程门数总计							7	9		8	9		8	8		6	
公共选修课	限选课	形势与政策	2	32	32				由宣传部和"思政"教学部安排										
		心理卫生保健	0.5	16	16				由文法学院安排										
		文献检索与利用	0.5	16	8		8		由图书馆安排										
		大学生职业规划与就业指导	1	32	32				职业规划16学时由各学院、专业安排系列讲座，学生大三前完成，就业指导16学时由学生处安排。										
	任选课	理工医类组合课程	4	64															
		人文艺术类课程	2	32					所有学生必须在这三类课程中选足10学分，组合课程（见公共选修课组合课程开设方案）										
		全校通选	4	64															
		小计	14	256															

附表 1 - 3　　　　　　　**财务管理专业集中实践教学环节教学计划**

名　称	学分数	各学期周数（单位：周）										
		第一学年			第二学年			第三学年			第四学年	
		一	二	短	三	四	短	五	六	短	七	八
军训（含军事理论）	2			3								
思政课教学实践（Ⅰ）	1		1			1						
思政课教学实践（Ⅱ）	1											
社会实践	1	4（假期进行）										
双导师专业实践	1	第三、四学年进行										
会计实习技能训练	1					3						
其中：编制凭证						1.5						
登记账簿						0.5						
编制报表						1						
财务实习技能训练	1									3		
其中：财务管理模拟实习										1.5		
学年论文										1		
学术讲座										0.5		
毕业实习	1											2
毕业论文（设计）	8											16
合计	17											

附表 1 - 4　　　　　　　**财务管理专业各类课程设置及学分学时分配**

项　目		必修课		选修课		合计学时	合计学分
		学时	学分	学时	学分		
理论教学	公共课	968	51.5	256	14	1 224	65.5
	学科平台课	352	21	—	—	352	21
	专业基础课	560	32.5	—	—	560	32.5
	专业方向与特色模块课	264	14	102	7	366	21
	小　计	2 144	119	358	21	2 502	140
集中实践教学	小　计	—	17	—	—	—	17

续表

项 目		必修课		选修课		合计学时	合计学分
		学时	学分	学时	学分		
隐性教学环节	学生必读书目	—	—	—	2	—	2
	校园科技文化活动	—	—	—	1	—	1
	小 计	—	—	—	3	—	3
合 计		—	—	—	—	—	160

附录二 财务管理专业人才能力和素质分解表

专业能力	专项能力	能力要求	对应课程与实践项目设置	能力测评方式
基本素质与基本能力	具有良好的职业道德和开拓创新精神；健康的身心素质	热爱祖国，树立正确的世界观和人生观	马克思主义基本原理、毛邓与"三个代表"重要思想概论、中国近代史纲要、形势与政策（限选）、心理卫生保健（限选）	考试与考查
		掌握市场经济基本知识	政治经济学、西方经济学Ⅰ、Ⅱ	
		责任心、事业心、法制观念	思想道德修养与法律基础、大学生就业指导（限选）	
		审美观	人文艺术类的任选课程	
		掌握科学锻炼身体、保养身体的基本技能	体育	达标
	学习能力、逻辑思考能力与文字表达能力	掌握合理的学习方法，掌握判断事物的逻辑思考方法，能进行一些应用文写作	高等数学 B1、B2、线性代数 B、概率统计 B、应用写作	考试与考查
一般工具应用能力	信息技术应用能力	计算机硬件结构的了解、操作系统的使用、常用办公软件的使用、数据库系统使用、网络基础知识、浏览器的使用、邮件使用	计算机应用基础、VFP 数据库系统	课程考试与实验、计算机等级考试
	外语应用能力	英语阅读、听说及笔译能力	大学英语精读、大学英语综合、大学英语听力、大学英语口语	课程考试、大学英语等级考试

续表

专业能力	专项能力	能力要求	对应课程与实践项目设置	能力测评方式
财务基础能力	经济法律知识应用能力	掌握财务专业必需的经济法、税法等法律法规知识及相应的应用能力	经济法、财政学、金融学、国际金融、税务筹划	考试、实验、实训、会计上岗证考试
	管理知识学习与应用能力	掌握管理类专业必需的专业知识能力及相应的应用能力	管理学、统计学、管理信息系统、市场营销学、商业银行管理、公司战略与风险管理	
	会计核算与监督能力	应用会计工具进行企业经济业务的核算与监督的能力	会计学基础、中级财务会计学、成本会计实务、高级财务会计学、审计学	
财务专业能力	筹资决策能力	较坚实的筹资理论基础、熟练的分析问题的技巧，解决实际筹资问题的能力	财务管理原理、企业筹资财务、公司收益分配、高级财务管理	考试、实验、实训、竞赛
	投资决策能力	运用企业流动资产投资、债券投资、股票投资及组合投资的基本原理与方法，结合经济环境与企业实际进行分析、判断和决策	财务管理原理、管理会计、企业投资财务、项目评估财务、投资银行学、资产评估、家庭理财规划、高级财务管理	
	财务分析能力	对企业的财务情况、经营成果、现金流量和发展前景作出分析评价，为企业制定正确的决策提供依据	财务管理原理、管理会计、公司财务分析评价、高级财务管理	
	税务筹划能力	在纷繁复杂的企业经营和竞争中，运用税收筹划的实际能力，以及辨别和区分合理避税与偷税的界限的能力	税务筹划、中级财务会计学、财务管理原理	
	计算机财务管理能力	电算化会计、计算机数据处理、报表和图表、假设分析、统计分析和预测分析	计算机财务管理、计算机会计学、ERP 沙盘模拟实验	
	综合应用及创新能力	综合运用已掌握的财务专业理论和实务知识，在仿真的环境中，独立处理企业单位财务活动，分析、解决实际问题的能力	财务实习技能训练、会计实习技能训练、毕业实习、论文（设计）	

附录三 财务管理专业实践能力培养框架

培养的专业 实践能力名称	能力描述	对应应完成的实验（实训）项目	
		项目编号	实验（实训）项目名称
筹资决策能力	较坚实的筹资理论基础、熟练的分析问题的技巧，解决实际筹资问题的能力	A001	加西压缩机制造公司筹资案例、天元企业资金筹集量的预测
		A002	江苏双良空调设备股份有限公司可转换公司债券筹资
		A003	杜邦公司目标负债政策
		D001	西特股份有限公司股利分配政策
		H001	金蝶公司的上市之路
		H003	FPL公司：在支付股利和企业成长中作取舍
		H005	国美借壳 香港上市
		J001	可口公司各筹资方案的决策选择
投资决策能力	运用企业流动资产投资、债券投资、股票投资及组合投资的基本原理与方法，结合经济环境与企业实际进行分析、判断和决策	B001	洁白公司应收账款投资管理
		B002	希望公司存货投资管理
		B003	证券投资分析软件的基本使用
		B004	股票模拟交易
		C001	肯德基怎样在中国选点投资
		C002	东方大厦建设项目财务效益评估
		H002	摩托罗拉公司的投资战略
		H004	德国奔驰汽车公司在美国经营失败的教训
		H006	SPORTS公司跨国投资案例
		J002	嘉华快餐公司项目决策分析
		J003	金杯汽车公司巨额应收账款案例
		J004	公司债券、股票投资决策分析
财务分析能力	对企业的财务情况、经营成果、现金流量和发展前景作出分析评价，为企业制定正确的决策提供依据	E001	保地股份有限公司报表分析
		G001	Tool公司成本计算方法的选择案例
		G002	皮箱公司的本量利分析案例
		G003	话剧团出演新话剧的决策案例
		G004	Play玩具公司标准成本法案例
		J005	海虹公司年度财务分析报告

续表

培养的专业实践能力名称	能力描述	对应应完成的实验（实训）项目	
		项目编号	实验（实训）项目名称
税务筹划能力	在纷繁复杂的企业经营和竞争中，运用税收筹划的实际能力，以及辨别和区分合理节税与偷税的界限的能力	F001	销售激励方式的税收分析
		F002	加工方式的税收筹划
		F003	固定资产折旧计算的税收筹划
		F004	撰稿人怎样纳税更合算
		H007	避税天堂——英属维尔京群岛
计算机财务管理能力	电算化会计、计算机数据处理、报表和图表、假设分析、统计分析和预测分析	I001	创建工作簿和工作表
		I002	Excel 函数
		I003	ABC 厂投资决策
		I004	风险投资决策
		I005	企业长期投资决策
		I006	资金需要量的预测
		I007	筹资决策综合分析
		I008	全面预算
		I009	存货经济订货量决策
		I010	企业并购决策分析
综合应用及创新能力	综合运用已掌握的财务专业理论和实务知识，在仿真的环境中，独立处理企业单位财务活动，分析、解决实际问题的能力	K001	四川长虹与深圳康佳年度财务报告分析案例
		K002	嘉兴交通投资公司筹资案例
		K003	欧洲隧道项目评价案例
		K004	你愿意将资金投向海宁皮城吗
		K005	五粮液的股利分配政策案例

附录四　财务管理专业课程与实验（实训）项目对照表

课程名称	项目编号	实验（实训）项目名称	备注
企业筹资财务（代码 A）	A001	加西压缩机制造公司筹资案例、天元企业资金筹集量的预测	
	A002	江苏双良空调设备股份有限公司可转换公司债券筹资	
	A003	杜邦公司目标负债政策	

课程名称	项目编号	实验（实训）项目名称	备注
企业投资财务 （代码 B）	B001	洁白公司应收账款投资管理	
	B002	希望公司存货投资管理	
	B003	证券投资分析软件的基本使用	
	B004	股票模拟交易	
项目评估财务 （代码 C）	C001	肯德基怎样在中国选点投资	
	C002	东方大厦建设项目财务效益评估	
公司收益分配 （代码 D）	D001	西特股份有限公司股利分配政策	
公司财务分析 评价（代码 E）	E001	保地股份有限公司报表分析	
税务筹划 （代码 F）	F001	销售激励方式的税收分析	
	F002	加工方式的税收筹划	
	F003	固定资产折旧计算的税收筹划	
	F004	撰稿人怎样纳税更合算	
管理会计 （代码 G）	G001	Tool 公司成本计算方法的选择案例	
	G002	皮箱公司的本量利分析案例	
	G003	话剧团出演新话剧的决策案例	
	G004	Play 玩具公司标准成本法案例	
高级财务管理 （代码 H）	H001	金蝶公司的上市之路	
	H002	摩托罗拉公司的投资战略	
	H003	FPL 公司：在支付股利和企业成长中作取舍	
	H004	德国奔驰汽车公司在美国经营失败的教训	
	H005	国美借壳　香港上市	
	H006	SPORTS 公司跨国投资案例	
	H007	避税天堂——英属维尔京群岛	

课程名称	项目编号	实验（实训）项目名称	备注
计算机财务管理（代码 I）	I001	创建工作簿和工作表	
	I002	Excel 函数	
	I003	ABC 厂投资决策	
	I004	风险投资决策	
	I005	企业长期投资决策	
	I006	资金需要量的预测	
	I007	筹资决策综合分析	
	I008	全面预算	
	I009	存货经济订货量决策	
	I010	企业并购决策分析	
财务管理学（代码 J）	J001	可口公司各筹资方案的决策选择	
	J002	嘉华快餐公司项目决策分析	
	J003	金杯汽车公司巨额应收账款案例	
	J004	公司债券、股票投资决策分析	
	J005	海虹公司年度财务分析报告	
财务管理专业实习技能训练（代码 K）	K001	四川长虹与深圳康佳年度财务报告分析案例	
	K002	嘉兴交通投资公司筹资案例	
	K003	欧洲隧道项目评价案例	
	K004	你愿意将资金投向海宁皮城吗	
	K005	五粮液的股利分配政策案例	

附录五　系数表

附表 5 – 1　　　　　　　　　　　　复利终值系数表

N \ i(%)	1	2	3	4	5	6	7
1……	1.010	1.020	1.030	1.040	1.050	1.060	1.070
2……	1.020	1.040	1.061	1.082	1.103	1.124	1.145
3……	1.030	1.061	1.093	1.125	1.158	1.191	1.225
4……	1.041	1.082	1.126	1.170	1.216	1.262	1.311
5……	1.051	1.104	1.159	1.217	1.276	1.338	1.403
6……	1.062	1.126	1.194	1.265	1.340	1.419	1.501
7……	1.072	1.149	1.230	1.316	1.407	1.504	1.606
8……	1.083	1.172	1.267	1.369	1.477	1.594	1.718
9……	1.094	1.195	1.305	1.423	1.551	1.689	1.838
10……	1.105	1.219	1.344	1.480	1.629	1.791	1.967
11……	1.116	1.243	1.384	1.539	1.710	1.898	2.105
12……	1.127	1.268	1.426	1.601	1.796	2.012	2.252
13……	1.138	1.294	1.469	1.665	1.886	2.133	2.410
14……	1.149	1.319	1.513	1.732	1.980	2.261	2.579
15……	1.161	1.346	1.558	1.801	2.079	2.397	2.759
16……	1.173	1.373	1.605	1.873	2.183	2.540	2.952
17……	1.184	1.400	1.653	1.948	2.292	2.693	3.159
18……	1.196	1.428	1.702	2.026	2.407	2.854	3.380
19……	1.208	1.457	1.754	2.107	2.527	3.026	3.617
20……	1.220	1.486	1.806	2.191	2.653	3.207	3.870
25……	1.282	1.641	2.094	2.666	3.386	4.292	5.427
30……	1.348	1.811	2.427	3.243	4.322	5.743	7.612
40……	1.489	2.208	3.262	4.801	7.040	10.286	14.974
50……	1.645	2.692	4.384	7.107	11.467	18.420	29.457

N \ i（%）	8	9	10	11	12	13	14
1……	1.080	1.090	1.100	1.110	1.120	1.130	1.140
2……	1.166	1.188	1.210	1.232	1.254	1.277	1.300
3……	1.260	1.295	1.331	1.368	1.405	1.443	1.482
4……	1.360	1.412	1.464	1.518	1.574	1.630	1.689
5……	1.469	1.539	1.611	1.685	1.762	1.842	1.925
6……	1.587	1.677	1.772	1.870	1.974	2.082	2.195
7……	1.714	1.828	1.949	2.076	2.211	2.353	2.502
8……	1.851	1.993	2.144	2.305	2.476	2.658	2.853
9……	1.999	2.172	2.358	2.558	2.773	3.004	3.252
10……	2.159	2.367	2.594	2.839	3.106	3.395	3.707
11……	2.332	2.580	2.853	3.152	3.479	3.836	4.226
12……	2.518	2.813	3.138	3.498	3.896	4.335	4.818
13……	2.720	3.066	3.452	3.883	4.363	4.898	5.492
14……	2.937	3.342	3.797	4.310	4.887	5.535	6.261
15……	3.172	3.642	4.177	4.785	5.474	6.254	7.138
16……	3.426	3.970	4.595	5.311	6.130	7.067	8.137
17……	3.700	4.328	5.054	5.895	6.866	7.986	9.276
18……	3.996	4.717	5.560	6.544	7.690	9.024	10.575
19……	4.316	5.142	6.116	7.263	8.613	10.197	12.056
20……	4.661	5.604	6.727	8.062	9.646	11.523	13.743
25……	6.848	8.623	10.835	13.585	17.000	21.231	26.462
30……	10.063	13.268	17.449	22.892	29.960	39.116	50.950
40……	21.725	31.409	45.259	65.001	93.051	132.782	188.884
50……	46.902	74.358	117.391	184.565	289.002	450.736	700.233

N \ i(%)	15	16	17	18	19	20	25	30
1……	1.150	1.160	1.170	1.180	1.190	1.200	1.250	1.300
2……	1.323	1.346	1.369	1.392	1.416	1.440	1.563	1.690
3……	1.521	1.561	1.602	1.643	1.685	1.728	1.953	2.197
4……	1.749	1.811	1.874	1.939	2.005	2.074	2.441	2.856
5……	2.011	2.100	2.192	2.288	2.386	2.488	3.052	3.713
6……	2.313	2.436	2.565	2.700	2.840	2.986	3.815	4.827
7……	2.660	2.826	3.001	3.185	3.379	3.583	4.768	6.275
8……	3.059	3.278	3.511	3.759	4.021	4.300	5.960	8.157
9……	3.518	3.803	4.108	4.435	4.785	5.160	7.451	10.604
10……	4.046	4.411	4.807	5.234	5.695	6.192	9.313	13.786
11……	4.652	5.117	5.624	6.176	6.777	7.430	11.642	17.922
12……	5.350	5.936	6.580	7.288	8.064	8.916	14.552	23.298
13……	6.153	6.886	7.699	8.599	9.596	10.699	18.190	30.288
14……	7.076	7.988	9.007	10.147	11.420	12.839	22.737	39.374
15……	8.137	9.266	10.539	11.974	13.590	15.407	28.422	51.186
16……	9.358	10.748	12.330	14.129	16.172	18.488	35.527	66.542
17……	10.761	12.468	14.426	16.672	19.244	22.186	44.409	86.504
18……	12.375	14.463	16.879	19.673	22.901	26.623	55.511	112.455
19……	14.232	16.777	19.748	23.214	27.252	31.948	69.389	146.192
20……	16.367	19.461	23.106	27.393	32.429	38.338	86.736	190.050
25……	32.919	40.874	50.658	62.669	77.388	95.396	264.698	705.641
30……	66.212	85.850	111.065	143.371	184.675	237.376	807.794	2 619.996
40……	267.864	378.721	533.869	750.378	1 051.668	1 469.772	7 523.164	36 119
50……	1 083.657	1 670.704	2 566.215	3 927.357	5 988.914	9 100.438	70 065	497 929

附表 5 - 2 　　　　　　　　　　　　　　复利现值系数表

N \ i(%)	1	2	3	4	5	6	7	8	9
1……	0.990	0.980	0.971	0.962	0.952	0.943	0.935	0.926	0.917
2……	0.980	0.961	0.943	0.925	0.907	0.890	0.873	0.857	0.842
3……	0.971	0.942	0.915	0.889	0.864	0.840	0.816	0.794	0.772
4……	0.961	0.924	0.888	0.855	0.823	0.792	0.763	0.735	0.708
5……	0.951	0.906	0.863	0.822	0.784	0.747	0.713	0.681	0.650
6……	0.942	0.888	0.837	0.790	0.746	0.705	0.666	0.630	0.596
7……	0.933	0.871	0.813	0.760	0.711	0.665	0.623	0.583	0.547
8……	0.923	0.853	0.789	0.731	0.677	0.627	0.582	0.540	0.502
9……	0.914	0.837	0.766	0.703	0.645	0.592	0.544	0.500	0.460
10……	0.905	0.820	0.744	0.676	0.614	0.558	0.508	0.463	0.422
11……	0.896	0.804	0.722	0.650	0.585	0.527	0.475	0.429	0.388
12……	0.887	0.788	0.701	0.625	0.557	0.497	0.444	0.397	0.356
13……	0.879	0.773	0.681	0.601	0.530	0.469	0.415	0.368	0.326
14……	0.870	0.758	0.661	0.577	0.505	0.442	0.388	0.340	0.299
15……	0.861	0.743	0.642	0.555	0.481	0.417	0.362	0.315	0.275
16……	0.853	0.728	0.623	0.534	0.458	0.394	0.339	0.292	0.252
17……	0.844	0.714	0.605	0.513	0.436	0.371	0.317	0.270	0.231
18……	0.836	0.700	0.587	0.494	0.416	0.350	0.296	0.250	0.212
19……	0.828	0.686	0.570	0.475	0.396	0.331	0.277	0.232	0.194
20……	0.820	0.673	0.554	0.456	0.377	0.312	0.258	0.215	0.178
25……	0.780	0.610	0.478	0.375	0.295	0.233	0.184	0.146	0.116
30……	0.742	0.552	0.412	0.308	0.231	0.174	0.131	0.099	0.075
40……	0.672	0.453	0.307	0.208	0.142	0.097	0.067	0.046	0.032
50……	0.608	0.372	0.228	0.141	0.087	0.054	0.034	0.021	0.013

续表

N \ i（%）	10	11	12	13	14	15	16	17	18
1……	0.909	0.901	0.893	0.885	0.877	0.870	0.862	0.855	0.847
2……	0.826	0.812	0.797	0.783	0.769	0.756	0.743	0.731	0.718
3……	0.751	0.731	0.712	0.693	0.675	0.658	0.641	0.624	0.609
4……	0.683	0.659	0.636	0.613	0.592	0.572	0.552	0.534	0.516
5……	0.621	0.593	0.567	0.543	0.519	0.497	0.476	0.456	0.437
6……	0.564	0.535	0.507	0.480	0.456	0.432	0.410	0.390	0.370
7……	0.513	0.482	0.452	0.425	0.400	0.376	0.354	0.333	0.314
8……	0.467	0.434	0.404	0.376	0.351	0.327	0.305	0.285	0.266
9……	0.424	0.391	0.361	0.333	0.308	0.284	0.263	0.243	0.225
10……	0.386	0.352	0.322	0.295	0.270	0.247	0.227	0.208	0.191
11……	0.350	0.317	0.287	0.261	0.237	0.215	0.195	0.178	0.162
12……	0.319	0.286	0.257	0.231	0.208	0.187	0.168	0.152	0.137
13……	0.290	0.258	0.229	0.204	0.182	0.163	0.145	0.130	0.116
14……	0.263	0.232	0.205	0.181	0.160	0.141	0.125	0.111	0.099
15……	0.239	0.209	0.183	0.160	0.140	0.123	0.108	0.095	0.084
16……	0.218	0.188	0.163	0.141	0.123	0.107	0.093	0.081	0.071
17……	0.198	0.170	0.146	0.125	0.108	0.093	0.080	0.069	0.060
18……	0.180	0.153	0.130	0.111	0.095	0.081	0.069	0.059	0.051
19……	0.164	0.138	0.116	0.098	0.083	0.070	0.060	0.051	0.043
20……	0.149	0.124	0.104	0.087	0.073	0.061	0.051	0.043	0.037
25……	0.092	0.074	0.059	0.047	0.038	0.030	0.024	0.020	0.016
30……	0.057	0.044	0.033	0.026	0.020	0.015	0.012	0.009	0.007
40……	0.022	0.015	0.011	0.008	0.005	0.004	0.003	0.002	0.001
50……	0.009	0.005	0.003	0.002	0.001	0.001	0.001	0	0

续表

N \ i(%)	19	20	25	30	35	40	50
1……	0.840	0.833	0.800	0.769	0.741	0.714	0.667
2……	0.706	0.694	0.640	0.592	0.549	0.510	0.444
3……	0.593	0.579	0.512	0.455	0.406	0.364	0.296
4……	0.499	0.482	0.410	0.350	0.301	0.260	0.198
5……	0.419	0.402	0.328	0.269	0.223	0.186	0.132
6……	0.352	0.335	0.262	0.207	0.165	0.133	0.088
7……	0.296	0.279	0.210	0.159	0.122	0.095	0.059
8……	0.249	0.233	0.168	0.123	0.091	0.068	0.039
9……	0.209	0.194	0.134	0.094	0.067	0.048	0.026
10……	0.176	0.162	0.107	0.073	0.050	0.035	0.017
11……	0.148	0.135	0.086	0.056	0.037	0.025	0.012
12……	0.124	0.112	0.069	0.043	0.027	0.018	0.008
13……	0.104	0.093	0.055	0.033	0.020	0.013	0.005
14……	0.088	0.078	0.044	0.025	0.015	0.009	0.003
15……	0.074	0.065	0.035	0.020	0.011	0.006	0.002
16……	0.062	0.054	0.028	0.015	0.008	0.005	0.002
17……	0.052	0.045	0.023	0.012	0.006	0.003	0.001
18……	0.044	0.038	0.018	0.009	0.005	0.002	0.001
19……	0.037	0.031	0.014	0.007	0.003	0.002	0.000
20……	0.031	0.026	0.012	0.005	0.002	0.001	0.000
25……	0.013	0.010	0.004	0.001	0.001	0	0
30……	0.005	0.004	0.001	0	0	0	0
40……	0.001	0.001	0	0	0	0	0
50……	0	0	0	0	0	0	0

附表 5－3 年金终值系数表

N \ i(%)	1	2	3	4	5	6	7
1……	1.000	1.000	1.000	1.000	1.000	1.000	1.000
2……	2.010	2.020	2.030	2.040	2.050	2.060	2.070
3……	3.030	3.060	3.091	3.122	3.153	3.184	3.215
4……	4.060	4.122	4.184	4.246	4.310	4.375	4.440
5……	5.101	5.204	5.309	5.416	5.526	5.637	5.751
6……	6.152	6.308	6.468	6.633	6.802	6.975	7.153
7……	7.214	7.434	7.662	7.898	8.142	8.394	8.654
8……	8.286	8.583	8.892	9.214	9.549	9.897	10.260
9……	9.369	9.755	10.159	10.583	11.027	11.491	11.978
10……	10.462	10.950	11.464	12.006	12.578	13.181	13.816
11……	11.567	12.169	12.808	13.486	14.207	14.972	15.784
12……	12.683	13.412	14.192	15.026	15.917	16.870	17.888
13……	13.809	14.680	15.618	16.627	17.713	18.882	20.141
14……	14.947	15.974	17.086	18.292	19.599	21.015	22.550
15……	16.097	17.293	18.599	20.024	21.579	23.276	25.129
16……	17.258	18.639	20.157	21.825	23.657	25.673	27.888
17……	18.430	20.012	21.762	23.698	25.840	28.213	30.840
18……	19.615	21.412	23.414	25.645	28.132	30.906	33.999
19……	20.811	22.841	25.117	27.671	30.539	33.760	37.379
20……	22.019	24.297	26.870	29.778	33.066	36.786	40.995
25……	28.243	32.030	36.459	41.646	47.727	54.865	63.249
30……	34.785	40.568	47.575	56.085	66.439	79.058	94.461
40……	48.886	60.402	75.401	95.026	120.800	154.762	199.635
50……	64.463	84.579	112.797	152.667	209.348	290.336	406.529

续表

N \ i(%)	8	9	10	11	12	13	14	15
1……	1.000	1.000	1.000	1.000	1.000	1.000	1.000	1.000
2……	2.080	2.090	2.100	2.110	2.120	2.130	2.140	2.150
3……	3.246	3.278	3.310	3.342	3.374	3.407	3.440	3.473
4……	4.506	4.573	4.641	4.710	4.779	4.850	4.921	4.993
5……	5.867	5.985	6.105	6.228	6.353	6.480	6.610	6.742
6……	7.336	7.523	7.716	7.913	8.115	8.323	8.536	8.754
7……	8.923	9.200	9.487	9.783	10.089	10.405	10.730	11.067
8……	10.637	11.028	11.436	11.859	12.300	12.757	13.233	13.727
9……	12.488	13.021	13.579	14.164	14.776	15.416	16.085	16.786
10……	14.487	15.193	15.937	16.722	17.549	18.420	19.337	20.304
11……	16.645	17.560	18.531	19.561	20.655	21.814	23.045	24.349
12……	18.977	20.141	21.384	22.713	24.133	25.650	27.271	29.002
13……	21.495	22.953	24.523	26.212	28.029	29.985	32.089	34.352
14……	24.215	26.019	27.975	30.095	32.393	34.883	37.581	40.505
15……	27.152	29.361	31.772	34.405	37.280	40.417	43.842	47.580
16……	30.324	33.003	35.950	39.190	42.753	46.672	50.980	55.717
17……	33.750	36.974	40.545	44.501	48.884	53.739	59.118	65.075
18……	37.450	41.301	45.599	50.396	55.750	61.725	68.394	75.836
19……	41.446	46.018	51.159	56.939	63.440	70.749	78.969	88.212
20……	45.762	51.160	57.275	64.203	72.052	80.947	91.025	102.444
25……	73.106	84.701	98.347	114.413	133.334	155.620	181.871	212.793
30……	113.283	136.308	164.494	199.021	241.333	293.199	356.787	434.745
40……	259.057	337.882	442.593	581.826	767.091	1 013.704	1 342.025	1 779.090
50……	573.770	815.084	1 163.909	1 668.771	2 400.018	3 459.507	4 994.521	7 217.716

N \ i(%)	16	17	18	19	20	25	30
1……	1.000	1.000	1.000	1.000	1.000	1.000	1.000
2……	2.160	2.170	2.180	2.190	2.200	2.250	2.300
3……	3.506	3.539	3.572	3.606	3.640	3.813	3.990
4……	5.066	5.141	5.215	5.291	5.368	5.766	6.187
5……	6.877	7.014	7.154	7.297	7.442	8.207	9.043
6……	8.977	9.207	9.442	9.683	9.930	11.259	12.756
7……	11.414	11.772	12.142	12.523	12.916	15.073	17.583
8……	14.240	14.773	15.327	15.902	16.499	19.842	23.858
9……	17.519	18.285	19.086	19.923	20.799	25.802	32.015
10……	21.321	22.393	23.521	24.709	25.959	33.253	42.619
11……	25.733	27.200	28.755	30.404	32.150	42.566	56.405
12……	30.850	32.824	34.931	37.180	39.581	54.208	74.327
13……	36.786	39.404	42.219	45.244	48.497	68.760	97.625
14……	43.672	47.103	50.818	54.841	59.196	86.949	127.913
15……	51.660	56.110	60.965	66.261	72.035	109.687	167.286
16……	60.925	66.649	72.939	79.850	87.442	138.109	218.472
17……	71.673	78.979	87.068	96.022	105.931	173.636	285.014
18……	84.141	93.406	103.740	115.266	128.117	218.045	371.518
19……	98.603	110.285	123.414	138.166	154.740	273.556	483.973
20……	115.380	130.033	146.628	165.418	186.688	342.945	630.165
25……	249.214	292.105	342.603	402.042	471.981	1 054.791	2 348.803
30……	530.312	647.439	790.948	966.712	1 181.882	3 227.174	8 729.985
40……	2 360.757	3 134.522	4 163.213	5 529.829	7 343.858	30 088.655	120 392.883
50……	10 435.649	15 089.502	21 813.094	31 515.336	45 497.191	280 256	1 659 760

附表 5 - 4 年金现值系数表

N \ i(%)	1	2	3	4	5	6	7	8	9
1……	0.990	0.980	0.971	0.962	0.952	0.943	0.935	0.926	0.917
2……	1.970	1.942	1.913	1.886	1.859	1.833	1.808	1.783	1.759
3……	2.941	2.884	2.829	2.775	2.723	2.673	2.624	2.577	2.531
4……	3.902	3.808	3.717	3.630	3.546	3.465	3.387	3.312	3.240
5……	4.853	4.713	4.580	4.452	4.329	4.212	4.100	3.993	3.890
6……	5.795	5.601	5.417	5.242	5.076	4.917	4.767	4.623	4.486
7……	6.728	6.472	6.230	6.002	5.786	5.582	5.389	5.206	5.033
8……	7.652	7.325	7.020	6.733	6.463	6.210	5.971	5.747	5.535
9……	8.566	8.162	7.786	7.435	7.108	6.802	6.515	6.247	5.995
10……	9.471	8.983	8.530	8.111	7.722	7.360	7.024	6.710	6.418
11……	10.368	9.787	9.253	8.760	8.306	7.887	7.499	7.139	6.805
12……	11.255	10.575	9.954	9.385	8.863	8.384	7.943	7.536	7.161
13……	12.134	11.348	10.635	9.986	9.394	8.853	8.358	7.904	7.487
14……	13.004	12.106	11.296	10.563	9.899	9.295	8.745	8.244	7.786
15……	13.865	12.849	11.938	11.118	10.380	9.712	9.108	8.559	8.061
16……	14.718	13.578	12.561	11.652	10.838	10.106	9.447	8.851	8.313
17……	15.562	14.292	13.166	12.166	11.274	10.477	9.763	9.122	8.544
18……	16.398	14.992	13.754	12.659	11.690	10.828	10.059	9.372	8.756
19……	17.226	15.678	14.324	13.134	12.085	11.158	10.336	9.604	8.950
20……	18.046	16.351	14.877	13.590	12.462	11.470	10.594	9.818	9.129
25……	22.023	19.523	17.413	15.622	14.094	12.783	11.654	10.675	9.823
30……	25.808	22.396	19.600	17.292	15.372	13.765	12.409	11.258	10.274
40……	32.835	27.355	23.115	19.793	17.159	15.046	13.332	11.925	10.757
50……	39.196	31.424	25.730	21.482	18.256	15.762	13.801	12.233	10.962

N \ i(%)	10	11	12	13	14	15	16	17	18
1……	0.909	0.901	0.893	0.885	0.877	0.870	0.862	0.855	0.847
2……	1.736	1.713	1.690	1.668	1.647	1.626	1.605	1.585	1.566
3……	2.487	2.444	2.402	2.361	2.322	2.283	2.246	2.210	2.174
4……	3.170	3.102	3.037	2.974	2.914	2.855	2.798	2.743	2.690
5……	3.791	3.696	3.605	3.517	3.433	3.352	3.274	3.199	3.127
6……	4.355	4.231	4.111	3.998	3.889	3.784	3.685	3.589	3.498
7……	4.868	4.712	4.564	4.423	4.288	4.160	4.039	3.922	3.812
8……	5.335	5.146	4.968	4.799	4.639	4.487	4.344	4.207	4.078
9……	5.759	5.537	5.328	5.132	4.946	4.772	4.607	4.451	4.303
10……	6.145	5.889	5.650	5.426	5.216	5.019	4.833	4.659	4.494
11……	6.495	6.207	5.938	5.687	5.453	5.234	5.029	4.836	4.656
12……	6.814	6.492	6.194	5.918	5.660	5.421	5.197	4.988	4.793
13……	7.103	6.750	6.424	6.122	5.842	5.583	5.342	5.118	4.910
14……	7.367	6.982	6.628	6.302	6.002	5.724	5.468	5.229	5.008
15……	7.606	7.191	6.811	6.462	6.142	5.847	5.575	5.324	5.092
16……	7.824	7.379	6.974	6.604	6.265	5.954	5.668	5.405	5.162
17……	8.022	7.549	7.120	6.729	6.373	6.047	5.749	5.475	5.222
18……	8.201	7.702	7.250	6.840	6.467	6.128	5.818	5.534	5.273
19……	8.365	7.839	7.366	6.938	6.550	6.198	5.877	5.584	5.316
20……	8.514	7.963	7.469	7.025	6.623	6.259	5.929	5.628	5.353
25……	9.077	8.422	7.843	7.330	6.873	6.464	6.097	5.766	5.467
30……	9.427	8.694	8.055	7.496	7.003	6.566	6.177	5.829	5.517
40……	9.779	8.951	8.244	7.634	7.105	6.642	6.233	5.871	5.548
50……	9.915	9.042	8.304	7.675	7.133	6.661	6.246	5.880	5.554

续表

N \ i(%)	19	20	25	30	35	40	50
1……	0.840	0.833	0.800	0.769	0.741	0.714	0.667
2……	1.547	1.528	1.440	1.361	1.289	1.224	1.111
3……	2.140	2.106	1.952	1.816	1.696	1.589	1.407
4……	2.639	2.589	2.362	2.166	1.997	1.849	1.605
5……	3.058	2.991	2.689	2.436	2.220	2.035	1.737
6……	3.410	3.326	2.951	2.643	2.385	2.168	1.824
7……	3.706	3.605	3.161	2.802	2.508	2.263	1.883
8……	3.954	3.837	3.329	2.925	2.598	2.331	1.922
9……	4.163	4.031	3.463	3.019	2.665	2.379	1.948
10……	4.339	4.192	3.571	3.092	2.715	2.414	1.965
11……	4.486	4.327	3.656	3.147	2.752	2.438	1.977
12……	4.611	4.439	3.725	3.190	2.779	2.456	1.985
13……	4.715	4.533	3.780	3.223	2.799	2.469	1.990
14……	4.802	4.611	3.824	3.249	2.814	2.478	1.993
15……	4.876	4.675	3.859	3.268	2.825	2.484	1.995
16……	4.938	4.730	3.887	3.283	2.834	2.489	1.997
17……	4.990	4.775	3.910	3.295	2.840	2.492	1.998
18……	5.033	4.812	3.928	3.304	2.844	2.494	1.999
19……	5.070	4.843	3.942	3.311	2.848	2.496	1.999
20……	5.101	4.870	3.954	3.316	2.850	2.497	1.999
25……	5.195	4.948	3.985	3.329	2.856	2.499	2.000
30……	5.235	4.979	3.995	3.332	2.857	2.500	2.000
40……	5.258	4.997	3.999	3.333	2.857	2.500	2.000
50……	5.262	4.999	4.000	3.333	2.857	2.500	2.000

参考文献

1. 王化成：《财务管理教学案例》，中国人民大学出版社 2001 年版。

2. 荆新、王化成、刘俊彦：《财务管理学》（第五版），中国人民大学出版社 2009 年版。

3. 张新民、孔宁宁：《财务管理案例点评》，对外经济贸易大学出版社 2008 年版。

4. 汤谷良：《公司财务管理案例评析》，北京大学出版社 2008 年版。

5. 裘益政、竺素娥：《财务管理案例》，东北财经大学出版社 2011 年版。

6. 马忠：《公司财务管理理论与案例》，机械工业出版社 2008 年版。

7. 伊志宏等：《公司财务管理》（哈佛商学院案例），中国人民大学出版社 2008 年版。

8. 梁国萍、许小青、徐新华：《财务管理——实务与案例》，上海财经大学出版社 2008 年版。

9. 刘桂英：《财务管理案例实验教程》，经济科学出版社 2005 年版。

10. 马述忠：《国际企业管理案例》，浙江大学出版社 2009 年版。

11. 陈玉珍：《财务管理学实验》，科学出版社 2008 年版。

12. 杨志清、庄粉荣：《税收筹划案例分析》，中国人民大学出版社 2005 年版。

13. Robert N. Anthony, David F. Hawkins, Kenneth A. Merchant. 《会计学教程与案例——管理会计分册》（影印版），机械工业出版社 2004 年版。

14. 王静刚：《管理会计精要与个案》（第一版），科学出版社 2004 年版。

15. 张延波：《高级财务管理》（第二版），中央广播电视大学出版社 2004 年版。

16. 杨大楷：《国际投资学》，上海财经大学出版社 2003 年版。

17. 王建英：《国际财务管理学》（第二版），中国人民大学出版社 2007 年版。

18. 中国证券网，上海证券交易所，深圳证券交易所，证券之星，财务顾问网等网站。